Wien
Budapest
Volico Gradiste
Sfântu Gheorghe
Schwarzes Meer
Varna
Istanbul
Trizonia
Lavrion
Mykonos

ÜBERS WASSER

Andreas Gabriel

ÜBERS WASSER

Ein Mann, ein Boot –
unterwegs zu sich selbst

LUDWIG

Dieses Buch entstand in Zusammenarbeit
mit Klaas Jarchow Media, Hamburg

MIX
Papier aus verantwortungsvollen Quellen
FSC
www.fsc.org
FSC® C014889

Verlagsgruppe Random House FSC® N001967
Das für dieses Buch verwendete
FSC®-zertifizierte Papier *EOS*
liefert Salzer Papier, St. Pölten, Austria.

Redaktion: Matthias Michel

Umschlaggestaltung: Eisele Grafik·Design, München
Bilder im Innenteil: © Andreas Gabriel
Satz: Leingärtner, Nabburg
Druck und Bindung: Pustet, Regensburg
Printed in Germany 2014
ISBN: 978-3-453-28056-4

www.Ludwig-Verlag.de

Für meine Familie

»Das wird er nicht schaffen!«

EIN NACHBAR

»Der will doch nur zu sich selber finden.«

DER NACHBAR DES NACHBARN

»Wie kann man bloß seine Familie
so verantwortungslos allein lassen?«

BEKANNTE EINES FREUNDES

»Ich bin mal gespannt, an welcher
Brandung es ihn zerlegt.«

EIN INTERNETKOMMENTAR

»Ich werde dich unterstützen, so gut ich kann,
aber ich finde nicht gut, was du da vorhast.«

MEIN VATER, DER DAS MEER KENNT

»Abenteuer beginnt dort,
wo die Planung endet.«

ICH, ANDREAS GABRIEL

INHALT

PROLOG

Die gestern noch alles erfüllende Gewitterluft hat sich verzogen. Der Himmel ist blau und nur wenige schnelle Wolken ziehen noch über mich hinweg. Sie scheinen ohne Regeln unterwegs zu sein, überholen mal langsam, mal schnell. Oder bleiben einfach stehen, wenn ihnen danach ist. Seit den frühen Morgenstunden sitze ich immer wieder mal auf der Bank vor dem Amt des Hafenmeisters. Ab und zu laufen Menschen an mir vorbei; ich muss aufpassen, dass ich nicht wie gewohnt mit meinen himmlischen Freunden dort oben quatsche. Vielleicht bin ich genauso zügellos wie die Wolken, doch jetzt bin ich wieder hier, in meiner alten norddeutschen Heimatwelt. In einer Welt, in der man nicht laut mit sich selbst spricht. Ich bin zurückgekehrt in eine Welt, in der man nicht mehr so einfach an eine Tür klopft, nur weil einem die Nähe der Menschen gut tut und man sie braucht, wie die Luft zum Atmen. Hier ist jeder für sich und geht seinen Weg.

»Hier, ein paar Gurken, habe ich dir mitgebracht.« Ein Hafenmonteur holt mich aus meinen Gedanken. »Aus dem eigenen Garten, mit Pferdedung und Elbwasser großgezogen.« Zum abertausendsten Mal bin ich überrascht. Viel muss ich ihm gar nicht antworten, mein starker Händedruck und mein Lächeln zeigen ihm viel deutlicher meine Dankbarkeit. Ich werde diese Gurken sehr genießen, mein Lieber. Dann schiebt er seine Handkarre weiter, hinunter auf die Steganlage, an der die Motorboote, die Segelboote und meine Karre nur darauf warten, wieder auf die See gelassen zu werden. Ja, der Wind nimmt ab. Ich spüre noch etwa fünf Windstärken und die Böen, doch er wird schwächer. Der Wind steht dem Ebbstrom entgegen, der sich aus Westen von der Nordsee seinen Weg in die Elbe hineinbahnt und gegen das auflaufende Wasser eine kurze, steile Welle vor den Molen erzeugt. Es ist warm und sonnig, und ich rede mir selbst gut zu: »«Warte Andreas, in einer Stunde kippt die Strömung, danach beruhigt sich das Wasser. Dann fährst du zu deiner Familie, ja, und dann hast du es tatsächlich geschafft! Du hast es überlebt!«

Es ist der Sommer 2013.

Meine eigene »Karre« ist eine andere als die des Hafenschraubers. Karre nenne ich meinen Kajakmaran. Eigene Erfindung. Zwei handelsübliche Kunststoff-Kajaks, Zweisitzer, habe ich mit zwei Beams, Querverbindungen aus Aluminium, zu einem Katamaran zusammengefügt. Plus Seitenschwertern, einer Doppelruderanlage von einem Segelkatamaran, zwei kleinen Masten mit »Optimisten«-Jollensegeln, einer Mittelverbindung mit einem Streifen Stegprofil zur Stabilisierung – das ist mein Boot, meine kleine Yacht, meine Karre eben. Ein kleiner Außenborder ist mittig in Griffweite von den Sitzplätzen angehängt – für die Einfahrten in die Häfen, die Tage ohne Wind und die Kurse direkt gegen den Wind. Die Sitzöffnungen in den Kajaks sind geschlossen, die vorderen mit einem stabilen Deckel, die hinteren mit den üblichen Spritzdecken. Mein Platz ist – backbord oder steuerbord – auf zwei flachen Fendern, Kunststoffkissen zum Abhalten und Schutz des Bootes vor den Kaimauern. Nur wenn ich mich auf meiner Karre in der Mitte hinstelle und auf die Zehenspitzen gehe, erreicht mein Kopf gut zwei Meter Höhe. Im Normalfall aber sitze ich auf Meereshöhe, eigentlich so gut wie im Wasser. Denn immer wieder gehen während der Fahrt die Wellen über die Kajakschwimmkörper und auch über mich hinweg. Nichts ist mir näher als das Wasser.

Ich habe so viel Wasser durchfahren, Wellen durchschnitten, Gischt und Salz abbekommen, dass ich inzwischen instinktiv fast jeden Spritzer mit der Hand abzuwehren versuche. Es ist vollkommen paradox. Ich habe nur mit der Hilfe des Wassers diese Reise machen können, ich wollte unbedingt auf das Wasser, aber nichts scheue ich nun mehr als das spritzende Wasser. Obwohl es immer noch mein Element ist, und das Element meiner Karre.

Fast habe ich den Endpunkt meiner Reise erreicht, bald schließt sich der große Kreis über 15 000 Kilometer durch und um Europa. Von meinem Heimatort Tönning in Nordfriesland über Kanäle, Rhein und Donau auf das Schwarze Meer, durch Ägäis, Mittelmeer, Atlantik und Biskaya an die französische Küste, durch den Ärmelkanal und die Nordsee zurück nach Norddeutschland. Ich bin kurz davor, mein Ziel zu erreichen: meinen Ausgangspunkt.

Auch das ist paradox. Nichts hat mich mehr angetrieben als das Bild meiner Rückkehr. Die Wiedereinfahrt in den Hafen vom Tönning an der Eider, auf der Halbinsel Eiderstedt. Wo meine Freundin lebt, meine Kinder, meine Eltern, meine Freunde. Am Wasser, wo ich aufgewachsen bin. Wo ich im Watt den Geruch des Schlicks aufgenommen habe und nie mehr verlieren werde. Wo Robben und Seevögel leben. Wo ich mit meinem Vater die ersten Bootstouren auf die Nordsee machte. Wo ich mein erstes eigenes Boot hatte. Von wo es mich so stark fortgezogen hat. Um zurückzukehren. Kein Bild hat mich stärker vorangetrieben als das Bild meiner Rückkehr, die nun nur noch wenige Tage bevorsteht. Es ist seltsam, aber so war es.

Noch sind ein paar Meilen zu segeln, 20 oder 30 Seemeilen. Heute will ich über die Sände nach Büsum übersetzen und danach in Ruhe die restlichen Meilen bis zur Eidermündung zurücklegen. Seit gut einer Woche mischt sich in die große Vorfreude eine Ungewissheit, eine unbestimmte Angst davor, dass jetzt bald etwas zu Ende geht. Etwas, das über drei Jahre mein ausschließlicher Antrieb war. Eine Reise zu den Menschen in Europa, und eine Reise zu mir selbst. Nur mit meiner Karre. Ohne Geld. Angewiesen auf die Hilfe der Menschen unterwegs. Auf Gaben, wie die vom Hafenschrauber hier in Cuxhaven –

vier kleine grüne Gurken aus dem eigenen Garten, mir im Vorübergehen in die Hand gedrückt.

Es war eine ungeheuerliche Anstrengung, mit Tiefen und Höhen. Nur ein einziges Mal mit der ernsthaften Überlegung aufzugeben. Nur einmal. Selten mit Angst, aber oft in Gefahr. In Nebel und Sturm, in stechender Hitze und brutaler Kälte. Und in Nässe. Immer wieder diese Nässe.

Aber mit wunderbaren Menschen. Unvergesslichen Begegnungen und Zuwendungen. Mit täglich neuen Eindrücken – so vielen, dass es nötig war, ab und zu Pausen einzulegen. Weil ich übervoll war von Eindrücken, die Intensität dieser Reise zu viel wurde. Ich musste die Tour unterbrechen, weil mein Speicher voll war. Und weil der Körper über seine Grenzen geführt worden war. Meine Haut war von Sonne und Salz zu brüchigem Pergament geworden, meine Füße waren wund.

Drei Jahre auf dem Wasser quer durch Europa und an Europas Küsten zurück. Auf einem Gefährt wie ein polynesischer Einbaum-Ausleger. Mit täglich neuen Anlandungen an Stränden und in Häfen, die ich vorher nicht kannte. Wo ich nicht wusste, was mich erwartet. Europa umsonst. Angewiesen auf das Verständnis und die brüderliche Versorgung durch andere Menschen, angewiesen aber auch auf eine innere Ruhe, auf Gelassenheit und Gottvertrauen.

Diese unglaubliche Reise wird bald, sehr bald Geschichte sein. In nur noch ein paar Tagen, ein, zwei oder drei, werden die Karre und ich wieder zu Hause sein. Nach einer Reise, die so verlief …

TEIL I

»Na, auf dem Weg nach Amerika?«
»Erst mal Richtung Asien!«

Es ist Dienstag, der 3. Mai 2011. Ich bin früh aus meinem Zelt auf der Steganlage in Tönning gekrochen, um noch genügend Zeit zum Packen zu haben, noch fehlende letzte Dinge zu besorgen. Es ist Ebbe, und vor Mittag wird nicht genug Wasser zum Auslaufen im Hafen sein. Mit Sabrina fahre ich noch mal los und besorge die letzten fehlenden Kleinigkeiten. Sabrina kann ihre Tränen nicht mehr zurückhalten und verlässt den Hafen, bevor ich ablege.

Endlich hat der Wind nachgelassen. Heute werde ich ablegen können, die schier endlose Wartezeit ist vorbei. Zehn Tage lang war ich hier im Sportboothafen, habe das Schiff ausgerüstet und für die unbekannte Tour klargemacht. Das Wetter war zu hart für mein Boot und mich. Zu hohe Wellen, zu viel Wind aus der falschen Richtung für meine Route von Tönning nach Süden über die Nordsee. Ich musste warten.

Während dieser zehn Tage bin ich schon auf den Bootssteg gezogen. Die letzten drei Tage habe ich neben dem Boot geschlafen, mein kleines Zelt direkt auf dem Steg aufgeschlagen. »Na, kommst nicht los?«, schallte es ein paarmal spöttisch von der Fußgängerbrücke.

Jetzt ist es an der Zeit! Meine Karre, mein Zelt und ich. Jeden Abend werde ich an Land gehen müssen, denn auf dem Boot kann ich nicht schlafen. Jeden Abend werde ich an irgendeinen Strand, an irgendein Ufer, in irgendeinen Hafen anlanden und einkehren müssen. Jeden Abend werde ich ein Fremder sein, der von der Wasserseite, von See kommt. Eine Situation wie die von Kolumbus, von James Cook, von all meinen großen Kollegen, den Entdeckern und Abenteurern. Aber im Unterschied zu ihnen mitten in Europa, mitten in der »Zivilisation«.

Um halb zwölf ist es soweit, ich löse die Leinen. Meine Karre bewegt sich langsam vom Steg weg. Anderthalb Jahre Vorbereitung lösen sich in dieser einen Bewegung auf. Erst ein kleiner Spalt zwischen dem Steuerbordschwimmer und dem Steg, dann dreht sich das Boot langsam weiter weg vom Land. Noch schwimme ich nicht richtig auf, das Wasser im Hafen ist noch zu flach, die Flut kommt gerade erst. Fast wie in Zeitlupe versinkt der braune Schlick in den Fluten, mein Heimathafen übergibt mich nur langsam der Freiheit.

Ich steuere es durch die Hafenausfahrt auf die Eider, vor deren Mündung in die Nordsee wir Tönninger leben. Tuckernd schiebt der kleine Außenbordmotor meine Karre flussaufwärts durch das braune Wasser. Sabrina geht mir nicht aus dem Kopf. Wie lange werden wir uns nicht sehen? Werden wir auf die immer größer werdende Entfernung trotzdem zusammen bleiben können? Es wird ein wichtiges Jahr für uns beide werden.

Warum muss ich los? Warum muss ich meine Kinder zurücklassen, meine Familie? Noch bin ich an allem viel zu nahe dran, als dass ich Zeit und Energie für die Beantwortung dieser Frage habe. Noch ist diese Reise nicht wirklich. Ich bin nicht traurig, ich nehme nicht Abschied. Ich fahre los! Das Warten hat endlich ein Ende! Es geht jetzt wirklich los!

Die Tour nach Cuxhaven, über das Meer, verwehrt mir heute Morgen der Wind. So wie die russischen Behörden mir die eigentlich geplante Tour über die Ostsee und über die Flüsse Russlands nach Süden in das Schwarze Meer verwehrt haben. Wahrscheinlich wären die Erlaubnis und das Visum irgendwann gekommen, doch länger wollte ich nicht mehr warten.

Mit dem auflaufenden Wasser schiebe ich die Eider hinauf. Seltsamerweise bin ich noch nie in diese Richtung gefahren, immer ging es in die andere Richtung, zur Nordsee. Ich folge auf der rechten Fahrwasserseite den Biegungen und Windungen des Flusses. Mein Kajakmaran läuft gut. Ich sitze an Backbord auf dem Fender und steuere über die umlaufende Leine, die beide Ruder verbindet. Die Füße auf den Kajakrümpfen nach vorn gelegt, kann ich mit der rechten Hand mit leichtem Zug bequem die Richtung vorgeben. Ich trage eine wasserabweisende Offshore-Hose und die dazugehörige Jacke, an den Füßen habe ich Gummistiefel. Die Schoten für die Stellung der beiden Segel und die Fock habe ich so umgelenkt, dass sie in meiner Reichweite sind.

Zwei Meilen nach dem Start ist der Wind günstig, ich kann die Segel aufmachen, die bis jetzt noch um die Masten festgebunden waren. Sieben Quadratmeter Segelfläche werden jetzt mein Antrieb. Mein Freund Tom ist mir am Ufer der Eider gefolgt, macht Fotos, pfeift und winkt. Nichts davon bekomme ich mit. Zu sehr beschäftigen mich meine ersten Segelmanöver auf dem Wasser. Schoten, Stage, Sitzposition, alles ist noch neu und will ausprobiert werden. Ich muss kurz die Steuerleine loslassen und mich auf den Mittelholm stellen, will ich die Segel lösen und den Spreizbaum setzen. Noch fehlt mir der sichere Tritt, die Katzengewandtheit, die ich auf diesem Boot brauchen werde. Noch habe ich überhaupt keine Routine mit dem Boot, das haben auch die Probefahrten nicht mit sich gebracht.

Die beiden kleinen Segel der »Optimisten«-Jolle haben einen großen Vorteil: Der Druckpunkt des Windes liegt wunderbar tief und übt seine Kraft dort auf das Boot aus, ich habe keine riesigen Kräfte zu bändigen. Nicht einmal zwei Meter sind die Masten hoch, mit den Sprietbäumen, die die Segel spreizen, ragt meine Karre dreieinhalb Meter auf, nicht mehr. Letztlich soll mich die kleine und flache Besegelung vor dem Kentern schützen. Eher wird der Wind die Masten brechen, als dass er mein Boot umschmeißen kann.

Ich mache gute Fahrt unter den Segeln, mit 5 und 6 Knoten geht es voran. Meine Heimat ist wirklich hübsch, fällt mir mal wieder auf. Die Eider schlängelt sich durch Weiden und

Koppeln. Ich sehe Schafe, Kühe und Rinder, Traktoren. Schon die Wikinger sollen diese Route zur Querung Schleswig-Holsteins, auf dem Weg von der Ost- zur Nordsee, genutzt haben. Sie mussten noch ohne den Nord-Ostsee-Kanal auskommen, auf den meine Route jetzt hinzielt. Kein einziges Boot kommt mir entgegen. Offenbar wird dieser Wasserweg an einem Werktag sehr wenig benutzt. Heute nur von einem Abenteurer aus Tönning, der die ersten Seemeilen einer Reise fährt, von der er selbst nicht weiß, wohin genau sie ihn führen und wie lange sie dauern wird. Zwölf Monate, ein volles Jahr, habe ich grob kalkuliert. Kommt das hin? Ich habe keine Vorstellung vom dem, was wirklich vor mir liegt. Wie sollte ich auch?

Ein paar Flussbiegungen weiter spendiere ich mir selbst ein erstes Bier und drei Brötchen. Das Boot liegt tief im Wasser, kein Wunder bei der schweren Beladung. Auch das ist wieder ein Ergebnis von Kalkulationen, die ohne Erfahrung entstanden sind. Was werde ich wirklich brauchen? Die Ausrüstungsliste der Gebrauchsgegenstände umfasst 70 Teile. Notwendige Dokumente und die technische Ausrüstung kommen hinzu. Zum Beispiel ein GPS Gerät. Natürlich Lebensmittel: Bier in Kunststoffflaschen, Nudeln, Dosensuppen, Tütensuppen, Nutella, Salami-Snacks, 4 Kilo Buchweizenhirsebrei als absolute Notration, Zwiebeln, Kaffee, Trockensahne, Müsliriegel, Saft, Äpfel, Butter, Toastbrot, Pumpernickel, Aufschnitt, Kekse, Salz und Pfeffer. Erst einmal werde ich also nicht hungern, erst mal nicht. Aber wer was hat, der hat auch schnell weniger. Das Hygiene-Gepäck kommt hinzu. Die medizinische Ausrüstung. Und zehn Päckchen Drehtabak plus Blättchen und Filter.

Was ich nicht mit habe, ist Geld. Ich starte mit 0 Euro in der Tasche. Auch andere Zahlungsmittel, Bankkarten, Kreditkarten, habe ich nicht dabei. Mit dem Gewicht eines Goldschatzes belaste ich meine Karre also schon mal nicht. Die gesamte Ausrüstung ist wasserdicht in den beiden Kajaks verpackt und verstaut. Die Rümpfe meines Kajakmarans sind also gerade weniger Auftriebskörper als Frachträume. Gut 350 Kilo hat meine gute Karre im Moment zu tragen. Damit muss sie erst mal klarkommen. Die Ruderanlage ist leichtgängig und es geht schnell voran. Zu meiner Überraschung liegt die Karre sogar besser im Wasser als mit weniger Gewicht, die Lage ist stabiler. Den sichernden Auftrieb jedoch werde ich etwas eingebüßt haben.

Hält mein selbstentworfenes und selbstgebautes Fahrzeug? Halten die Beams aus 60 Millimeter dickem, gebogenem Aluminiumrohr? Immer wieder streifen meine Blicke über meine zierliche, kleine Yacht. In jeder Welle sehe ich Bewegungen im Boot. Aluminium bricht leichter als Stahl. Was hält es aus? Ich habe die Rohre etwas walzen lassen, sie in nach oben gebogenem Zustand montiert. Ein Trick, der schon den Aquädukten der alten Römer zu jahrtausendelanger Standhaftigkeit verholfen hat. Meine Konstruktion, die Verbindungen, Versteifungen, Beams und Drähte, scheinen den einwirkenden Kräften erst einmal gerecht zu werden. Fast bin ich etwas stolz auf dieses verrückte Gefährt. Es ist wirklich ein sehr, sehr besonderes Boot.

Höchstgeschwindigkeit 7 Knoten steht auf dem Display meines GPS-Gerätes. Das Wetter dieses ersten Tages ist gemischt, mal grau und wolkenverhangen, mal kommt die Sonne durch. Der immer noch frische Wind und der Rest des auflaufenden Wassers tragen die Karre und mich nach Süderstapel. Ich habe mein erstes Anlegemanöver unter vollem Ladegewicht zu fahren. Seitlich gehe ich an die Steganlage ran, achte darauf, auch ja keines der bereits vertäuten Boote zu berühren. Trotz Haftpflichtversicherung wäre es mir peinlich und unangenehm, ein fremdes Boot zu beschädigen.

Freundlich werde ich von einem Mann im roten Hemd empfangen; Sein Gesicht signalisiert mir: »Hier bist du willkommen!« Ich sage gleich, dass ich ohne Geld unterwegs bin. Sicherlich ist dies eine Anlage, an der normalerweise Liegegeld bezahlt wird. Der Mann sieht darin kein Problem: »Der Hafenmeister ist nett, mit dem kommst du schon klar …« Und tatsächlich, der Mann mit der großen Bauchgeldbörse, der eine Stunde später kommt, hält, was versprochen wurde: »Du kannst hierbleiben.« Er weist mich in die Annehmlichkeiten seiner Yachtklubs ein, Duschen, Toiletten und ein Restaurant gibt es hier. Mein kleines Ein-Mann-Zelt schlage ich direkt neben dem Boot auf dem Steg auf und »befestige« es mit meinem eigenen Gewicht. Leinen zu ziehen, also Fallstricke, das kommt auf den Stegen eines Yachtklubs nicht gut. Es ist schon genug, dass das Zelt auf dem Steg geduldet wird. Für mich aber ist es wichtig, so nah wie möglich am Boot zu schlafen, in der Nähe aller Dinge, die ich mit habe.

Auch wenn es sich für mich schon anders anfühlt, aber was die tatsächliche Entfernung betrifft, bin ich wirklich noch nicht weit von Zuhause, gerade einmal 20 Kilometer Luftlinie liegt Tönning entfernt. Meine Mutter nutzt dies und kommt mit meinen beiden Jungs vorbei. Sie gibt uns allen eine Runde Pommes aus, ich bin sehr froh, die drei noch mal zu sehen. Tag eins ist ein guter Tag. Ich male mir ein lachendes Strichmännchen in mein Tagebuch. Aber er endet ungemütlich. Die Temperatur sinkt unter null Grad, Regen setzt ein. Er gefriert auf meinem Zeltdach.

≈

Am Morgen habe ich erst einmal damit zu tun, sämtlichen Inhalt des Zeltes zum Trocknen aufzuhängen. Kaum etwas ist unangenehmer, als Zelt und Schlafsack feucht oder gar nass einpacken zu müssen. Dabei warte ich auf das Heißwerden des Wassers auf meinem kleinen Benzinkocher, bis ich das Kaffeepulver aufgießen kann, um meinen ersten Schluck zu genießen. Das Kaffeetrinken ist mein besinnliches Morgen-Ritual, das ich auf der Reise unbedingt verteidigen werde, so gut es geht. Das eigentliche Frühstück folgt für mich später am Vormittag. Diese Gewohnheit meines Landlebens zu Hause behalte ich bei.

Ich sitze auf den Bohlen des Steges, das Wasser glitzert in

den Strahlen der Sonne, kleine Schlieren ziehen darüber hinweg, Fischreiher stehen am anderen Ufer. In Griffweite liegt vertäut mein Boot. Ruhig liegt es da an seinem Platz. Ich sehe mich um. Hier bin ich ein Exot. Ein Mann, der in einem Yachthafen auf dem Steg zeltet. Mit einem schwimmenden Etwas, das flach und unscheinbar wie selbstverständlich neben den anderen Booten, den Kähnen, Motorbooten und kleinen Yachten angebunden ist. Ich verpacke Zelt, Schlafsack, Kleidung, Kocher und Geschirr und löse zum zweiten Mal die Leinen.

Der Wind weht leichter als gestern, aber aus der richtigen, achterlichen Richtung, und schiebt mich weiter die Eider hinauf. Hier ist nichts kanalisiert, der Fluss darf noch dem Bett folgen, das er sich in Jahrhunderten gegraben hat. Zum Frühstück gibt es das letzte der sechs Brötchen, die Sabrina mir gestern mitgegeben hat. Es ist also ein besonderes Brötchen für ein besonderes Frühstück, ein Abschieds-Frühstück. Dazu ein paar Würstchen von Sven, dem Besitzer unseres Tante-Emma-Ladens. Wahrscheinlich habe ich in Wahrheit mehr als die 350 Kilogramm Gewicht an Bord, denn gerade an Lebensmitteln wurde mir doch noch so allerlei von wohlmeinenden Menschen herangereicht, was gar nicht auf meiner Liste stand.

Hohner Fähre heißt mein heutiges Ziel, am späten Nachmittag lege ich dort an. An einer Stelle liegen ein paar Boote an Stegen vertäut. An Land dahinter schrubbt ein älteres Ehepaar sein Boot. Ich rufe: »Moin! Kann ich hier für eine Nacht bleiben?« »Na klar!«, schallt es zurück. Schnell schiebe ich hinterher: »Die Sache hat aber einen Haken: Ich kann nichts dafür bezahlen …« Das Ganze läuft auf Plattdeutsch ab. Der Mann steigt von der Leiter hinunter, die an seinem Boot lehnt, kommt ans Ufer und sagt trocken: »Wenn man di so bekieken deit, denn mutt dor irgendeen Hoken ween … Na, dann machen wir mal eine Ausnahme. Der Verein wird es schon überleben.«

Nach dem Anlegen gehe ich hinüber zu diesen freundlichen Leuten, schüttele ihre Hände, bedanke mich herzlich für die

Gastfreundschaft. Ich erkläre ihnen, wer ich bin und was ich mache. Die beiden scheinen nichts anderes erwartet zu haben als irgend so eine verrückte Nummer. Unser Gespräch endet damit, dass sie mich zum Abendessen bei sich zu Hause einladen. Es wird eine 10-Kilometer-Autofahrt ins Schlaraffenland. Kerstin hat in ihrer Jagdstube bereits an einem Abendbrot der vielfältigsten Sorte gewerkelt, als Klaus-Peter und ich ankommen. Ist das gemalt oder ist das echt? Soll hier ein König empfangen werden? Der Tisch ist so üppig und liebevoll gedeckt – die beiden meinen wohl, dass ich auf fast noch heimischem Gebiet noch einmal richtig gut essen sollte. »Kaffee oder Bier?« Meine Entscheidung fällt leicht. Kaffee hatte ich am Morgen und heute Abend will ich ein Fürst sein.

Kerstin und Klaus-Peter sind sehr interessiert an meiner gerade beginnenden Tour: Wohin geht es? Wie bereitest du die Etappen vor? Was erwartet dich? Wie stellst du dir vor, ohne Geld die Tausende von Seemeilen bestreiten zu können? Wann willst du zurückkehren? Und warum, um alles in der Welt, machst du das überhaupt? Ich habe mit den beiden ein kompetentes, lebenskluges, herzliches Paar als Gegenüber, das zum Glück nicht auf alle Fragen fertige Antworten erwartet. Antworten, die ich zu diesem Zeitpunkt nicht einmal mir selbst geben kann.

Ich erzähle ihnen, dass ich nicht zum ersten Mal ohne Geld unterwegs bin. Und auch nicht zum ersten Mal als Erfinder und Abenteurer. 2008 bin ich mit einem Segelfahrrad – einem offenen Straßengefährt, das ebenfalls von einem Segel einer »Optimisten«-Jolle angetrieben wurde – die Strecke von Skagen, der Nordspitze Dänemarks, bis nach Marseille gesegelt. Schon damals habe ich einen Großteil Europas durchmessen. Und schon damals habe ich Geldbörse und Kreditkarten zu Hause gelassen. 3 200 Kilometer auf der Straße. Angetrieben durch den Wind. Segeln auf der Straße? In Deutschland? Im Ausland? Und dann auch noch ohne Geld? Die Prophezeiung war das Scheitern, aber irgendwie habe ich Südfrankreich dann doch erreicht. Damals konnte ich am Rand eines jeden Weges stehen bleiben, sobald ich müde war. Jetzt wird das sehr oft nicht mehr möglich sein.

Ich erzähle den beiden von meiner Sicht auf Geld: Fast nichts, was wir tun, ist nicht geldwert und wird nicht in Geld bewertet. Wir leben immer mit Geld, und Geld macht uns arm. Wir werden träge in unserer Wahrnehmung, denn mit Geld können wir uns immer den nächsten Schritt kaufen und müssen nicht unbedingt auf das reagieren, was da kommt, insbesondere von anderen Menschen. Davon aber will ich abhängig sein, von den Menschen, von der Unplanbarkeit der nahen Zukunft. Ich will meine Wahrnehmung neu schärfen. Meine Reise ist ein Abenteuer und eine Pilgerfahrt zugleich. Eine Pilgerfahrt zu den Menschen in Europa, und zu einer Zufriedenheit, die nicht abhängig von Geld ist.

Davon erzähle ich meinen Gastgebern. Hätte dieser heutige Austausch ohne die Art, wie ich meine Reise gestalte, stattgefunden? Nein, aber nach genau diesen Begegnungen suche ich.

Um halb zehn verabschiede ich mich von Kerstin, und Klaus-Peter bringt mich zurück zum Steg an der Hohner Fähre. Er drückt mir noch einen Euro für die Dusche in die Hand. Beherzt geben wir uns zum Abschied die Hand.

Es wird wieder Minusgrade geben. Zwei Schaumstoffmatten und eine Thermarestmatte bilden mein weiches Bett, eine Hose und die Regenjacke mein Kopfkissen. Ich fühle mich sehr wohl in meinem warmen Schlafsack. Die Begegnung mit den beiden hat mir gut getan – ein warmherziges, gemeinsames Abendbrot nach einem einsamen, harten Arbeitstag auf dem Felde.

≈

5.45 Uhr. Draußen ist alles ist überfroren. Und auch meine Stimmung friert bei diesem Anblick ein wenig ein. Also Punkt eins der Tagesordnung: Sachen tauen und trocknen. Das wird nicht in einer halben Stunde geschehen sein. Ich nutze die Zeit, gehe duschen, koche mir meinen Kaffee im Klubhaus. Halb elf wird es, bis ich starten kann. Klaus-Peter und Kerstin sind wieder bei ihrem Boot, wir halten noch einen kurzen Abschieds-Schnack, dann lege ich ab. Ich mache die Segel auf, muss aber immer wieder den Außenborder zur Unterstützung nehmen, denn der Wind ist schwach und vor allem unstet. Blöd ist nur, dass das Benzin nicht mehr wird. Fast 50 Liter sind an Bord. Es wird mich weit bringen, aber auch nicht ewig reichen.

Meine erste Kanalstrecke steht an – der kurze Gieselau-Kanal, der die Eider mit dem Nord-Ostsee-Kanal verbindet –, und damit die erste Schleusung von Hunderten noch folgenden. Lieber würde ich ohne die Einfahrt in Betonboxen ungehindert meines Weges ziehen, aber der Weg zum Schwarzen Meer wird nun einmal mit ihnen gepflastert sein.

»Hallo 80!«, ruft es bei der Einfahrt in die Schleuse. »80« ist mein seltsamer Spitzname, der entstand, als ich mit neun Jahren meine Fußballerkarriere begann. Zur Schulung der Konzentration gab uns der Trainer Zahlen, mit denen wir uns identifizieren sollten, und so bin ich für manche auch heute noch einfach nur: 80. Ich schaue hoch und entdecke Sönke, einen Freund aus Kindergartenzeiten, der heute Elektriker beim Wasser- und Schifffahrtsamt ist. Offenbar schraubt er gerade mit Kollegen an dieser Schleuse herum. Was für ein Zufall! Ich winke ihm zurück, mache die Karre an der glitschigen Schleusenwand fest und klettere zu ihm an Land. »Mensch, Sönke, das freut mich aber!« Er kennt natürlich mein Vorhaben, selbst wenn er nicht direkt davon erfahren hätte, würde er die Berichte in den Lokalzeitungen gelesen haben. Er kennt auch das Thema »Ohne Geld« – und übernimmt, ohne dass ich überhaupt frage, die Schleusengebühr.

Die Tore schieben sich langsam auf und bei grünem Lichtsignal kann ich weiterfahren. Das Wasserniveau ist jetzt bereits das des großen Schifffahrtswegs Nord-Ostsee-Kanal. Kaum dass ich das Angler- und Fischreiher-Paradies des Gieselau-Kanals verlassen habe und auf die Schiffsautobahn des NOK einbiege, kommt auch schon ein Frachtschiff-Monster auf mich zu. Davonfahren kann ich ihm nicht, ich beschließe, in seine Heckwelle hineinzusteuern, also umzudrehen, um zu testen, wie wir das vertragen, mein Boot und ich. Die Spritzdecken hätte ich aber besser geschlossen. Lektion Nummer eins gelernt. Aber die Karre geht mehr über die Welle hinweg als, wie befürchtet, durch sie hindurch! Die Wogen rollen eher sanft und brechen nicht, ich bekomme kaum Wasser ins Boot.

Angetrieben von 3,3 PS juckele ich Brunsbüttel und der Elbe entgegen. Verschlungen ist hier nichts, schnurgerade, und soweit das Auge reicht, zieht sich die Böschung des Kanals dahin. Am Ufer sitzen Angler in ihren grünen Klappstühlen, Radfahrer zeigen der Karre und mir, was Geschwindigkeit ist, und überholen uns locker. Dieser und jener kleine Spruch fliegt mir schon mal zu. »Na, auf dem Weg nach Amerika?« Ich antworte: »Vielleicht. Erst mal Richtung Asien!« Wenn der wüsste …

Der Hafen von Brunsbüttel hüllt sich schon in leichten abendlichen Dunst, als ich mit langsamer Fahrt nach einer Anlegemöglichkeit suche. Ich fahre nah an einem Zollboot vorbei und frage den Uniformierten: »Moin, Officer, wo sind denn hier die Schleusen, und wo kann ich für eine Nacht lang anlegen?« Mürrisch betrachtet er mein Gefährt und mich. »Wo willst du denn damit hin?« Das »damit« hat einen leicht despektierlichen Klang. Ist was an meiner Karre auszusetzen? »Istanbul«, antworte ich, »aber nicht mehr heute …« Der Mann in Grün grinst: »Alle Achtung. Dann bist du ja schon kurz vor dem Ziel!« Der Typ hat also doch Humor. Er zeigt auf eine Steganlage: »Da vorn liegen die Sportboote, direkt rechts von der Schleuse, da kannst du liegen.«

Zwei Kerle erwarten mich bereits, um meine Leinen anzunehmen: »Bist du der Andreas Gabriel?« Nanu? »Bin ich.« Ich habe die Leinen noch nicht einmal richtig festgemacht, da drückt mir ein Dritter schon das erste Bier in die Hand und prostet mir zu. Sie haben in einer Zeitschrift von mir gelesen und wollen mit ihrem Motorboot morgen gen Ostsee, nach Kiel fahren. Mein Zelt werde ich direkt neben der Karre aufschlagen können. Ich bin zufrieden, habe Strecke gemacht. Und diesen Kanal mit der Monster-Berufsschifffahrt schon mal geschafft. Solche Tage sind aufreibend und anstrengend, aber es ist ein gutes Gefühl, sie gemeistert zu haben.

Ich bin vor Sonnenaufgang wach. Erst einmal möchte ich Kontakt zur Schleuse bekommen, einer der Männer von gestern Abend hat mir die Festnetznummer der Schleuse gegeben. Üblicherweise kontaktieren die Kapitäne sie über Funk auf einem bestimmten Kanal. Ich aber habe auf ein Funkgerät verzichtet, werde also so zurechtkommen müssen. Wie jeden Tag bin ich aufgeregt, heute noch etwas mehr als sonst, auch jetzt bei diesem Telefonat. Aber der diensthabende Schleusenwärter antwortet freundlich: »Wo bist du jetzt?« Ich nenne ihm meine Position direkt rechts vor der Schleuse. »Okay, siehst du da hinten die beiden Frachter kommen? Die wartest du ab und gehst hinter ihnen in die Schleuse!« Jetzt heißt es sofort einpacken, trocken werden weder Zelt noch Schlafsack sein, das aber ist in diesem Augenblick egal. Die Zeit läuft: vier Minuten, Zähneputzen fällt aus.

Die Karre legt ab und wir umfahren die Steganlage, um hinter den riesigen Hecks der beiden Frachter in die gigantischen Schleusen einzufahren. Ich möchte mit dem Schraubenwasser der Schiffe nichts, aber auch gar nichts zu tun bekommen und mache weit hinten an hölzernen Schwimmstegen fest. Niemand spricht mit mir über Kosten oder Gebühren – das nenne ich einen guten Start in den Tag.

Durch den Spalt der sich öffnenden Schleusentore kann ich schon das Wasser der Elbe sehen. Die Frachter geben langsam Kraft auf ihre Antriebsschrauben. Die allein sind schon vier- oder fünfmal so groß wie meine ganze Karre. Und dann komme ich. Ich winke zur Schleusenzentrale hoch, so etwas wie uns sehen auch die bestimmt zum ersten Mal. Wir sind winzig zwischen den Betonwänden und den hoch aufragenden Schleusentoren. Vermutlich sieht die Karre von da oben eher wie ein Insekt aus oder ein fehlgeleitetes Mini-Ufo.

Große Frachtschiffe nähern sich wie im Konvoi aufgereiht hintereinander. Ich steuere auf eine gefühlte Lücke in dieser Parade zu. Mit Wind und Strömung macht meine kleine Yacht laut GPS sensationelle 9 Knoten über Grund – Wahnsinn! Ich habe die Cockpits mit den Spritzdecken verschlossen und sitze oben auf den Fendern. Nicht noch einmal will ich nasse Rümpfe bekommen. Das Wasser schwabbelt und kabbelt, macht kleine, kurze, unangenehme Wellen. Ich fahre mit Motor und öffne die Segel erst, als ich das Fahrwasser der Elbe überquert habe. Wie eine flüchtende kleine Maus.

Auf Deck habe ich eine Aquapac-Tasche befestigt, in der ich, wasserdicht verpackt, meine Karten und vorher notierte Positionen vor Augen habe, auf Butterbrotpapier durchgepauste Kanal- und Flusslinien. Das erschien mir einfacher zu sein, als stapelweise Kartenmaterial mitzunehmen. Die Flüsse und Kanäle habe ich bis zur Donau nur grob durchgepaust. Ich muss ohnehin auf Sicht fahren, schlicht den Wasserläufen folgen. Gefahrensituationen werden ja wohl ausgeschildert sein und Kreuzungen erklärt. Und auf den Hauptwasserstraßen werden wohl kaum Stromschnellen wie in einem Gebirgsbach auf mich warten. Immer locker bleiben – dat löpt sich allens torecht. Jetzt steht eine Linie auf der Karte für die Elbe und eine zweite, davon abzweigende für den Hadelner Kanal. In den will ich hinein. An sich eine klare Sache. Nur gestaltet sich die Realität schwieriger. Ohne mein GPS-Gerät hätte ich noch nicht einmal halbwegs eine Ahnung, wo ich gerade bin. Auf meiner tiefergelegten Position auf der Karre habe ich nun mal keinen Überblick. Noch außerhalb des Fahrwassers ist die Elbe hier Kilometer breit. Nach Osten schließt sich der Mündungstrichter und führt nach Hamburg, nach Westen weitet er sich und verliert sich gen Horizont. Da ist meine Nordsee. Mein Meer. Aber wo ist dieser verdammte Kanal? Mein GPS-Gerät signalisiert: Ziel erreicht. Ich müsste querab der Einfahrt zum Kanal sein, aber ich sehe sie nicht. Doch, da sind Priggen, kleine astlose Bäume, von Menschenhand im Watt verankert, sie sollen den Weg zur Einfahrt weisen. Neben ihnen wird ein Priel sein, eine tiefere Wasserrinne. Doch welche Seite der Priggen ist die richtige? Ich bin unsicher. Das Wasser ist bereits zu weit abgelaufen. Die Seitenschwerter der Karre klappen hoch, das bedeutet, dass wir in sehr flachem Wasser sind. 40, 30, 20 Zentimeter, mehr ist das hier gerade nicht. Ich mache an einer der ersten Priggen fest, um auf auflaufendes Wasser zu warten.

Die großen Schiffe ziehen in eineinhalb Meilen Entfernung von mir im tiefen Fahrwasser vorbei. Ihre Bug- und Heckwellen, die mir im Fahrwasser kein Problem machten, schieben sich auf dem flachen Sand zu steilen Brandungswellen auf, die jetzt unerbittlich auf mich zurollen. Die erste Welle ist schon da und schmeißt das Boot mit überraschender Gewalt gegen die Prigge, die uns nur auf der Stelle halten sollte. Ich bin ein Idiot! Ich habe das nicht vorausgesehen und die Spritzdecken bereits geöffnet, beide Rümpfe laufen schon wieder halb voll mit Wasser. Ich kann so viel eigene Blödheit auf einmal kaum fassen. Die Situation ist ärgerlich, ich bin wütend auf mich selbst, aber sie ist nicht wirklich bedrohlich.

Erst nach zweieinhalb Stunden kommt das Wasser zurück und sorgt schnell für befahrbare Tiefen. Endlich kann ich entlang der Priggen gen Land steuern. Eine tunnelähnliche Brücke liegt vor uns. »Gib Gas, dann kommst du noch rein!«, ruft mir jemand vom Ufer aus zu. »Wo muss ich denn hin?« »Geradeaus!« Geradeaus heißt, durch den Tunnel in einen ersten Schleusenhof einfahren. Die Masten der Karre passen gerade so eben unter der Überführung hindurch. Die Lichter zeigen Grün – los, zack, zack! Kurze Zeit später schließen sich die Schleusentore schon wieder.

Plötzlich ist alles anders! Von den Brandungswellen und den großen Frachtern geht es in eine vollkommen beruhigte Welt, wie am Stichkanal hinter Nachbars Gartenlaube. Alles ist irgendwie zum Greifen nah. Meine geringe Höhe passt hier wunderbar hin. Ich segele durch Entenflott und Seerosen. Es ist ein vollkommener Perspektivwechsel. Um 3 Uhr nachmittags fallen mir fast die Augen zu. Kein Wunder, seit den frühen Morgenstunden in Brunsbüttel volle Konzentration und keine Atempause. Steuerbord nähert sich ein Badesteg, auf dem zwei Mädchen in der Sonne sitzen. Sie sollen sich durch mich nicht stören lassen, sage ich, es sieht nach genügend Platz für alle aus. Oben am Weg steht eine Art Bushaltestelle. Eine liebevoll aus Holz hergestellte Hütte, die genügend Platz für mein Zelt bietet. Und es gibt ein altes Haus, eingewachsen in Büschen und Bäumen. Dort werde ich bestimmt Frischwasser bekommen.

Der Mann, der mir die Tür öffnet, ist Träger einer Vokuhila-Matte und ein ausgesprochener Bücherwurm. Dieter, so heißt der Rentner, versorgt mich bereitwillig mit Wasser, inspiziert mein merkwürdiges Gefährt und ist höchst verwundert über mein Vorhaben. Er beobachtet und akzeptiert, stellt keine Fragen. Doch, diese: »Willst mal hören? Ich kann einen Vogel nachmachen.« »Klar«, sage ich, »hau rein!« Bereit zur Balz stemmt er beide Arme in die Lenden, legt den Kopf zurück in den Nacken und röhrt in von mir nicht erwarteter Lautstärke: »Grrru-uuhh, grrruuuhhhh!« Jeder gefiederte Freund, der gerade leicht verspätet vom Überwintern aus Afrika zurückkommt und das zufällig hört, muss denken: »Sofort umkehren! Wir fliegen zurück! Hier bleiben wir nicht!« Spätestens jetzt ist mir klar: Der Mann ist mindestens genauso verrückt wie ich. »Ich gehe wieder ins Haus. Willst du einen Kaffee oder eine Dusche? Kannst auch beides haben.« Dankend nehme ich an. »Ich komme gleich hoch zu dir, danke, Dieter.«

Wir sitzen an dem Gartentisch hinter seinem Haus zusammen. Dieter erzählt von den Ritualen seines Tages, seiner Einsamkeit und seiner Freude daran. Es ist interessant, ihm zuzuhören. Wir sind uns ähnlicher als du denkst, geht es mir durch den Kopf. Naja, nicht in allen Bereichen, zumindest kreische ich nicht regelmäßig wie ein Vogel, der vom Himmel geschossen wird. Frisch geduscht und gut unterhalten verlasse ich diesen freundlichen, besonderen Menschen. Er wird morgen noch nicht wach sein, wenn ich abfahre.

Kein Mensch kreuzt am Abend meinen Rastplatz. Die Nacht im Zelt unter dem Holzdach ist trocken und behütet. Dies ist erst der vierte Tag. Jeder Tag war komplett neu, anders, voller Erleben und Bewährung. Und dies ist erst der Anfang.

≈

Wie gestern bin ich wieder um 5.30 Uhr wach. Allmählich bilden sich Rituale heraus. Als Erstes beschäftige ich mich mit dem Kocher – denn ohne Kocher gibt es keinen Kaffee. Obwohl er eine neue Düse hat, wird die Flamme nicht richtig blau und damit nicht ausreichend heiß. Der Kocher zählt zu meiner Grundausrüstung an Versorgungsutensilien: Töpfe, Pfannen, Teekessel, Tassen, Thermobecher, Kaffeefilter, Löffel, Gabel, Messer, Pfannenwender, Suppenkelle, Kartoffelschälmesser, Brotmesser. Zwei feste Wasserflaschen als Trinkflaschen, einen 5 Liter fassenden Trinkwasserkanister. Wenn wir schon gerade das Innere der Karre nach außen kehren … An persönlichen Gegenständen habe ich mit: drei große Fotos. Eins von Sabrina und jeweils eins von Nils und Torge, meinen beiden Jungs. Und das Glücksbringerbärchen einer Lady aus England. Es ist ein Geschenk, das ich 2008 in Frankreich erhielt, als mein Segelfahrrad und ich einen Campingplatz in Aufruhr versetzten. Meine technische Ausstattung: zwei Kopfleuchten, zwei Rundumleuchten, zwei Zeltleuchten, 20 AA- und AAA-Akkus plus

Ladegerät, ein Solarpaneel, eine 12-Volt-Batterie, 10 Knicklichter, ein Laptop (mit gespeichertem Seekartenprogramm), eine Laptopkamera, diverse Speicherkarten, ein Internetstick, zwei Handys, ein elektronisches Baroskop, ein EPIRB, eine Fotokamera, eine Videokamera mit wasserdichtem Gehäuse, ein Fernglas, zwei Brillen (bin kurzsichtig), zwei Hand-GPS und eine externe GPS-Antenne. Zum Laden des Handys gibt es eine 12-Volt-Steckdose in einer wasserfest verpackten 12-Volt-Batterie, die ich über mein Solarpaneel lade. Ich packe die Fracht etwas um, aus den Spitzen der Kajaks soll Gewicht raus. Ich hoffe, dann geht die Karre leichter durch die Wellen. Eintauchen bedeutet Geschwindigkeitsverlust, und unter Motor mehr Benzinverbrauch.

Alles ist nass, feucht, klamm. Feuchtigkeit und mein Kampf dagegen, das wird eines der Hauptthemen der Reise sein, das ahne ich schon jetzt. Der Wind weht mir heute meistens entgegen, trotzdem mache ich das Segel immer wieder auf, um den Motor zu unterstützen. Weiterhin empfinde ich die Landschaft, geschützt hinter den Deichen, und diesen Kanal als absolut entspannt. Ich schippere so dahin.

Am nächsten Tag weht der Wind hart und böig aus Ost bis Südost. Nur mit dem kleinen Vorsegel schiebt die Karre mit 6 Knoten durch die Landschaft. Es ist wunderschön hier. Die Kühe weiden bis runter ans Wasser, und ich pfeife mit der Karre mitten hindurch. Ich habe richtig Druck auf den Schoten und den Verbindungen des Bootes. Auf der Geeste wechselt die Landschaft, die Bäume weichen und machen einer flachen Landschaft Platz, in der ich den Wind direkt nutzen kann. Es ist nicht mehr so geschützt und lieblich wie zuvor, aber für die Geschwindigkeit und das Vorwärtskommen sehr gut. Schon mittags erreiche ich Bremerhaven. Der Elbe-Weser-Schifffahrtsweg liegt damit hinter mir. Für die Weser weht es mir zu hart, und wir haben gerade ablaufendes Wasser, darum ist an einer Steganlage direkt vor der Schleuse für mich Schluss.

Das Gelände ist offen. Niemand ist hier, die Tür des Klubhauses verschlossen. Stege, Hafenanlagen, der Geruch von Schlick und brackigem Wasser, damit bin ich aufgewachsen. Papas Motorboot lag im Norden Eiderstedts in einem kleinen Hafen. Von dort sind wir in die Watten Nordfrieslands gestartet, die archaische Welt der Halligen und nordfriesischen Inseln. Das Leben am Wasser und am Hafen ist mir sehr vertraut, hier bin ich zu Hause.

Zwei Boote fahren in den Hafen ein, ich nehme die Leinen an und helfe beim Festmachen. Trotzdem holt sich einer eine Schramme, er wollte ein bisschen zu stürmisch an den Steg. Hans heißt der Skipper des kleineren Bootes. Wir kommen schnell ins Gespräch: Wer ich bin. Was ich mache. Wer er ist. Was er macht. Auf der Bank vor dem Klubhaus sitzen wir gut. Etwas später wird Hans von seiner Frau abgeholt, sie fragen, was ich noch brauche. Ich wünsche mir zwei Zwiebeln und zwei Äpfel. Die beiden werden morgen früh damit zurückkommen, sie wohnen nicht weit von hier. Ihr Boot bleibt bis zur Weiterfahrt hier angebunden.

≈

Hans' Fragen klingen noch nach, als ich abends in meinem Zelt liege. Wer ich bin? Ich bin ein etwas über vierzigjähriger Handwerksmeister von der Halbinsel Eiderstedt in Schleswig-Holstein. Ich bin Maurermeister und hatte elf Jahre lang meinen eigenen Betrieb. Nach einem Abgangszeugnis der siebten Klasse Realschule mit ausschließlich Fünfen und Sechsen verstehen viele nicht, wie ich das geschafft habe.

Meinen Betrieb gibt es heute nicht mehr, denn ich bin pleite. Das verstehen die anderen natürlich sehr gut. Nur ich nicht. Aus einer langjährigen Beziehung habe ich zwei Söhne, Nils und Torge, die jetzt 13 und 15 Jahre alt sind. Sie für diese Reise alleine zu lassen, war schwer, und ob sie verstehen, warum ich diese Tour antrete – oder antreten muss –, weiß ich nicht wirklich.

Ich bin gespannt auf die Gespräche, die es zwischen uns vielleicht noch geben wird: Werden die Jungs mir Vorwürfe machen? Werden sie das toll finden, was ihr Alter so getrieben hat? Momentan machen sie ihr eigenes Ding, klar, aber wer weiß, was da irgendwo schlummert? Eins weiß ich aber sicher, die beiden sind stark, sie sind gute Jungs und werden es überstehen, denn meine gesamte Familie steht an ihrer Seite.

In Tönning lebe ich mit Sabrina zusammen, die selbstständig als Physiotherapeutin arbeitet. Sabrina ist unfassbar wichtig: Einerseits ist sie mein Operator zu Hause am Computer, Anweiserin für die jeweilige Tagesstrecke, und zugleich ist sie die leidgeprüfte Partnerin, die mit der großen Last, dass ich nicht da bin, klarkommen muss. Werden wir die Trennung und die Spannung dieser Tour aushalten? Ich will daran glauben und dafür tun, was ich kann. Doch was ist mit ihr? Es wird schwer für sie werden. Sabrina und meine Jungs, meine Familie und mein Zuhause. Sie alle sind mein Antrieb, sie alle verlasse ich, um gestärkt zu ihnen zurückzukehren.

Warum bin ich unterwegs? Zu dieser Zeit steht für mich schon fest: Es ist nicht pure Abenteuerlust. Die Umstände und ihre Bedeutung sind vielfältig, greifen tief. Ich habe meinen Betrieb in die Scheiße geritten. Obwohl ich kein Anfänger mehr war, habe ich einem einzigen Kunden zu sehr vertraut, meinen ganzen Betrieb von ihm abhängig gemacht. Irgendwann sind die Zahlungen dieses Kunden ausgeblieben, und die Wucht der dann einsetzenden Lawine war für mich einfach nicht aufzufangen. Um es deutlich zu sagen: Ich bin schlichtweg pleite, habe Schulden, das Insolvenzverfahren läuft. Mein Körper ist verbrannt, ausgezehrt und marode. Kopf, Gelenke und Herz. Nichts davon hat noch ein starkes Fundament. Ich beobachte mich, seitdem mir das passiert ist. Weiß, dass nur ich selbst die nötige Veränderung bringen kann, und mache mich darum auf den Weg.

2008 hat mein Segelfahrrad mir diese Tür zum ersten Mal

geöffnet. Mir einen neuen Weg aufgezeigt, der nun in der Tour rund um Europa seine Fortsetzung findet.

Warum mein Körper im Alter von 36 Jahren nicht mehr funktionieren wollte, habe ich damals nicht wirklich verstanden. Wenn ich zurückdenke, kommen mir Zweifel: War es wirklich nur die Schuld eines einzelnen Kunden, ein unglücklicher Zufall, der nun eben mich traf? Denn wenn ich etwas weiter zurückgehe in meinen Gedanken, fällt mir auf, dass mein Körper schon viel früher gezeigt hat, dass ihm irgendetwas an meiner Lebensführung nicht gefällt. Die Beschwerden begannen bereits zwei Jahre vor dem betrieblichen Ende. War das Aus meines Baubetriebes nur so eine Art Finale? Immer wieder stellte ich mir die Frage: »Warum ich?« Ohne eine Antwort zu finden.

Über die verrückte Idee des Segelfahrrades, mit dem ich letztlich mehr als 3 500 Kilometer durch Europa zurücklegte, kam ich auf einen neuen Weg. Ein Weg, der mich aus der Depression führte, hin zu Begeisterung und Freude. Wie durch einen Zauber bewirkt, sah ich nur noch in begeisterte Gesichter und war selbst befreit von einer finsteren Macht, die mich ergriffen hatte. Die ersten Kilometer damals waren schwer und ich habe die Schmerzen in meinen Gelenken kaum ertragen können. Doch dann – und tatsächlich auf einmal – waren sie verschwunden. Endlich fühlte ich neue Kraft, fühlte mich wieder lebendig. Menschen hatten mir das genommen, ich selbst hatte mir das genommen. Nun auf einmal brachten sie es zu mir zurück und ich nahm es dankbar an. Und ich spürte an jedem neuen Tag die Dankbarkeit meines Körpers. Es ist verzwickt, aber genauso sieht es aus.

Irgendetwas war passiert und hatte mir gezeigt, dass es nicht wichtig ist, zu wissen, was hinter einer Tür des Lebens auf mich wartet. Es hat mir gezeigt, dass ich mich nur bewegen muss! Egal wohin, egal auf welche Art und Weise. Aber mit Begeisterung, Freude und völligem Vertrauen darauf, dass das, was hinter dieser Tür auf mich wartet, nur gut sein kann, denn es ist ein Teil meiner Geschichte. Meiner eigenen Geschichte.

Doch warum nun weiter mit einer Tour rund um Europa, mit einer Eigenkonstruktion, für viele gar kein richtiges Boot? Warum ohne Geld und warum unter so großer Gefahr?

Diese Tour ist eigentlich nicht machbar. Mein Boot ist wie eine zerbrechliche kleine Spinne und die Macht des Meeres zu gewaltig. Man muss kein Mathematiker sein, um zu erkennen, dass diese Macht mich auf 15 000 Kilometern irgendwo erwischen wird. Aber schon meine maroden Kniegelenke widersprechen allen Wahrscheinlichkeitsrechnungen.

Ich werde die 15 000 Kilometer hinter mich bringen, ohne dass man vielleicht jemals wirklich versteht, wie mir das gelingen konnte. So, wie das mit meinem Körper auch nicht zu verstehen ist. Das Leben ist ein wenig Magie und diese Tour soll mir ein Stück mehr davon geben. Ich glaube an mein Leben, an meine Kraft und an das Gelingen. Viel mehr als an das Verstehen.

≈

Als ich um 7 Uhr aufstehe, kommt Peter vom zweiten Schiff am Steg sofort mit einem Kaffee auf mich zu. Das nenne ich aufmerksam. Denn mein Benzinkocher hat einfach keinen Dampf mehr, das sieht nicht gut aus. Ich mache die üblichen Notizen für den gestrigen Tag – welche Strecke, wie viele Meilen, welche Vorkommnisse. Fotografiere Liegeplatz und Zelt. Meine Logbücher und die Zahl der Notizen werden ein Schatz von Kontakten und Adressen. Das ist mir wichtig. Nach dem Kaffeetrinken säubere ich die Rümpfe und packe. Es fehlt nur noch der Einkauf von Hans und seiner Frau Betty. Aber da kommen sie auch schon: drei Brote, Würstchen in der Dose, Äpfel, Zwiebeln, drei Dosensuppen. Wow! Das streckt meine Proviantsituation gewaltig. »Hans und Betty, ihr seid große Klasse!« Hans leert sogar seinen großen Benzinkanister für mich. Das ist der Hammer!

Ich lerne Dankbarkeit vollkommen neu. Demut durchströmt mich. Und ich habe die Vermutung, dass dies eine der zentralen Erfahrungen der Reise werden kann: wirkliche Dankbarkeit zu spüren. Nicht so ein »Danke. Schönes Geschenk,« – und dann das nächste Päckchen unter dem Weihnachtsbaum aufgerissen. Nein, ein tiefes Gefühl, dass mir geholfen wird, dass für mich gesorgt ist.

Hinter der Schleuse schlängelt sich die Geeste durch Bremens vorgelagerten Hafenort. Ich bin wieder in Tidengewässern, links und rechts ist Schlick zu sehen. Sofort, als ich die Molenausfahrt durchfahren habe, ist klar, dass ich ein Idiot bin. Die letzten gemütlichen Tage, die herrschende Hitze und auch das gemächliche Fahren im Schutz unter Land, haben mein Gehirn anscheinend in einen Schlaf-Modus geschaltet. Ich hätte wissen müssen, dass hier auf der Weser, an ihrer Mündung in die Nordsee, wieder etwas Neues kommt! Wind gegen den Strom. Schlimmer geht es kaum. Ich bin nicht vorbereitet auf derartige schnelle und kabbelige Wellen. Auf einmal bin ich mittendrin. Wellen über Wellen. Noch nicht einmal meine Spritzdecken sind aufgezogen, was bin ich bloß für ein Vollidiot, wie oft soll mir das nun noch passieren? Als ob meinem Gehirn die Zündkerze fehlt, brauche ich viel zu lange, um zu reagieren, und so sind schnell beide Boote wieder halb voll. Viel Zeit vergeht, bis ich mit meiner Kaffeetasse eins der Cockpits so weit entleert habe, dass ich die Spritzdecke schließen kann, ohne mir Sorgen machen zu müssen. Der andere Rumpf läuft bedrohlich voll. Mit schnellen Bewegungen gelingt es mir, auch ihn zu schließen. Ich bin viel zu dünn angezogen, klitschnass und habe noch Stunden vor mir, die ich gegen den Wind und eine aufgewühlte Weser ankämpfen muss. Das ist nicht mehr der Elbe-Weser-Weg mit dem gemütlichen Entenflott, hier ist nichts mehr lieblich. Durchhalten und arbeiten, lautet die einfache Parole, um den Weg die Weser hinauf zu schaffen.

30 Kilometer weseraufwärts habe ich das heutige Ziel meiner Träume, Elsfleth, erreicht. Das waren harte Stunden. Die härtesten, die ich bisher erlebt habe. Dass meine Konstruktion solch gewaltige Schläge in die Wellen scheinbar mühelos wegstecken kann, fasziniert mich. Mehrmals ragte die vordere Hälfte der Rümpfe komplett in die Luft, um anschließend mit voller Wucht auf das Wasser zu schlagen und tief einzutauchen. Alles ist heil geblieben. Fantastisch! Als es dunkel wird, verschwinde ich in mein kleines Reich und erhole mich von diesem Tag. Genau wie meine Karre. Sachte zuckelt sie an den Leinen, wenn der Wind ein wenig drückt.

Die Wesertour hat mir wirklich Respekt eingeflößt und die heute anstehende Strecke auf der unteren Hunte ist immerhin auch eine Bundeswasserstraße der Berufsschifffahrt – bekanntlich nicht gerade ein Freund der Sportschifffahrt. Aber der Diensthabende, ein freundlicher, etwas dicklicher junger Mann, beruhigt mich. Auf dem Brückengelände komme ich noch ins Gespräch mit zwei jungen Arbeitern, die meine Reise völlig irre finden. Sie stecken mir 20 Euro zu. Wie toll ist das denn! »Jungs, ihr seid große Klasse! Habt vielen Dank!«

Am Nachmittag erreiche ich die Brücke zur Hunte. Nach der ersten Kurve mache ich die Segel auf und lasse sie mit schieben. So wenig romantisch wie dieser Abschnitt der Hunte selbst ist der Liegeplatz in Oldenburg, den ich zuerst ansteuere. Meine Stimmung hebt sich auch nicht gerade, als ein Motorbootfahrer immerzu »Bezahlen! Bezahlen!« ruft. Und: »Der Hafenmeister kommt gleich!« Hier will ich auf keinen Fall bleiben. Der Hafen wirkt auf mich kalt, dreckig und unfreundlich. Ich lege wieder ab. Es ist nicht weit bis zur Einfahrt in den Küstenkanal und doch wird es eine kleine Odyssee. »Nur ein Stück zurück, dann rechts und schon bist du vor der Schleuse zum Kanal«, hat man mir gesagt. Die Schleuse kann ich bereits sehen, doch die Brücke davor hat man mir verschwiegen. Sie ist zu niedrig, sogar meine kurzen Masten passen da nicht durch. Was jetzt, wen rufe ich an? Es ist schon spät, und erst nach dem zweiten Versuch habe ich den Richtigen am Telefon. Es kommt mir vor wie eine halbe Ewigkeit, bis sich dann endlich die Schranken der Straße senken und die Stahlkonstruktion sich langsam hebt.

Hinter der Schleuse sind die Ufer grün und freundlich. Hier lege ich an! Diese Industriestrecken will ich so schnell wie möglich durchfahren. An deren Ende wird die Ausfahrt auf das Meer stehen, und dort zieht es mich hin.

Um 4.30 Uhr werde ich wach, es regnet. Noch zwei Stunden bleibe ich im Schlafsack liegen und warte, doch es regnet immer noch. Ich packe direkt ein, kein Zähneputzen, kein Trocknen, kein Kaffee. Ich will den Kanal heute schaffen! Motor an und los.

Wir fahren mit 5 Knoten. Der Kanal ist dicht bewachsen, nur selten kann ich hindurchblicken auf Menschen oder Häuser. Selten ist ein Schild zu sehen, das mir zeigt, wo ich bin. Es ist monoton und einsam. Dreimal muss ich nachtanken, der Tank des Außenborders fasst nur eine kleine Menge Benzin. Während der Konstruktionsphase habe ich oft daran gedacht, doch eine annehmbare Lösung war mir nicht eingefallen. Beim zweiten Mal Tanken fällt mir der Tankdeckel ins Wasser und geht sofort auf trübe Tiefe. Lange, starr vor Schreck, sehe ich ihm nach. Ein Schwamm muss in die Öffnung, so fällt kein Dreck hinein, und Luft kann der Motor trotzdem ziehen, eine Dauerlösung ist das aber keinesfalls. Ich rufe zu Hause an: »Sabrina, ich hab Scheiße gebaut. Mir ist der Tankdeckel ins Wasser gefallen und abgesoffen. Kannst du da was regeln, so schnell, wie es geht?«

Die Rümpfe aus Kajaks sind nicht für das gebaut, was ich mit ihnen mache. Man soll in ihnen sitzen und paddeln und nach Möglichkeit eben nicht auf ihnen herumspringen. Wie lange sie diese Tortur durchhalten werden, weiß ich nicht. Alles muss während der Fahrt passieren, ich will keine Zeit verlieren, das Meer ruft nach mir: tanken, Segel setzen und wieder zusammenpacken, Verpflegung aus den wasserdichten Räumen holen,

Kleidung wechseln, mich erleichtern … Es entwickelt sich eine Art Schrittfolge für jede Tätigkeit. Zuerst greift meine Hand an den Mast, um mich abzusichern, erst danach folgt ein Fußtritt. Würde ich dann mit den Füßen abrutschen, könnte ich mich noch festhalten. Mein Boot hat unterschiedliche Festigkeiten. Nur ein paar Stellen sind wirklich tragfähig, sei es durch die Verstärkungen, die ich eingebaut habe, oder die Deckel, die ich für die vorderen Cockpits angefertigt habe. An manchen Stellen aber ist es dünnhäutig und gibt unter meinem Körpergewicht spürbar nach. Die Schwachpunkte des Bootes prägen sich mir ein, immer mehr.

≈

Vor der Schleuse in Dörpen bin ich mir nicht ganz sicher, ob ich die richtige Einfahrt erwischt habe und dies wirklich der Weg zum Dortmund-Ems-Kanal ist. Ein Sportboot naht von achtern, das könnte bei der Orientierung helfen. Doch der Heranfahrende ist ausgerechnet der Skipper, der mir schon gestern in Oldenburg auf die Nerven gegangen ist – und er hat immer noch seinen Sprachfehler: »Bezahlen, bezahlen«, ertönt es, als er dicht an mir vorbeirauscht. Was ist mit dem Typen los? Hat er von mir gelesen und ihm geht meine Ohne-Geld-Reise auf den Senkel, will er einem Schnorrer mal die Leviten lesen? Das nervt jetzt aber richtig. Ich will von ihm wissen, ob ich auf dem richtigen Weg bin. Auf meine Frage höre ich im Gebrabbel auch den Ansatz einer normalen Antwort: »Ja.« Das reicht mir in diesem Fall dicke. Wir schleusen beide durch. Bei der Ausfahrt kann ich mir ein »Du hast nicht alle Tassen im Schrank« nicht verkneifen. Sein Geschirrregal ist aber so gebaut, dass ihn das gar nicht erreicht.

Ich fahre noch ein kurzes Stück auf der Ems, die hier Bundeswasserstraße und entsprechend begradigt ist. Links und rechts dieser Strecke liegen die Altarme des Flusses. Ich gönne mir den Luxus einer Nacht in einem Yachthafen mit einem dicken Hafenmeister namens Herbert für 9,50 Euro! Ich dusche. Und investiere von den bisher eingesammelten Spenden etwas für eine Portion Pommes.

Es ist Donnerstag, der 12. Mai 2011. Am Abzweiger zum Mittellandkanal pfeift mich die Wasserschutzpolizei zu sich ans Ufer: »Das Segeln ist auf dieser Wasserstraße nicht erlaubt, auf dem ganzen Weg bis zum Rhein nicht.« »Ich hab' bloß Wäsche aufgehängt ...« Die beiden Beamten nehmen den Ball auf und entpuppen sich als wirklich nette Typen. So ein schräger Vogel geht ihnen wahrscheinlich nicht jeden Tag ins Netz. Einem der beiden ist meine Navigationstasche nicht entgangen: »Das wird auf Dauer nicht ausreichend sein.« Mein Butterbrotpapier mit den braunen Schlangenlinien, auf das er deutet, ist mir gerade etwas peinlich. Aber bin ich damit nicht bis hierher gekommen? »Wir haben etwas für Dich.« Die beiden überreichen mir ein Buch: »Das ist der Almanach der europäischen Binnenschifffahrt. Damit wirst du alles finden, Zollstellen, Anlegeplätze, wo sich die Kanäle und Flüsse teilen. Bis zum Schwarzen Meer. Die Ausgabe hier ist alt, aus dem Jahr 2000, aber noch aktuell genug.« Zunächst kommt mir die Schwarte namens WESKA – Westeuropäischer Schifffahrts- und Hafenkalender – wie Ballast vor, der zudem schwer vor Wasser zu schützen ist, doch um es vorwegzunehmen, dies ist ein geschichtsträchtiger Tag.

Am 18. Mai ist die Einfahrt in den Rhein-Herne-Kanal erreicht. 200 Kilometer auf dem Dortmund-Ems-Kanal liegen hinter mir, 45 Kilometer sind es noch bis zum Rhein. Ich bin schon sehr gespannt und habe einen gehörigen Bammel vor der Einfahrt auf Deutschlands größten Strom, mit seiner hektischen Berufsschifffahrt, mit seiner Strömung, der ich entgegenhalten muss. Aber noch schippere ich durch die Stauwasser der Kanäle. Soll ich es heute schon wagen? Nein, ich will einen ganzen ersten Tag auf dem Rhein haben!

An Backbord ist eine Einfahrt zu sehen: Yachtklub Oberhausen. »Skipper!«, ruft es, als ich weiter in den Hafen fahre. Ein Mann fuchtelt wild mit den Armen: »Du kannst an dem Charterkutter mit dem grünen Rumpf längsseits gehen.« Der Mann mit großer Sonnenbrille, gebräunter Haut, pechschwarzen Haaren und Drei-Tage-Bart begrüßt mich mit großem Hallo. Minuten später stehe ich bei ihm an Land und erzähle von meiner Tour. Er unterbricht mich schon am Anfang: »Okay, dann lass uns mal überlegen, was du brauchst.« Als Erstes zückt er sein Portemonnaie: »Hier hast du erstmal 20 Euro für die Bordkasse. Was brauchst du noch?« Ich bin sprachlos und bekomme auch keine Zeit zu antworten. »Du brauchst zu trinken. Das ist wichtig. Ich bringe dir später Getränke vorbei und auch etwas zu essen. Komm mal mit, ich zeige dir die Duschen, die sind hier wirklich top. Was brauchst du noch?« Ich bin immer noch baff, und doch krächzt mir etwas aus dem Hals, das sich anhört wie: »Z…Z…Zündkerze?« Eine Zündkerze. »Die wäre wirklich wichtig, ich weiß nicht, wie lange meine alte das noch macht.« Er packt mich am Arm und lacht. »Ja, ist wie mit meiner Alten. Die macht das auch nicht mehr lange. Also dann kümmern wir uns jetzt erst um die Zündkerze, mein Mechaniker ist gerade hier im Hafen.«

Im Vorbeigehen zeigt er auf eins der Charterboote. »Bei diesem Boot hier lasse ich dir nachher die Tür auf. Da kannst du heute Nacht schlafen.« Der Mechaniker sieht witzig aus. Ein großer Typ, untersetzt, aber stark, bärenstark! Er ist so dreckig und verölt, dass für ihn nur eine Rolle in der Neuverfilmung von *Das Boot* in Frage kommen würde. Ob er wohl in einem Maschinenraum schläft? Torsten, so heißt der Hafenmanager, übergibt mir zwei Zündkerzen. Nicht bloß die eine, um die ich ihn gebeten hatte. Er macht das alles so im Vorbeigehen, schüttelt meine Hand und ist verschwunden. Ich bin fassungslos und stehe da wie ein kleiner Junge, der gerade mit unerwarteten Geschenken überrascht worden ist. Später sehe ich Torsten noch einmal kurz, als er eine Tüte mit Getränken und Essen für mich vor dem Charterboot gegen ein Geländer stellt, mir winkt und weiter Glück wünscht.

Heute Abend weine ich das erste Mal auf dieser Tour. Ich liege in einer richtigen Koje und mache die Beine lang. Das ist herrlich. Ich danke dir noch einmal, Torsten. Und träume schon mal von Vater Rhein. Morgen komme ich!

≈

Mein Schlaf ist unruhig. Gegen 5 Uhr bin ich wieder wach, so schön gemütlich meine Koje hier auch ist. Der an den Toiletten zu tippende Code lautet 4711 – sehr sinnig. Kaffee. Schreiben. Nils hat morgen Geburtstag! Sachen trocknen. Zähne putzen, packen und ab. Vor dem Rhein liegt erst einmal noch die Schleuse Oberhausen und dann noch etliche Kilometer Fahrt durch den Ruhrpott. Die Anspannung – an jedem neuen Tag in unbekanntem Wasser, auf jedem noch nie von mir befahrenen Meter –, hier ist sie extrem hoch. Ein großer Pott geht in die Schleuse, ein Motorboot und dann ich. Das Schleusen dauert fast eine halbe Stunde.

Schmeiß mal eine Maus in einen voll besetzten Löwenkäfig. So ähnlich muss ich ausgesehen haben, als ich am späten Morgen mit der Karre auf den Rhein treffe. Natürlich habe ich Muffensausen an diesem Morgen, auf diesem Fluss ist schließlich mehr Verkehr als auf der Autobahn nach Köln! Ich kann es noch kaum glauben, dass ich hier bin. Habe aber auch keine Zeit, länger darüber nachzudenken. Wir wechseln auf die rechte Flussseite, ich fahre so nah am Ufer wie möglich, um den Berufsschiffen so viel Platz wie möglich zu lassen. Große Stahlkähne sind das, mit mächtigen Antriebsschrauben und großen Motoren. Daneben meine winzige Karre und ich. Die Bug- und Heckwellen der Frachter sind mächtig – und alle Luken meiner Karre dicht. Mein Blick fällt auf das GPS-Gerät. Es zeigt 3 Knoten Geschwindigkeit. Nur mal kurz 2. Das sieht gut aus. Ja! Wenn das so bleibt, schaffen wir's!

Um 15 Uhr bin ich noch am Leben. »Mach Schluss, Andreas,

es reicht für heute.« Erschöpft von der Anspannung flüchte ich in eine kleine Bucht. Hier weicht die Strömung und urplötzlich ist es ein Gefühl wie in Abrahams Schoß. Das ununterbrochene, angestrengte Gegenankämpfen hört endlich auf. Ich steuere den Steg an. »Privat« verheißt nichts Gutes. Erstmal festmachen und ausruhen.

Der Steg ist nur halbherzig befestigt, Pumpenmaterial liegt herum und ein Stromkabel führt bis nach oben zu den Häusern. Diese Bucht ist künstlich angelegt. Noch bevor ich die Häuser vor der gepflegten Wiese oben erreicht habe, kommt ein Mann auf mich zu, er sieht schlechtgelaunt aus. Oha. Schon während ich ihm entgegengehe, stellt sich mein Körper auf den ersten Kontakt ein. Ein fester Händedruck und ein klarer, freundlicher Blick können nicht falsch sein. Schließlich bin ich kein Dieb oder Wegelagerer. »Kerler«, nennt er mir seinen Namen. Und macht mit lauter, kölsch klingender Stimme sofort klar: »Hier nicht!« Es dauert ein Minütchen, bis ich ihm auf die Schliche komme: Der Mann ist ein Original, einer, der Kunden im Geschäft als Erstes sagt: »Haben wir nicht, kriegen wir auch nicht wieder rein.« Ein breites Grinsen gibt Entwarnung. »Na, denn komm mal mit rauf, meene Jung. Es ist genug Platz für alle da.« Kaum jemand kennt den Rhein so gut wie er. Noch in dieser Stunde werde ich eingeweiht in die heilige Welt der Berufsschifffahrt und die Tücken eines reißenden Flusses.

Der neue Morgen ist nicht irgendein Morgen. Mein Sohn Nils hat heute Geburtstag. Er wird noch in seinem Bett liegen, aber meine Gedanken sind schon lange bei ihm. Ich kann ihn riechen und fühlen, höre mich sagen, dass es Zeit für ihn ist, aufzustehen. Dieser Gedanke erfreut mich in meinem Zelt und der morgendlichen Dunkelheit. Dieser Bengel ist ständig auf dem letzten Drücker zum Zug. Erreicht hat er ihn immer.

Ist es richtig, was ich mache, oder gehe ich hier zu weit? Siegfrieds Blatt legt sich an diesem frühen Morgen auf meinen Rücken und markiert meine verwundbare Stelle. Wenn zwischen mir und meinen Söhnen etwas nicht stimmig wäre. Wenn ich nur ansatzweise erkennen würde, dass meine Abwesenheit sie zu sehr belastet, dann würde sich eine spitze Lanze in genau diese Stelle meines Rückens bohren. Alles was sonst passieren könnte, vergeht. Alles, was sich sonst verbiegt, ließe sich mit einem Hammerschlag richten. Aber meine Kinder? An diesem Morgen schwöre ich mir, dass es dann vorbei sein muss. Wo auch immer ich mich befinde. Selbst mein Boot wäre dann nicht mehr wichtig und bereits in wenigen Tagen könnte ich zu Hause sein. Erst 10 Minuten bin ich wach, mein Schlafsack ist warm und das Zelt schon gefüllt mit Gedanken. Wird es mir irgendwann leidtun, dass ich diese wichtige Zeit mit meinen Söhnen verpasst habe?

Nüchtern beende ich meine Ansätze, versuche, die Zweifel zu vertreiben.

Es ist jetzt 6:10 Uhr. Nils müsste schon aufgestanden sein, ich werde einen Anruf wagen …

≈

Um 9 Uhr ruft Bernd, der Herr des Rheins, mich zum zweiten Kaffee. Zwanzig Seiten hat er aus seinen Unterlagen kopiert. Zusammen gehen wir die Karten durch, er erläutert mir, worauf es wo ankommt. Die Zahlentabellen aus dem WESKA der Wasserschutzpolizei sind gut, aber auf dem Papier von Bernd sind Bilder. Ich sehe, ob der Rhein breiter oder schmaler wird. Flusskilometer sind eingezeichnet, Fluchtmöglichkeiten und jeder Hafen sind zu sehen. Wesentlich früher kann ich jetzt entscheiden, ob ich abkürze, wann ich abkürze, ob ich rechts oder links fahre. Bernd hat mich fit gemacht, ich fühle mich wesentlich besser vorbereitet als an meinem ersten Tag.

Der Rhein fließt ruhig dahin, und heute scheint sich der Schiffsverkehr ihm anzupassen. Auf Südostkurs mache ich das hintere Segel auf. Es ist ein großer Vorteil der Karre, dass ich mit den Segeln variieren kann. Ein Segel oder beide Hauptsegel, plus

Vorsegel oder ohne. Für jede Windsituation gibt es eine Variante. Ich habe die Karre auch mit größeren Masten und Segeln ausprobiert, mich letztlich aber für die defensivere und ungefährlichere Variante entschieden. Der Wind schiebt, ich komme mit Außenborder und Segel manchmal auf 4,6 Knoten Geschwindigkeit, 35 Kilometer schaffe ich an diesem Tag. Wenn es so weitergeht, brauche ich nicht einmal zwei Wochen bis zum Main.

Gegen fünf sehe ich an Steuerbord einen Campingplatz, gefolgt von einem sandigen Abschnitt, hunderte Meter lang, den nehme ich zum Anlegen. Rasch komme ich mit einer Gruppe von Jugendlichen ins Gespräch, die neugierig meine Karre begutachten. Die Bengels und Deerns würden am liebsten mitfahren, und ich freue mich über die Unvoreingenommenheit, mit der sie mir und meinem Vorhaben begegnen. Ich werde mit Nussecken und Bier bewirtet, man scherzt herum, badet, genießt das Leben. Mein Sohn hat heute seinen Geburtstag und ich feiere hier seine Party. Ach, ich wäre in diesem Moment so gerne zu Hause bei ihm.

Meine Essensvorräte gehen langsam zur Neige. Ich bin gespannt, wie es jetzt mit der Versorgung laufen wird, wenn ich täglich etwas brauche. Restgeld ist noch da, aber das werde ich auf dem Rhein dringend für Benzin benötigen. Sogar mein Bankkonto habe ich im Vorwege gekündigt, um nicht schwach zu werden. Wenn ich eine Bankkarte mit mir trüge, würde ich in regelmäßigen Abständen an einem Automaten stehen. »Nur ein bisschen«, würde ich mir sagen. Wie oft würde ich das tun? Wöchentlich? Alle 14 Tage? Mein Blick in die Gesichter der Menschen, die mir helfen, wie ehrlich wäre er dann noch? Nein, das wäre Betrug. Ein Betrug an den Menschen unterwegs, an den mir Nahestehenden daheim, ein Betrug an mir selbst und letztlich an dem ganzen Unternehmen.

Bin ich vielleicht der erste Mensch, bei dem eine Insolvenz Sinn macht? Kein Geld zu haben, hatte ich also eigentlich schon bestens geklärt. Dennoch musste ich im Vorfeld der Tour mein

System vor Angriffen schützen. Auch seitens der geballten Familienmacht. Mein Vater gedachte eigens für mich ein Konto einzurichten. »Nur für den Notfall«, erklärte er. Meine Antwort war deutlich: »Pa, auch der Notfall, wie du es nennst, wird eine kleine Geschichte werden und ist ein nicht wegzudenkender Teil dessen, was vor mir liegt. Nein, Pa. Ich bin so oder so ein Notfall. Hier und auch unterwegs. Du weißt das und du weißt auch, dass ich geübt darin bin. Es wird schon gutgehen.« Meine Mutter stand ihm in nichts nach, plante bis ins Detail, auf welche verschiedenen Zahlsysteme ich europaweit Zugriff nehmen könnte. Irgendwann gab sie auf, lässt es sich aber nach wie vor nicht nehmen, mich an jedem Tag, den ich mich weiter von ihr entferne, am Telefon damit aufzuziehen: »Brauchst du Geld? Es ist genug da.« Wir lachen gemeinsam und manchmal wünschte ich, dass sie aus dem Nichts einfach neben mir auftaucht. Carepakete für ihren Sohn im Gepäck.

Bis hierher sind irgendwie immer wieder ein paar Euros in meine Taschen gekommen. Mein Kontostand wechselt zwischen 0 und 20, einmal sogar 30 Euro. Ich sitze darauf, wie die Glucke auf dem Ei. Ich bin ein Auto, das ständig auf Reserve fährt. Vom ersten Tag an ist mir meine enorme Anspannung aufgefallen. Obwohl ich satt werde, obwohl ich Benzin habe, obwohl ich irgendwie weiterkomme, so ist es doch mein Inneres, das durchgehend in Sorge ist. Immer und immer wieder muss ich es bewusst zur Ruhe mahnen: »Das wird schon, hörst du? Immer locker bleiben.« Und irgendwie beginnt es, meinen aufmunternden Gedanken und Worten zu vertrauen. Es beruhigt sich, doch immer nur für ein paar Stunden. Segeln kostet nichts, das wird immer gehen. Aber was ist, wenn kein Wind weht, so wie es die letzten Tage immer wieder vorkam? Was ist mit meinem Essen, das nicht nur wichtig ist, wenn ich an Land bin? Auch tagsüber muss ich bestehen, muss Kraft haben, um weiterzufahren. Ich kann diese Sorge einfach nicht ganz abschütteln. So erfahren ich auch bin, es ist eine Sorge, die mein

Körper vollkommen selbstständig entwickelt. Nur meine Erfahrung, dass das Leben irgendwie weitergehen wird, kann ihn jeweils für einen Moment zur Ruhe bringen.

Vor mir liegt die Domstadt Köln. Vom Wasser aus bietet sie einen ziemlich chaotischen Anblick. Fahrgastschiffe, Containerschiffe, Tanker, alles nicht karrenverträgliche große Kollegen, die auch noch für kabbelige Wellen sorgen. Ich sehe nicht, wo ich hier anlegen kann. In langsamer Fahrt wechsele ich die Seite. Immer auf der Hut vor den Fahrgastschiffen und den anderen Riesen. Eine Durchfahrt tut sich auf. Da ist der Hafen! Eng, hoch und gewaltig wie das Bauwerk einer Schleuse. Mein Anlegemanöver funktioniert.

Am späten Abend sitze ich zwischen den Touristen auf der Domplatte. Ein Wikinger zwischen Japanern und Amerikanern. Es ist schön, hier zu sein. Ich bin zwar nur einer von vielen, doch auf einmal fühle ich mich geborgen. Die Einsamkeit der ersten Tage meiner Reise ist vollkommen verflogen und ich merke, wie wichtig für mich doch die Nähe zu den Menschen ist. Mir ist für die Nacht nichts Besseres eingefallen als der Steg neben meinem Boot. Der gewählte Platz ist gut, doch nicht ohne Schwachstelle. Der Steg ist auf jeder Seite fünf Zentimeter schmaler als das Zelt. Und das Zelt selbst ist nur etwas breiter als meine Schultern. Was ist, wenn ich im Schlaf ins Wasser falle? Zweifach verpackt in Schlafsack und Zelt. Ich halte die Luft an und zähle die Sekunden bis zum Auftauchen. Berechne die Zeit, die ich wohl benötigte, um mich aus völliger Dunkelheit unter Wasser zu befreien.

Am nächsten Tag ist der Himmel bewölkt und Gewitter vorhergesagt. Ich fahre trotzdem weiter. Mit Verspätung kommt das Gewitter dann wirklich. Ich suche Schutz neben einem Boot des Wasser- und Schifffahrtsamtes. In Offshore-Klamotten sitze ich in meinem Klappstuhl auf dem Backbord-Kajak und lasse den Regen auf mich niedergehen. Kurz nicke ich dabei sogar ein. Nach einer Stunde hellt es wieder auf und ich kann die Fahrt fortsetzen. Nach den Wolken kommt der Wind, ich will den Wind ja haben, also setze ich Vollzeug, habe alle Segel offen und komme damit auf 6 Knoten! Mein bisheriger Rheinrekord. Diese freundliche Zuwendung der Windgötter würde ich gern länger nutzen, aber irgendwann muss ich Schluss machen, ein sicherer Liegeplatz geht vor und meine Müdigkeit ist gefährlich im Verkehr. Dank Bernds Zettel beende ich diesen Segeltag in einem Abzweiger des Rheins. An seinem Ende könnte ich morgen wieder auffahren, fast so wie an einem Autobahnrastplatz. Niemand interessiert sich für mich und so breite ich mich aus. Zelt und Zubehör, Kochsachen und Essen. Es ist mir heute eine willkommene Abwechslung, für mich zu sein.

Rund 40 Kilometer heize ich am nächsten Tag gegen den Strom. Das Wetter ist lauschig, die Sonne marschiert schon langsam Richtung Horizont. Ich erkenne an Backbord eine Art Bootshaus mit Stegen und Motorbooten. Ein Mann steht oben ohne da und streicht den Holzsockel des Klubheims blau. Er unterbricht seine Arbeit, um mich freundlich zu begrüßen. Eine freie Box ist schnell gesichtet und schon während meiner langsamen Zieleinfahrt beginne ich, meine Geschichte zu erzählen. Irgendwann komme ich an die Stelle »ohne Kohle« – und mit einem Mal versteinert das Gesicht des Mannes. »Das kann ich nicht entscheiden.« Wir kommen im weiteren Gespräch nicht voran und schon gar nicht zueinander. Es ist mir unangenehm, mit anzusehen, wie der Mann sich in Rage denkt. Einfacher wäre es für mich, wenn ich einfach ablegte und mein Boot auf der anderen Seite an eines der Arbeitsschiffe packte. An ihnen kann man ohne Probleme kostenlos für eine Nacht liegen, ohne dass jemand Fragen stellt. Doch irgendetwas lässt mich verharren – ich will diese Auseinandersetzung. Kann ich jederzeit erwarten, dass sie mich alle mögen? Dass sie mich wie den Bundespräsidenten in Empfang nehmen? Nein. Ein wenig überrannt von seiner verbitterten Art, starte ich Rechtfertigungsversuche, einen Weg zu ihm zu finden. Ich habe das Gefühl, in ihm ist kein Blick für mich als Mensch. »Wenn das jeder so machen würde«, schiebt er nach, ohne mir in die Augen zu sehen. »Wir haben auch Kosten, die wieder reingeholt werden müssen. Das muss der Vorstand entscheiden.« Was mache ich nur? Sein Einwand ist berechtigt, aber die Art und Weise, wie er mir begegnet, kann ich nicht verstehen. Außerdem mag ich diese Was-wäre-wenn-Theorien nicht sehr. Uns beiden ist klar, dass dies niemals alle tun werden. Ein zweiter Mann kommt dazu. Der Kassierer des Vereins, und ich merke schnell, dass meine Chancen mit ihm wachsen könnten, die Nacht doch hier am Bootshaus zu verbringen. Er hat Feierabend, braucht jetzt Ruhe und hat wenig Lust auf Diskussionen. Das ist mir lieb. Schnell hat er ein Bier aus der Persenning seines Bootes gereicht, ist wesentlich interessierter und hat in kürzester Zeit den Chef des Vereins am Telefon, um zu checken, ob das mit mir klargeht für eine Nacht. »Du, wir haben hier so einen komischen Typen im Hafen liegen, der kein Geld hat und für eine Nacht bleiben will …«, höre ich ihn mit ruhiger Stimme berichten. Ich kann bleiben.

Etwa eine Stunde lang sitze ich, tief in Gedanken versunken, auf meinem Boot. Mich stört die Tatsache, dass die Stimmung nicht so ist, wie sie meiner Meinung nach eigentlich sein sollte. Mein Widersacher ist schon lange weg, als ich schließlich eine Idee habe. Der Kassenwart sitzt noch unter seiner Persenning und liest ein Buch. Vorsichtig klopfe ich an sein Boot. »Du, sag mal, habt ihr die blaue Farbe für den Sockel hier im Vereinshaus? Ich schleife und streiche euch die Rückseite des Klubhauses, als Gegenleistung für die heutige Nacht.« Er grinst mich an und erhebt sich aus dem Ruderstandsessel seines Motorbootes.

Obwohl ich müde bin von meinem Tagesgeschäft, freue ich mich über meinen Anstand und die Tatsache, wie leicht und schnell mir derartige Arbeiten von der Hand gehen. 20 Meter abkleben, etwas schleifen, aber nicht zu viel, denn halten muss die Farbe ja nur, bis mich keiner mehr einholen kann … Schon nach nur eineinhalb Stunden erstrahlt der Klubhaus-Sockel in schönstem Blau. Der Kassenwart ist so sehr erfreut darüber, dass er sogar ein paar geschmierte Brötchen und Bier organisiert. Ja, so ist es gut. Ich fühle mich jetzt besser.

≈

Drei Wochen bin ich jetzt unterwegs. Schon unterwegs oder erst unterwegs? Ich weiß es nicht. Heute erreiche ich endgültig das Land der Burgen, Ritter und Drachen, die flacheren Ufer des Niederrheins liegen hinter mir. Der Rhein schwingt und schlängelt sich durch die Landschaft.

Es war kalt in der letzten Nacht, der Sand ist nass. Ich habe gefroren, und das Zelt war voller Mücken. Irgendein großes Insekt hat sich am Zelt gehäutet. Seine Hülle sieht merkwürdig aus, hat am Rücken ein Loch und ist noch komplett erhalten. Auch mein Boot ist voller Mücken, erst die aufsteigende Sonne scheint sie zu verscheuchen. Heute wird mal ein ruhiger Tag eingelegt. Langsam ist an diesem Tag schneller, denn ich bin, wie ich auf einmal feststelle, wirklich erschöpft. St. Goar nähert sich mit einem kleinen Sandstreifen vor der Promenade. Die Landschaft ist an dieser Stelle wunderschön. Das Wasser ist fast grün, nicht mehr braun und dreckig, wie all die Tage zuvor. Die Berge sind hoch und dicht bewachsen. Selbst die Sonne scheint sich zu freuen und wirft wundervolle Farben.

Ein Kajak liegt auf dem Sand, ich bin also nicht alleine. Von oben ruft es: »Brauchst du Hilfe?« Ein Mann steht am Geländer der Promenade. Gehört ihm das Kajak? Kajak-Mann trifft Kajakmaran-Mann. »Warte kurz«, rufe ich zurück. »Ich mach einen langen Tampen am Boot fest und werfe ihn dir zu. Es reicht, wenn wir meine Kiste oben am Geländer sichern.« Die Sprossen der Betonwand sind zahlreich, wow, das sind mindestens fünf Meter bis dahin. Mein Boot ist bereits fest, als ich den Berg erklommen habe. »Timo.« »Andreas.« Sein Handschlag ist fest, er ist mir sympathisch. »Ich will bloß eben Tabak holen, bleibst du hier zum Aufpassen?« »Was hältst du von einem Kaffee zusammen?« Warum nicht, warum immer in Eile sein? Wir suchen ein Café, und schon bald erfahre ich, dass er selbst gerade eine kleine Tour unternimmt. Einfach mal raus aus dem Alltag, nur für ein paar Tage. Bis nach Bonn will er und ist spärlich ausgerüstet. Nicht viel mehr als das, was er am Leib trägt, hat er dabei, er schläft, wie er sagt, in billigen Unterkünften. »Was machst du?«, will er von mir wissen. »Ich …« Und schon sprudelt es aus mir heraus. Ich erzähle von den Menschen, die ich bis hierher getroffen habe, von meinen Beobachtungen ihrer Reaktionen auf mich. Irgendwann sind unsere Kaffeetassen leer und ehrlich gesagt, weiß ich schon nicht mehr, was ich getrunken habe. Für einen Moment waren wir beide weg, in Gedanken, nicht mehr an diesem Tisch. Ich werde unruhig. »Ich kann meine Karre nicht so lange alleine lassen.« Timo übernimmt den Kaffee, freut sich über das Gespräch und drückt mir einen Schein in die Hand. »Ein Zwanziger? Das ist viel, Mann. Danke, du bist der Hammer!« Wir lachen auf dem Weg zum Boot. Wir sind zwei Kajakies am Ufer des Rheins, kurz vor der Loreley, und forken mal eben durch das Leben des anderen. Das ist ein tolles Treffen. Unsere Boote liegen unverändert, meine Sorge war umsonst. Es scheint alles gesagt, und so ist der Abschied kurz. Einer fährt gegen den Strom und der andere mit ihm. Als ich zurück ins Wasser gleite, winke ich und schicke ein lautes »Yiiihaaa« in die Welt. Die Japaner auf der Promenade freuen sich mit mir.

135 Meter ist der Schieferfelsen der Loreley hoch, 25 Meter der Rhein an dieser Stelle tief. Für mich bedeutsamer sind aber die Fallwinde, die hier wirklich gnadenlos zu Werke gehen. Das Fahrwasser ist eng und zeitweise komme ich gar zum Stillstand,

obwohl ich den Motor so hart rannehme, wie die Fallwinde es mit mir und der Karre tun. Das Treffen mit Timo hat mich aufgebaut. Alles geht einfacher, schneller und meine Gedanken fangen schließlich an zu singen. Gedanken, für die ich unterwegs bin. Gedanken, die sich fortpflanzen sollen. Sich einnisten und vervielfältigen in allem, was um mich herum passiert. Das Leben ist ein Wunder, siehe Oberwesel.

Der Hafen von Oberwesel ist nicht wirklich ein Hafen. Er ist ein Betonloch, das vorgibt, ein Hafen zu sein. Kalt, dreckig und industriell sind seine hohen Betonmauern, unpersönlicher kann ein Platz kaum sein. Was habe ich an so einem Ort verloren und was habe ich an so einem Ort schon zu erwarten? Ein Ort, an dem sich Beton, Schnellstraße und Kieswerk die Hand reichen? Das Leben soll mich eines Besseren belehren. Wie kann ich schon ahnen, dass ich gleich auf den Oberbürgermeister dreier Gemeinden treffen werde, mit ihm in die Weinberge fahre und fürstlich frühstücke? Wie kann ich ahnen, dass seine Freunde über 40 Euro für mich sammeln? Dass ein Motorboot aus meiner Heimat in das Becken einlaufen wird und mir zwei Plastiktüten mit Proviant überreicht? Oberwesel bringt eine Erkenntnis, die mit Geld wohl kaum zu bekommen ist: Habe niemals Erwartungen, bewege dich und warte einfach, was passieren wird. Ich will ehrlich sein: Oberwesel und seine Menschen werden mich zum Weinen bringen. Still und leise in einem Zelt auf einem dreckigen Steg. Es wird das zweite Mal sein, dass mir das passiert. Ein fantastisches Gefühl. Ich bin ein erwachsener Mann, durch nichts zu erschüttern und doch weine ich vor Dankbarkeit. Sie hat längst begonnen, die Reise zu mir selbst.

≈

Es ist Sonntag der 29. Mai 2011, Rheinkilometer 497. In Buchstaben und zum Mitfreuen: vierhundertsiebenundneunzig! Kurz nach Mittag stehe ich singend und tanzend auf dem Mittelsteg: »Jaaaaa!« Es ist geschafft, ich biege links ab auf den Main! Meine Karre hat soeben 300 Kilometer gegen den Strom auf Deutschlands größtem Fluss hinter sich gebracht. Ich küsse meine Nussschale und lobe ihre Tapferkeit, bin stolz wie Oskar auf mein schnittiges Wasserfahrzeug und mich.

Der Main fließt mir wunderbar träge entgegen. 1 Knoten Gegenstrom, mehr kann das hier nicht sein, es kommt einem Erholungsurlaub gleich. Ein ähnliches Gefühl hatte ich, als ich von der Elbe auf den Hadelner Kanal fuhr. Die Sonne scheint und wir haben Rückenwind. Die Karre macht locker 5 Knoten. Eine erste Schleuse kommt, kein Problem. Die zweite ist aber eine zum Selbstschleusen, wie geht das hier? Das Tor ist offen, ich fahre hinein. So langsam, wie es nur geht. Die Schleuse ist eng, erst auf den letzten Metern vor ihrer Einfahrt lässt sich abschätzen, wie viel Platz sie tatsächlich in der Breite hat. Okay, das geht. Sie hat einen, vielleicht einen Meter fünfzig mehr als mein Gefährt. Mit der Nase des Bootes schon drinnen, erfasst eine Windböe die Masten und meinen Rücken. Die Karre gibt in einem Moment Gas, der unpassender nicht sein könnte – *rumms* – und schon ist es passiert. Ich kann nichts mehr tun, außer entgeistert zu gucken. Der Winkel meiner Schwertaufhängung ist gegen die Betonwand geknallt und total verbogen. Ich ärgere mich über mich selbst. Ich hätte noch vorsichtiger sein müssen, verdammt. Meine eben noch so gute Stimmung ist komplett im Eimer und ändert sich bis zum Abend nicht. Ich werde mir etwas einfallen lassen müssen.

Frankfurt ist nicht weit, und ich finde hier sofort einen Bootssteg. Mein Platz an diesem Steg ist Eigentum einer Bootsbau- und Reparaturfirma, die nur wenige Meter hinter den Bäumen ihr Domizil hat. Hätte ich es besser treffen können? Ein junger Mann sitzt am Abend bei mir. Er kann nicht älter als siebzehn sein. Er findet toll, was ich mache, und erzählt von seiner Lehre als Schlosser, dass man es nicht einfach habe hier in Frankfurt. Er wirkt stolz auf sein Berufsleben und ist froh, einen

Weg für sich gefunden zu haben. Die 5 Euro, die er mir gibt, bedeuten mir viel, mehr als 100 Euro eines Menschen, der um Geld weniger zu bangen hat.

Um 8 Uhr am nächsten Morgen öffnet die kleine Firma ihre Pforten. Der Mann ist selbstständig, ich sehe es ihm an. »Guten Morgen! Ich brauche Ihre Hilfe, denn gestern habe ich mir in einer Schleuse dieses Teil verbeult. Der Knackpunkt ist, dass ich kein Geld für eine Reparatur habe und es selbst machen muss, so weit wie ich komme. Haben Sie einen Schraubstock für mich? Eine Flex? Einen Akkuschrauber …?« Der Mann unterbricht mich: »Komm mal mit, ich zeig dir, wo es hingeht.« In einer Werkstatt ist schließlich alles, was ich benötige. Nach nur zwei Stunden ist alles wie vorher. Repariert, als ob nichts gewesen wäre.

Am nächsten Tag bin ich um 5 Uhr wach. Ich will diesen Frankfurter Raum schnell und an einem Stück hinter mir lassen. Großstadt behagt mir nicht. Das Durchfahren der Schleusen ist zeitaufwendig, aber kein Problem mehr. Längst habe ich eine Routine entwickelt, um gemeinsam mit der Berufsschifffahrt hindurchzufahren. Am frühen Nachmittag zieht ein Gewitter auf. Ich werde Schluss machen und mir Regenschutz suchen müssen.

»Mühlheimer Ruderclub« steht rechts auf einem Schild. Das Gelände des Rudervereins ist überdurchschnittlich groß, und das Klubgebäude verrät professionelles Engagement. Unter dem Vorsprung einer Treppe finde ich Unterschlupf und lasse es prasseln.

Petra, die gute Seele des Ruderklubs, führt mich durch die Vereinsanlage. Die Geschichte nimmt Fahrt auf, als sie Vereinsmitglied Herbert über mein Ankommen informiert. Herbert ist witzig und ein besonderer Mensch: klein, Bauch und Platte, aber wenn er seinen Mund aufmacht und seine Augen dich treffen, dann erreicht dieser Mann alles, was er will. »Wie lange willst du bleiben?«, fragt er mich und ich spüre, er hat etwas im Sinn. »Na ja, ich muss weiter, sobald mich das Wetter lässt.« Seine

Hand fährt durch sein Gesicht. »Nein, das geht nicht! Übermorgen hat der Verein seine 100-Jahr-Feier. Du bist herzlich eingeladen. Da brauchen wir dich, du bist jetzt unsere Attraktion! Komm, fahr danach weiter.« Ich kann ihm die Bitte unmöglich ausschlagen. Und eigentlich ist es auch klasse. Das Klubhaus ist ein Palast und ich ein König. Ich kann ausruhen, habe ein Dach über dem Kopf

Zwei Tage später ist es soweit, das Fest steht an. Bierwagen werden errichtet, Reden werden geschwungen und ich mittendrin. Sogar ein Reporter ist da. Meine Taschen sind voller Essensmarken und ein junger Mann drückt mir 10 Euro in die Hand. Und Wolfgang, um die sechzig, sagt: »Ich habe dich richtig lieb gewonnen, es tut mir leid, dass wir uns bald schon nicht mehr sehen.« Mühlheim ist nicht nur eine Pause, hier erreicht mein Überraschtsein über menschliche Hilfsbereitschaft ein neues Level.

Nach meinem Abschiedsfrühstück mit Herbert, seiner Frau und seinen Freunden bringt er mich zurück zu meinem Boot. Drückt ein letztes Mal meine Hand und stößt mich ab. Ich sehe ihm noch etwas nach. Es ist Wahnsinn, was für Menschen ich auf dieser Tour treffe! Ein Bild in meinem Kopf entsteht: Es wäre schön, nach dieser Tour ein Grillfest zu organisieren. Essen und lachen, tanzen und zusammen am Ufer der Eider sitzen. Mit allen, die ich schon getroffen habe und noch treffen werde. Warum nicht? Ich habe mein Zuhause verlassen, ich bin unterwegs in die Fremde, und ich habe ein Ziel. Der Gedanke, ein Pilger zu sein, ist interessant. Nur ist mein Ziel nicht eine Kapelle mit den Gebeinen eines Heiligen oder ein heiliger Baum in der Wüste, mein Ziel sind die Menschen, die ich treffe, und meine Heimkehr. Meine Pilgerfahrt beschreibt einen Zirkel. Es treibt mich hinaus, um heimzukehren. Will ich Buße tun, habe ich ein Gelübde abgelegt? Nicht im religiösen Sinn. Aber gibt es ein inneres Versprechen, wenn man also will, ein Gelübde? Ja. Mein Gelübde ist meine Heimkehr. Zu meiner

Familie, an meinen Heimatort, und vor allem zu mir selbst. In der Fremde, in der Ungewissheit, kann ich nur bestehen, wenn ich mir meiner selbst sicher bin oder es wieder werde. Das ist mein erklärtes Ziel.

≈

Die Fahrt verläuft ruhig. Das ist heute gut so, in den letzten Tagen war genug los. Jetzt entschlacke ich ein wenig von den vielen Begegnungen des gestrigen Festtages, so schön sie auch waren, ich muss sie ja auch irgendwo lassen.

Die Landschaft wird immer naturbelassener, das ist schön. Und es ist richtig warm geworden, auch schön, aber heute setzt mir die Hitze zu, schon um 14.30 Uhr mache ich Schluss. Ich gehe an einen Yachtsteg, zahle 6 Euro und habe dafür sofort meine Ruhe. Ich will nicht jeden Tag von mir erzählen und mein »Eintrittsbillet« zeigen, das eingeschweißte Foto mit der geplanten Route. Diese kleine Pause von meinem System gönne ich mir, wenn mein Portemonnaie ausreichend gefüllt ist.

Ich telefoniere mit Sabrina. Nach über einem Monat Abwesenheit und rein telefonischem Kontakt haben wir ein Problem mit der Entfernung. Dabei stehe ich doch erst am Anfang dieser Reise. Es ist nicht leicht für sie, sie steckt in ihrem Alltag und ich düse durch Europa. Kann sie sich sagen: Es ist gut, dass Andreas unterwegs ist, es ist gut für ihn, und das ist letztlich auch gut für uns? Ich hoffe es sehr.

In den nächsten Tagen wird der Main noch schöner. Die vielen Schleusen, im Schnitt alle 10 Kilometer eine, nerven mich zwar und nehmen viel Zeit in Anspruch. Sie bedeuten aber auch, dass ich meinem Bergfest näher komme. Ich sehne den Moment wirklich herbei. Auf dem Main-Donau-Kanal werde ich am höchsten Punkt meiner Reise angekommen sein. 406 Meter über dem Meer bei Tönning.

≈

Am 9. Mai erreiche ich Würzburg. Der Aufenthalt in der unterfränkischen Residenzstadt ist nicht irgendeiner. Mein Vater kommt mit meinen beiden Söhnen hierher. Es ist schon spät, als sie endlich da sind. Torge, Nils und ich liegen uns lange in den Armen. Mir schießen sofort die Tränen in die Augen. Das hier öffnet ganz andere Schleusen als die, die ich tagelang durchfahren bin. Ich sauge alles auf, ihre Stimmen, ihren Geruch, ihre Wärme. Pa kriegt dann auch noch eine feste Umarmung ab, ob er nun will oder nicht. Er fährt weiter zu dem für ihn reservierten Zimmer, und Torge und Nils schlafen im eigenen Zelt neben meinem Ein-Mann-Domizil. Es ist ein schönes Gefühl, sie nebenan liegen zu wissen. Sie haben allerlei im Gepäck dabei: Ersatzteile, eine neue Kamera, GFK-Matten, das dazugehörige Harz und Härter, um einige Stellen an der Karre auszubessern. Wir verbringen zwei lauschige und intensive Wochenendtage mit einfachem Programm. Wir machen Ausflüge, steigen auf die Marienburg. Mir reicht es vollkommen, dass die drei da sind, dass wir reden können, dass wir zusammen essen oder auch einfach nur miteinander dasitzen.

Am Montag packt jeder in trüber Stimmung seine Sachen. Gemeinsam frühstücken wir ein letztes Mal unter einem Baum. Ich mag nicht vom Ufer ablegen, mag nicht von ihnen wegfahren. Wir machen es anders rum, sie fahren zuerst. Aber vorher nehme ich alle drei noch einmal heftig in meine Arme. Ich kann es nicht ändern, ich heule hemmungslos. Scheiße! Ich will das nicht. Dann fahren sie los und ich gehe zum Boot und stoße die Karre vom Ufer ab. Ich weiß nicht, wie lange ich brauchen werde, mich von dem Abschiedsschmerz zu erholen. Warum ist er so heftig? Es kommt mir so verdammt endgültig vor. Vollkommen anders als noch in Tönning. Ich fühle heute jeden Meter, der sich zwischen uns legt. Ich weiß, dass ich jetzt wahrhaftig gen Einsamkeit steuere.

Trosdorf, 7 Uhr morgens, irgendwo kurz vorm Main-Donau-Kanal. Mein Packritual ist früh erledigt, los geht's. Nach nur sechs Kilometern treffe ich bereits auf die Schleuse Bamberg. Achthundert Meter davor, unter einer Brücke, ist rechts ein Warteanleger für Sportboote. Etwas verwunderlich, dass diese Wartestelle so weit entfernt ist. Ich rufe die Schleuse an: »Grüß Gott, Andreas Gabriel hier, mit dem Kajakmaran …« »Wer bist du, und wo bist du?«, kommt die Antwort. Ich lege nach: »Chef, eigentlich müsstest du mich mit bloßem Auge sehen können. Ich bin höchstens achthundert Meter von dir entfernt und liege hier mit einem Zweimaster an deinem Wartesteg.« »Ja, irgendetwas sehe ich da, komme mal ein bisschen näher«, erwidert er. Sein Grinsen springt mich förmlich durch das Telefon an. »Fahr mal direkt vor der Schleuse hinter das Motorboot. Da ist ein Holländer, der ganz gut Deutsch spricht. Bei ihm hörst du den Funk mit und gehst hinter ihm mit in die Schleuse.«

Der drahtige Holländer mit grauem, kurzem Haar spricht wirklich gut Deutsch. Wir kommen sofort ins Gespräch, erzählen kurz von uns und unseren Vorhaben. Er ist smart und sportlich und mir auf Anhieb sympathisch. Hans mag im zarten Rentenanfangsalter sein und hat doch tatsächlich Haus und Auto verscheuert, um sich seine 20 Tonnen schwere »Marlien« zu kaufen. Eigentlich stehe ich nicht auf Motorboote, aber dieses 14-Meter-Schlachtschiff ist wahrlich ein gelungenes Konzept für eine Ein-Mann-Show zum würdigen Lebensabend. Alleine auf seinem Achterdeck könnte ich mein Zelt fünfmal aufstellen. Wir beschließen, beieinander zu bleiben und schleusen den ganzen Tag über gemeinsam, vier Schleusen, verteilt auf 33 Kilometer Strecke. Es ist angenehm, eine Zeit lang zu zweit unterwegs zu sein. Gegen Abend hauen wir unsere Boote direkt hinter einer Schleuse an eine Spundwand und machen Feierabend. Es ist ein besonderer Tag, ich fühle mich geborgen.

Etwas später sitzt ein alter Mann mit einem bärtigen, freundlichen Gesicht bei Hans an Bord. Sie kennen sich anscheinend und müssen sich auf dem Weg hierher irgendwo auf den Flüssen oder Kanälen schon begegnet sein. Der Fremde, ein Amerikaner, heißt Dave. Er ist ein Einsiedler auf dem Wasser. Sein kleines Boot, das nur ein paar Meter weiter liegt, ist ungepflegt und dreckig. Ein alte Katze lebt mit ihm darauf und wahrscheinlich noch viel anderes Getier, das sich auf dem schwimmenden Müllhaufen bestimmt wohlfühlt. Auf mich geht Dave zu, weil er mich für einen von seinem Schlag hält. Wir sind beide Abenteurer, Aussteiger, mit unseren kleinen Booten auf dem Wasser unterwegs. Wir sind beide bärtig und nicht mehr ganz sauber. Unsere Motivation jedoch ist unterschiedlich, denn ich habe nicht das Ziel, mich treiben zu lassen und im Lebensabend zu verdrecken. Ich habe eine Mission, ich habe Fragen an das Leben.

Zwei Tage bleibe ich in Nürnberg und lerne Dave besser kennen. Andere Menschen haben bei ihm nur wenig Platz. Von der Gemeinschaft hält er sich fern, ich muss mich auf sie konzentrieren, wenn ich überleben will. Er lebt allein in seiner eigenwilligen, dreckigen Welt. Wir verlassen Nürnberg ohne Dave. Die Schleusen sind gigantisch, ich bin froh um die mentale Verstärkung durch Hans und seine »Marlien«.

≈

Heute kommt der große Moment. Eine letzte Schleusung neben einer Staustufe, dann sind wir bei MDK-Kilometer 170, wo der Main-Donau-Kanal bei Kelheim in die Donau mündet. Der Kanal führt noch ein Stück durch die Winzerstadt. Dann spüre ich förmlich, wie die Rümpfe der Kajaks sich in das neue Wasser schieben. Schon vorher merke ich ein Kribbeln, ich sitze anders, bin aufgeregt. Die Karre fühlt sich fast lebendig an, wie ein Pferd, das von der Trense befreit wird. Jetzt geht es los. Wir sind noch nicht auf dem Meer, aber dieser Fluss nimmt uns mit sich dorthin. Wir müssen ihm nur noch folgen!

Es ist herrlich. Nach dem vielen Stauwasser bin ich wieder auf einem Fluss, und erstmals nimmt uns die Strömung mit, müssen wir uns ihr nicht entgegenstemmen. Der ganze, schier endlose Kampf gegen den Strom findet hier endlich sein Ende.

Hans und ich entscheiden uns für einen Halt im Hafen des Kelheimer Klubs, denn es ballen sich schwarze Wolken zusammen. Vielleicht will der Himmel unser Erreichen der Donau noch mit einem kleinen Spektakel feiern. Neben dem Hafen liegt ein Campingplatz, dort wasche ich meine Wäsche. Die Wolken sind inzwischen über uns und es folgt ein Gewitter, wie ich es noch nicht erlebt habe. Der Himmel ist pechschwarz, Blitz und Donner sorgen für gewaltige Licht- und Soundeffekte, Schwefelgeruch liegt in der Luft. Es ist, als ob der Teufel uns besucht. Als sich wie auf Knopfdruck die Regenschleusen öffnen, rette ich mich unter einen Carport. Kies und Sand spülen mit dem Regenwasser die Straße hinunter. Der Wind, der jetzt einsetzt, hat Sturmstärke. Der Campingplatzchef und ich flüchten in seinen Geräteschuppen. Nur zehn Minuten später ist es wieder ruhig, das Unwetter aber hat deutliche Spuren hinterlassen. Ein kompletter Baum ist entwurzelt und liegt auf dem Gelände. Neben der Karre liegt ein dicker Ast auf dem Steg. Glück gehabt, wäre der Ast auf die Karre gefallen, wäre das unser vorläufiges Ende gewesen.

Für mich steht fest: Ich fahre nach einer Nacht weiter, wenn es das Wetter zulässt. Hans will noch bleiben. Wir verabschieden uns am Abend, denn die Wahrscheinlichkeit ist groß, dass er noch schlafen wird, wenn ich den Hafen verlasse.

Doch es kommt anders. Der nächste Morgen ist schlimmer als gedacht. Es regnet Tennisbälle und der Himmel ist pechschwarz. Immer wieder klatschen die Böen in die Bäume. Nein, auch ich werde noch eine Nacht länger bleiben müssen. Hans freut sich, er freut sich wirklich und wenn ich ehrlich sein soll: Ich freue mich auch! Das Wetter bleibt unbeständig, es regnet immer wieder einmal, aber die starken Gewitter scheinen erst einmal vorbei zu sein. Meine Geschwindigkeit ist nach wie vor traumhaft, 8 bis 9 Knoten macht die Karre. Was für ein Unterschied zur Quälerei auf dem Rhein.

Am 27. Juni erreichen Hans und ich Passau. Wir legen an der Steganlage des Motor-Yachtklubs an. Mit der nahen Grenze drängen sich mir Fragen auf, etwa: Muss ich meinen Grenzübertritt nach Österreich offiziell machen? Ich gehe mit Hans zum Zoll, um nachzufragen. Aber für uns beide gilt, dass wir generell nicht kontrolliert werden oder etwas ab- oder anmelden müssen. Einzig in Serbien könnte es Grenzkontrollen geben. Auf Stichkontrollen müssten wir aber natürlich immer gefasst sein.

Etwas anderes macht mir heute eher zu schaffen. Mit zwei älteren Herren, denen ich am Hafen begegnet bin und die mich seitdem beobachten, bin ich nicht auf eine Linie gekommen. Sie haben meine Geschichte gehört und sind nicht einverstanden mit der »Betteltour«. So verstehen sie mein Unternehmen ganz offenbar, da kann ich erzählen, was ich will. »Aber rauchen und telefonieren kannst du ja noch. Das kannst du ja wie wild!«

Die beiden Alten treffen damit einen wunden Punkt, denn das ist gerade auch ein Thema mit Sabrina. Sie verliert den Kontakt zu mir, zu diesem Leben, zum Sinn dieser Reise. Wie könnte es auch anders sein? Aber helfen soll sie immerzu. Es ist ein Dilemma, das gebe ich ja zu. Sie wirft mir vor, Spaß zu haben auf Kosten anderer. Das ist genau die Kerbe, in die auch die alten Herren hauen.

Aber kein Mensch ist wie ich und niemand hat einen Einblick in mein Innerstes und seine Motivation. Und kaum einer hat ausreichend Einfühlungsvermögen, um überhaupt herausfinden zu wollen, was mich antreibt. Jeder Mensch ist sich selbst der Nächste und sucht für sich den einfachsten Weg der Erklärungen. Der Mensch suhlt sich in Vorurteilen, das hat er immer schon getan. Meine Tour und ich sind eine gute Zielscheibe, das ist mir vom ersten Tag an bewusst. Wer sonst außer mir hat schon den Versuch gestartet, aus einer Insolvenz zu segeln? Für die Menschen um dich herum ist es einfach, Verantwortungslosigkeit zu sehen. Wenn du deine Firma verlierst, dann hat man Verständnis für dich, wenn du zum Alkoholiker wirst. Man hat Verständnis für dich als Wasserleiche, wenn du dich von einer Brücke gestürzt hast, weil du es nicht mehr ertragen konntest. Man hat Verständnis für ein finales Scheitern und wird sagen: »Ooch, Mensch, die arme Sau.« Aber wehe, du machst dich auf die Suche nach dir selbst und entscheidest dich für das Leben. Niemand ist wie ich und nur meine Leistung, mein Wille, meine Stärke und die Zeit werden Erklärungen bringen. Ich muss sie reden lassen und stark bleiben.

Hans fliegt von Passau aus für zwei Wochen nach Hause, um private Dinge zu erledigen, und wird die »Marlien« erst einmal hier liegen lassen. Unsere Wege trennen sich. Wir werden erst mal die gleiche Route nehmen, später will er aus dem Mittelmeer in die Rhone und über die Flüsse und Kanäle zurück nach Holland fahren. Mein Weg wird mich weiter übers Meer, um Spanien und Portugal und durch den Atlantik führen. Ob er mich noch einholen wird und wir uns noch mal von Boot zu Boot sehen werden? So gern ich allein fahre und das ja auch möchte, so schnell habe ich mich an das Zusammensein mit ihm gewöhnt. Danke, Hans. Und auf ein Wiedersehen, irgendwo!

≈

Segeln entspannt. Das Boot kommt zur Ruhe, das liegt nicht allein an der Stille ohne Motor. Es ist ja nicht geräuschlos. Die Kajaks tauchen rauschend in die Wellen, die Segel und die Schoten klappern im Wind. Aber die ganze Karre kommt unter Segel in einen anderen Zustand. Und ich mit ihr. Ich glaube, das kommt daher, dass man dann im deutlichen Verbund mit anderen Mächten ist.

Der dritte Monat meiner Reise beginnt. Ich habe zur Zeit und ihrem Vergehen kein Gefühl. Inzwischen habe ich einen Rhythmus gefunden, der passt, der auch Pausen erlaubt, die aber in der Regel von Aktivität erfüllt sind. Ein oder zwei Tage haben die Pausen bisher gedauert. Ich brauche sie. Ich kalkuliere nicht, ich verfolge keine Strategie. Ich handele aus der Situation heraus, allerdings ohne die Zügel übermäßig schleifen zu lassen. Ich versuche heute immer wieder zu segeln, aber der Wind ist unstet. Ich kenne das Problem ja schon vom Rhein, je höher die Talwände links und rechts des Flusses aufragen, desto unkalkulierbarer wird es mit dem Segeln. Auch hier musste der Fluss sich in Jahrtausenden seinen Weg durch die Ausläufer der Gebirge bahnen. Ich durchfahre die »Schlögener Schlinge«, eine sich tatsächlich mehrfach schlingende Durchfahrt der Donau. Früher werden diese Durchfahrten abenteuerlicher gewesen sein, vielleicht mit Stromschnellen versetzt. Heute wirken sich die Staustufen so aus, dass ich schon fast gemütlich dahin tuckere. Es ist schön heute, die Karre und ich sind unter blauem Himmel unterwegs. Das Wasser der Donau zeigt satte Farben, sie wechseln zwischen grün, braun, blau. Ohne Hans bin ich schnell wieder in meinem alten Rhythmus: früh hoch, ohne dass der gestellte Wecker klingelt, gern mit dem ersten Licht der Sonne. Die nächsten 15 Minuten nutze ich, meine Gedanken zu klären, den Tag zu sortieren: Wohin geht es, sind besondere Dinge zu beachten?

Donaukilometer 2107. Da die Strecke von der Mündung der Donau hoch gezählt wird, weiß ich immer genau, was noch vor mir liegt. Ich habe keine Ahnung, wie lange es bis zum Delta dauern wird und rechne auch nicht herum. Ich bin unterwegs, von Moment zu Moment. Ich kann mich immer besser auf die Situationen dieser speziellen Reise einstellen, ich muss es auch: Die Lebensmittel werden stetig weniger, der Proviant-Überfluss der allerersten Wochen ist Geschichte, jetzt muss ich fast täglich darauf achten, dass ich etwas zu essen bekomme. Dafür muss ich verstärkt auf die Menschen zugehen, was mir immer leichter fällt. Meine Gesundheit ist vollkommen stabil, meine Psyche auch. Geld ist da, an normalen Maßstäben gemessen nicht viel, aber für das Fortkommen reicht es. Im Moment ist alles gut.

Vor den Toren Wiens ist ein Hafen, der gar nicht wie einer aussieht. In der kleinen Bucht liegt ein Arbeitsponton, der ist frei und erscheint mir geeignet für ein entspanntes Anlegemanöver. »Yachthafen Kuchelau« steht auf dem Schild, und ich denke, Yachthafen ist vielleicht etwas übertrieben. Sei's drum, mein Boot liegt gut, das reicht.

Eine Nacht werde ich wohl bleiben, das Wetter verheißt nichts Gutes, aber es ist, wie es ist. Ich sollte die Donau ernst nehmen, auch wenn sie nicht die Nordsee ist. Ich gebe es zu, für mich kommt jetzt eine Schwelle. Wien zu verlassen heißt auch, weiter in den Osten zu fahren. Ich kenne mich da nicht aus und habe kein gutes Gefühl dabei, wenn mich das auch an mir selbst erschreckt. Mir sind in Gesprächen unendlich viele Gefahren skizziert worden: Pass auf dein Boot auf! Pass auf deine Sachen auf! Ob dieses Unken nun richtig ist oder ob es reine Vorurteile sind, ich weiß es nicht. Ich erwarte mehr Kontrollen und mehr Papierkram. Ich werde Sprachen nicht verstehen: Slowakisch, Ungarisch, Serbisch, Rumänisch.

Bratislava, die Hauptstadt der Slowakei, ist mein nächster Landepunkt, sie liegt nur 50 Kilometer hinter Wien. An zwei Hafeneinfahrten, die mir zu industriell aussahen, bin ich vorbeigefahren. Die nächste führt in ein Gewässer, dass so voller Äste, alter Schuhe, toter Vögel und Plastikflaschen ist, dass ich Mühe habe, hindurchzusteuern. Ich stelle den Motor lieber aus und ziehe uns mit dem Paddel voran. Schließlich liege ich an einer Art Restaurantboot und Gabi, die Wirtin, brutzelt mir schon das Menü. Es ist unglaublich heiß heute. Und unglaublich ist auch, wie schnell sich mein Gefühl zu diesem Ort verändert: Ich bin geduscht, das Essen wartet, und Gabi ist toll! Das slowakische Ehepaar, das ich noch draußen auf dem Wasser traf, holt mich zu sich an den Tisch. Sie sind mit einer unglaublich kleinen, tarnfarbenen Aluminiumbüchse unterwegs, die wie ein überdachtes Feldbett mit Außenbordmotor aussieht. Der Mann lässt mich in einem Buch über die Donau blättern, ich fotografiere, was mir für meine Reise wichtig zu werden scheint.

Gabi und ihre Freunde winken zum Abschied. Nach nur einer Stunde Fahrt wird die Donau breiter, so wie der slowakische Freund es vorhergesagt hat. Breiter ist eigentlich gar kein Ausdruck: Der Fluss ist hier so mächtig, dass ich mein Fernglas brauche, um die Ufer einzusehen. Beide Segel sind auf, der Wind kommt achterlich, und es geht ziemlich schnell voran. Im Donaubuch konnte ich erkennen, dass irgendwann ein altes Schleusengelände auf meinem Weg liegt. Es ist bereits Mittag, als ich durch ein riesiges Gewässer segele, hindurch zwischen bizarren Felsen und künstlich angelegten Wassermarken als Fundamente für Leuchtfeuer.

Irgendwie unheimlich, die Gegend, es fällt mir schwer, den richtigen Weg zu erkennen. Gott sei Dank tauchen immer wieder grüne und rote Tonnen zur Orientierung auf. Der Wind nimmt stetig zu und ich komme streckenweise an die 10 Knoten heran. Wenn ich mich in diesem großen Becken links halte, müsste ich automatisch auf einen 37 Kilometer langen Umgehungskanal zufahren. Im Fernglas entdecke ich so etwas wie eine Schleusenanlage. Während das Wasser immer unruhiger wird, sorgen Strömung und Wind für eine Fahrt wie in einem ICE. Allerdings in der sechsten Klasse und ohne Dach. Soll ich mir nun vor dem Kanal ein Nachtlager suchen? Schaffe ich die 37 Kilometer heute noch? »Mut zur Lücke«, denke ich, »das schaffst du!« Doch schon nach den ersten paar Kilometern bin ich mir gar nicht mehr so sicher, ob diese Entscheidung richtig war. Der Wind nimmt deutlich zu und nach kurzer Zeit schon sind beide Segelflächen zu viel Tuch. Ich hole das vordere Segel dicht, um etwas Druck herauszunehmen. Gefühlt hat der Wind jetzt bis zu 7 Beaufort. Das hintere Segel muss auch kleiner werden! Mit schnellen Griffen ist die Spriet rausgenommen und das obere Ende des Segels mit einem Gummistropp nach unten gesichert. Jetzt habe ich nur noch ein halbes Opti-Segel stehen und immer noch 8 Knoten auf der Uhr. Das ist ja Wahnsinn! Umdrehen ist unmöglich geworden. Irgendwo anlegen und Schutz suchen? Keine Chance! Hier gibt es nur zwei Teerdeiche, zwischen denen das Wasser mit einer schnell laufenden Brandungswelle hindurchrast. Die Sache geht aber gut: Plötzlich flaut der Sturm ab. Was bin ich bloß für ein Glückspilz! Ich bin begeistert über dieses seemännische Glanzstück, was für eine rasante Nummer!

Bei Ankunft an der Schleuse ist der Wind fast weg. Lediglich die Wellen verraten noch etwas über den stürmischen Nachmittag in diesem fast 40 Kilometer langen Horrorkanal. Die Kaimauer, an der ich anlege, ist fünf Meter hoch, die Wellen wollen das Boot immer wieder an den Beton schlagen, und ich benötige alle Leinen und Fender, um etwas Ruhe in das Schauspiel zu bringen. 30 Minuten vergehen, bis ich meine Karre so geparkt habe, dass ich sie für eine Zeit lang alleine lassen kann, ohne dass mir der ganze Kram zerschlägt oder die Leinen durchscheuern.

So, jetzt Kontakt zum Schleusenwärter aufnehmen, aber wie? Es sind etwas über 1000 Meter zum Tower von hier aus. Ein Auto naht und ich frage den Fahrer, ob er mich bis dahin mitnimmt. Wider Erwarten spricht er ein paar Brocken Englisch und bedeutet mir einzusteigen. Er scheint aus der Gegend zu sein und begleitet mich bis hinauf in den vierten Stock des Towers zum Herrscher der Schleuse.

Man fragt mich nach meiner Motorgröße. Mit stolzgeschwellter Brust verkünde ich meine 3,3 PS und prahle mit geschlagenen Schlachten der Vergangenheit: »You are lock number five thousand, no problem for me.« Der Mann lacht und gibt sein Okay. In 45 Minuten soll ein Hotelschiff kommen, mit ihm soll ich in die rechte Schleuse. Aus einer Dreiviertelstunde werden anderthalb Stunden, anstatt in die rechte, muss ich jetzt in die linke Schleuse. 18 Meter geht es in der Schleuse hinab, hier ist kein Windzug mehr zu spüren und auch die Ufer sind anders. Es ist eine andere Welt, abgetrennt durch Beton.

Bald schon ist Ungarn erreicht, Land Nummer vier auf meiner Reise. Wieder mache ich an einem Restaurantponton fest und gönne mir dort nach diesem Tag zwei halbe Liter Bier. Zur Belohnung. Macht 1,30 Euro. Immer noch ist es furchtbar heiß und das Bier tut unglaublich gut.

Meinen Morgenkaffee koche ich auf einem kleinen Lagerfeuer, der Kocher ist nicht mehr benutzbar. Die Gasdüse funktionierte die ganze Zeit schon schlecht, jetzt ist auch eine Dichtung kaputt. Das war's damit. Später gehe ich einkaufen, eine alte Dame auf dem Fahrrad weist mir auf Deutsch den Weg. Ich habe bereits Brot, Wurst und Käse im Einkaufskorb, als ich verstehe, dass man hier nur mit Forint bezahlen kann, nicht mit den Euros, die ich noch habe. Bin ich jetzt zwei Kilometer umsonst marschiert? Wieder draußen vor dem Laden finde ich zwei Bauarbeiter, die mir meine Euros wechseln, so gelingt der Einkauf doch noch.

Es ist brütend heiß, kaum ein Lüftchen bewegt sich. Und ich bin mir zunehmend im Unklaren, wo ich mich befinde. Nur die Kilometerangaben und Städtenamen in meinem WESKA bieten grobe Orientierung. Ich taste mich quasi optisch voran, ich folge dem Fluss und reagiere auf das, was ich sehe. Etwas anderes kann ich nicht tun. Die Sonne brennt gnadenlos vom Himmel und die Segel sind nun nicht mehr nur mein Antrieb, nein, sie sind auch der einzige Baum, der mir zur Verfügung steht. Schatten! Meine Haut verträgt so manches, aber ich muss vorsichtig sein, sie pflegen, so gut wie es mir möglich ist. Die flimmernde Sonne auf dem Wasser ist anstrengend, ohne Mütze und Sonnenbrille wäre ich am Abend um ein Vielfaches erschöpfter. Die Nase ist am gefährdetsten; dick aufgetragene

Sonnencreme hält sie im schützenden Dunkeln. Um den Rest im Gesicht kümmert sich mein Bart. Ich mag ihn nicht sehr, weil er mich beim Essen stört, und trotzdem ist er doch wichtig für mich: Lichtschutz, Armutszeugnis, Geschichtenerzähler und wärmend in der Nacht.

≈

Es brechen triste Tage an. Auf dieser Flussfahrt fehlen mir die Menschen sehr. Der Strom ist einsam, viel einsamer, als ich es auf Dauer ertragen kann. Kriecht mir die Einsamkeit langsam ins Gemüt? Vielleicht liegt es auch daran, dass Sabrina nicht mehr antwortet. Die Distanz wird größer, und mit ihr kommt die Krise. In Schüben rollt sie auf mich zu. Die Nacht verbringe ich heute auf einer Insel mitten in der Donau, ich finde dort einen wunderschönen Innenhof mit ein paar Bäumen. Ich befinde mich 70 Kilometer vor Budapest. Es ist Samstagabend, am 9. Juli.

In der Hitze bin ich jetzt noch etwas früher wach und stehe oft schon vor 5 Uhr auf. Das Ritual ist geblieben: Kaffee, Zigarette, Toilette. Die Reihenfolge wechselt. Kaffee gibt es nur noch vom Lagerfeuer. Mein Tabakvorrat ist am Ende. Unterwegs habe ich das hintere Segel auf, das aber keinen Schatten spendet, meine Richtung und der hohe Stand der Sonne verhindern das. Nach weiteren zwei Stunden Fahrt stoppe ich an einer belebten Bucht mit Campingplatz, um eine Tankstelle zu suchen. Mein nächster Nachbar ist um die fünfzig, spricht leider kein Englisch und kein Deutsch. Er bedeutet mir jedoch durch Gesten, den Motor nicht am Boot zu lassen. Offenbar will er sagen, nimm ihn da weg, sonst holen ihn sich andere. Mein Zelt steht etwa 40 Meter vom Boot entfernt und ich lege heute eine Bewegungsleine von Zelt zu Boot, für den Fall der Fälle. Die wird vielleicht ruckeln und mich wecken, wenn jemand zum Boot schleichen sollte. Ich rieche ein bisschen nach feuchtem Hund, nicht schön.

Budapest sieht toll aus, ist aber doch nur ein kurzer Halt für mich. Die großen Städte sind nicht mein Terrain, nur Bunkerstationen, gut zum Einkaufen, und natürlich zum Duschen, wenn die Hafenanlage es hergibt. Ich maile mit Sabrina und hätte mich gefreut, sie über Skype zu sehen, doch wieder einmal funktioniert es nicht. Kontakt tut uns gut. Sie schreibt, dass sie am Hafen sitzt, trauert und mir hinterherblickt. Noch Wochen nach dem Abschied.

≈

Am 14. Juli, bei Kilometer 1532, stoße ich auf Dave, das alte Haus. Er liegt mit seiner Villa Kunterbunt an Steuerbord in einer Bucht vor Anker, weit zurück und fast nicht zu erkennen. Ich freue mich riesig, ihn zu sehen, offenbar habe ich starke Sehnsucht nach irgendetwas Vertrautem, so dreckig es auch ist. Ich pfeife und rufe schon bei der Anfahrt laut, er taucht erst aus der Luke seiner Kajüte auf, als ich schon mit der Karre an sein Boot klopfe. »Andreas!« Auch er freut sich sehr, juchzt geradezu vor Freude. Sam, die Katze, bleibt auf Distanz zu mir. Während Dave, ganz Gastgeber, einen Kaffee aufsetzt, reinige ich seinen Thermobecher mit einem Schwamm. Ich kann mich noch zu gut an mein Unbehagen vom letzten Mal erinnern, daraus trinken zu müssen. Aber unsere Wiedersehensfreude trübt das alles nicht, wir wollen den weiteren Tag gemeinsam verbringen und fahren mit den Booten im Päckchen, die Karre neben seinem Boot. Ich sitze mit bei ihm an Bord, wo er eine Plane gegen die Sonne aufgespannt hat, doch kaum ein Windzug findet den Weg darunter. Fast ist es erfrischender, auf der Karre in der Sonne zu sitzen und dafür den Fahrtwind zu spüren.

Gegen 18 Uhr laufen wir Baja an. Dave will vor Anker liegen bleiben, ich will an den Steg. Jetzt kommt unsere grundverschiedene Philosophie wieder zum Vorschein, er, der Einsiedler, der den Kontakt zu anderen scheut, und ich, der diesen immer sucht, ihn braucht.

Ein Mann empfängt mich freundlich, wir können Englisch miteinander sprechen. Er wird dem Sicherheitsdienst Bescheid sagen, damit die wissen, dass da nachts einer auf dem Gelände sein wird. Dave nähert sich später noch einmal mit seinem Boot und reicht mir Kanister und Flaschen herüber, ich möge ihm Wasser holen. Das tue ich. Danach geht er wieder vor Anker, auf Distanz zum Ufer.

Am nächsten Morgen bereitet er mir einen wundervollen Moment, er pfeift mich zu sich an Bord und serviert mir gebratene Eier mit Speck. Es ist, als würden mich die Düfte der heimischen nordfriesischen Küche erreichen. Ich bin gerührt, und es schmeckt mir fantastisch. Dave wird noch ein wenig hierbleiben, ich aber will weiter. Die Donau ist lang, immer noch sind es über 1000 Kilometer bis zum Schwarzen Meer. Ohne viel Schnickschnack verabschieden wir uns. Man wird sich schon wiedersehen …

≈

Ich werde Ungarn heute verlassen und in Serbien einklarieren, wie der Fachmann zu sagen pflegt. Ich selbst habe keine Ahnung, wie das vonstattengeht. Im WESKA steht, dass in Bezdan in Serbien am linken Ufer bei Kilometer so und so eine Grenzstelle erscheint, bei der ich mich zu melden habe. Weiter mache ich mir keine Gedanken. Der Wind kommt achterlich mit 4 Beaufort, besser kann es mir kaum ergehen. Meine Karre brennt darauf, über die normale Geschwindigkeit hinaus unterwegs zu sein, und ich tue es genauso. Wir machen 8 Knoten und mehr, wo werde ich heute damit wohl noch ankommen? Die Donau ist unruhig, ihre Ufer bebaut, wie ich es bisher nicht kannte. Ein paar Blechhütten, ein kleiner Ort, dann sandige Einöde und plötzlich steht rechts mitten im Nichts ein Hotel. Es sieht nobel aus, und zahlreiche Flaggen zieren das Gebäude. Als ich dieses schöne große Gebäude in hoher Geschwindigkeit passiere, sehe ich, dass am Ufer eine Fähre ablegt, die in Kürze meinen Weg kreuzen wird. Bei ihrer und meiner Geschwindigkeit wird eine Kollision fast unvermeidlich sein, also ändere ich den Kurs und zeige der Fähre deutlich an, was ich vorhabe. Ich werde um ihren Hintern herum fahren, dann kann sie in Fahrt bleiben und nichts wird passieren. Mit jedem Meter, den ich mich der Fähre nähere, korrigiere ich meinen Kurs. Jetzt bin ich so nah, dass ich die Gesichter der Passagiere erkennen kann.

»Kleines Boot, gehen Sie zurück!« Ich kriege einen Schreck. Eine Lautsprecherdurchsage! Wo kommt die her? Von der Fähre? Wenn ja, was will der Skipper von mir? Ich blicke mich um, kann nichts erkennen. Mit mir ist alles in Ordnung und verloren habe ich nichts. Welchen Grund könnte es geben? »Kleines Boot, gehen Sie zurück!« Abermals ertönt die Durchsage auf Deutsch. Laut, deutlich und unüberhörbar. Sie kann nur von der Fähre kommen. Ich winke in Richtung des Ruderhauses ab und rufe, als würde man mich hören können: »Ich will zum Schwarzen Meer und habe Wind. Ich drehe nicht um, du spinnst wohl!« Was soll das? Ich »gehe nicht zurück«, wohin auch? Die Fähre wird kleiner.

Serbien ist nicht mehr weit, vielleicht einen Kilometer, mehr kann es nicht sein. Mit meinem Fernglas suche ich Ufer und Donau hinter mir ab, da fährt mir der nächste Schreck in die Adern. Was da gerade in die Linsen meines Fernglases hineinschiebt, ist ein Boot mit Blaulicht. Geschwindigkeit und Kurs machen klar, dass sie mich meinen. Jetzt bin ich dran! Das Boot hat mich schnell erreicht und schlägt direkt vor mir einen Haken. Zwei Männer in Uniform fuchteln aufgeregt mit den Armen. »Schengen«, rufen sie, »Schengen, Schengen! Drehe um und folge.« Sie sprechen Englisch. »Yellow house«, höre ich noch und immer wieder »Schengen«. In dieser Strömung soll ich umdrehen? Ihre Gesichter bleiben ernst, und plötzlich dreht ihr Boot ab in die Richtung, in die ich jetzt zu fahren habe. Ach, das gelbe Haus meinen sie. Das Haus mit den vielen Flaggen ist gar kein Hotel, sondern eine Grenzstation der EU.

Eine halbe Stunde später bin ich wieder an meinem »Hotel«. Keiner empfängt mich am Steg. Keiner ist böse, aufgeregt oder rennt in meine Richtung und meine Männer vom Boot, die mir gerade den Tag versaut haben, sind auch nirgendwo zu sehen. Ich muss in dieses Gebäude und nachfragen, was los ist. Auf den ersten Blick wirken die Flure verlassen, doch im ersten Stock ändert sich mein Eindruck schlagartig. Die Höhle des Löwen ist erreicht, und ich sehe nur noch Uniformierte. Ein Büro folgt auf das nächste, und schließlich lande ich an einem Schalter wie der einer Bank, das Gespräch erfolgt durch ein Loch im Glas. »Sie wollen die Europäische Union verlassen?«, fragt die Frau hinter der Scheibe. »Ja.« Polizei, Zoll, Arzt und noch zwei Behörden mehr sind aufzusuchen. Als ich die Ärztin frage, ob ich mich ausziehen soll, ruft sie lachend und leicht schockiert zugleich »Nein! Eine Unterschrift hier, und dann können sie wieder gehen.« Nun weiß die Europäische Union, dass ich für die nächsten Tage nicht mehr zur Verfügung stehe. Schnell weg, bevor sich das hier noch jemand anders überlegt.

Ich beende den Tag auf einer kleinen Insel. Ehrlich gesagt weiß ich nicht, in welchem Land ich bin, vermutlich in Serbien. Die Donau mäandriert zwischen Serbien und Kroatien, es ist schwer, dabei den Durchblick zu behalten.

Mein Lagerplatz ist so einsam, wie er einsamer kaum sein kann. Fernab jeder Ortschaft, fernab jeder Zivilisation und der Menschen, die ich doch eigentlich um mich haben will. Mein Auge ist offen für alle Gefahren; ich bin nicht der Erste auf dieser Insel: Kleine Bauwerke aus Hölzern wurden vor noch nicht allzu langer Zeit aufgestellt, ich vermute, dass man an ihnen Fische trocknen will. Neugierig untersuche ich die Hölzer, vergleiche Abdrücke im Sand. Lief man barfuß, in Stiefeln oder Sandalen? An diesem Abend bin ich Robinson Crusoe, der am anderen Ende seiner kleinen, scheinbar verlassenen Insel Spuren entdeckt.

»Dave!« Im letzten Licht des Abends sehe ich ihn vorbeifahren.

Er ist nicht weit weg. »Daaave!« Ich schreie so laut ich kann, winke und laufe am Ufer auf und ab. Sein Blick bleibt starr nach vorne gerichtet. Mein lautestes Pfeifen erreicht ihn nicht.

Am 17. Juli fahre ich einfach nur, den ganzen Tag. Die Ufer haben sich verändert, seit ich Ungarn verlassen habe. Es ist noch einsamer geworden und alles ist grau. Graue alte Boote, graue alte Frachter, graue alte Häuser. Grau – wie eine Erinnerung an den Kommunismus, den ich selbst nicht erlebt habe. Der Strand, an dem ich morgens aufwache, stinkt. Mein Zelt stinkt. Ist das Katzenpisse? Ist das der Müll, der hier herumliegt? Was verursacht diesen penetranten Gestank? Ich bin jetzt zweieinhalb Monate unterwegs. Ich fahre auf der Donau in eine immer stärker werdende Hitze hinein, in einer Gegend, die vermüllt ist und stinkt. Ich stinke selbst. Ich habe mir die Füße zerschnitten, als mir meine Kaffeetasse in den trüben Fluss gefallen ist und ich vergeblich versucht habe, sie wieder rauszufischen. Ich habe mich von einem Polizisten über den Tisch ziehen lassen. Ich konnte diese verdammte kyrillische Schrift nicht lesen und habe Katzenfutter gekauft. Ich habe das auch noch gegessen. Was mache ich hier? Ich spreche mit mir selbst. Ich kämpfe mit mir selbst. Wo will ich hin? Hier sind keine Menschen. Zurück kannst du nicht. Oder willst du jetzt drei Monate wieder zurück fahren, wieder gegen die Strömung? Mein Benzin ist alle. Ich bin alle. Paddel, wenn das Benzin alle ist. Paddel, Mann, fahr weiter.

Nur mit dem Paddel und der Strömung der Donau geht es weiter. Ein Paddel für 350 Kilo Gewicht.

Auf der Höhe von Novi Sad kommt ein Motorboot auf mich zu: »Do you need something?« Wohl noch nie hat mich jemand etwas so Richtiges und Treffendes gefragt. Der Mann nimmt mich sofort in den Schlepp und fährt mit mir in eine Oase. Ein

Restaurant am Ufer mit einem Steg für die Boote. Er heißt Darko und spricht gut Englisch, besser als ich. Darko spendiert mir großzügig ein Sandwich, Kaffee und Bier. Wir reden und reden, er nimmt sich viel Zeit. Wir reden über die Zukunft, seine und meine, über die Familien und seine Enkelkinder, die kommen werden. Darko kauft mir ein Sandwich für die Fahrt, Wasser, Zigaretten und 10 Liter Benzin. Danach trennen sich unsere Wege wieder. Gibt es Engel? Ich glaube eigentlich nicht daran. Aber dieser Mann hat mich aus einem tiefen Loch geholt. Darko, ich bin dir zutiefst dankbar. Du hast mir das Vertrauen in andere und in mich selbst, das gerade komplett schwinden wollte, wiedergegeben. Das ist ein Menschendienst, wie er besser nicht sein kann. Danke.

Ich habe wieder Benzin, ich kann den Motor wieder benutzen. Doch er stottert, ich muss die Zündkerzen wieder säubern. Zwei Boote picken mich auf, kleine Segelyachten mit gelegtem Mast, miteinander im Schlepp, sie hängen mich als drittes Boot an. Es sind Elly und Rainer aus Österreich auf dem ersten Boot und Henni und Josef aus Bayern im zweiten Boot. Sie nehmen mich den kompletten Tag mit, ich genieße es sehr, entspannt mitzufahren, die Karre Karre sein zu lassen. Sie folgt getreu hintendrein, wie das letzte Küken der Entenmutter. Nach 100 Kilometern erreichen wir Belgrad. Eine grandiose Tagesleistung und nach einem Stimmungstief nah dem Aufgeben folgt ein wohltuendes Hoch. Bei Donaukilometer 1169 muss ich die Truppe verlassen. Von Henni gibt es noch einen Abschiedskaffee und dann bin ich wieder allein unterwegs.

Die Gegend um Donaukilometer 1000 ist nun unglaublich schön. Felsen und sandige Abschnitte wechseln sich ab, lang auslaufende Hügel entlang des Flusses werden ab dem Nachmittag in wunderbares Licht getaucht. Die Donau ist hier oft breiter als anderswo, später erfahre ich, dass dies bereits Auswirkungen der Staumauern am Eisernen Tor sind, auf die ich zufahre. Was für mich so wunderbar aussieht, ist für etliche Dörfer und seine

Bewohner nicht mehr zu erleben, sie mussten für die Stauanlagen ihre Heimat verlassen. Eine schreckliche Geschichte, vom Wasser verdeckt. Ich sehe nur noch die wunderbare Landschaft rechts und links eines mächtigen Flusses.

≈

Es ist der 83. Tag der Reise. Meine Fahrt geht weiter, immer an der Grenze zwischen Serbien und Rumänien entlang. Gefühlt bin ich immer noch in Serbien, in Rumänien habe ich noch nicht angelegt. Die lieblichen und weiten Hügel sind steileren Hängen gewichen, wir sind hier in einem der bekanntesten Gebirgsdurchbrüche Europas. Über Jahrtausende hat sich die Donau hier einen Weg durch die südlichen Karpaten gebahnt. Die früher berüchtigte Durchfahrt, über Stromschnellen und steinerne Riffe, ist jetzt kein Problem mehr. Die Talfahrt im Eisernen Tor 1 geht über zwei verbundene Schleusen, Begegnungsschleusen mit Gegenverkehr. Das kenne ich noch nicht. Entsprechend erstaunt bin ich, als uns nach dem Öffnen des ersten Schleusentores ein großer Frachter entgegenkommt. Ich schleuse gemeinsam mit dem bekannten bayerisch-österreichischen Schleppverband durch, sie haben mich wieder eingeholt. Nach den Schleusen trennen sich unsere Wege für einen Tag, denn am nächsten werden wir uns am Eisernen Tor 2, dem zweiten Staudamm und der zweiten Schleusenstufe, erneut treffen.

Serbien bleibt zurück, die Donau grenzt jetzt Rumänien von Nordbulgarien ab. Ich überlege tagsüber oft, ob ich mich vielleicht verfahren habe. Meine Kartenunterlagen sind so wenig detailliert, dass ich eigentlich auf gut Glück unterwegs bin, einfach am Ufer entlang. Die Donau ist hier so breit, dass ich Details des anderen Ufers manchmal kaum erkennen kann. Ob ich immer den richtigen Arm des Flusses befahre, weiß ich nicht.

Es ist der 25. Juli 2011, als ich die Grenze zu Bulgarien erreiche. Nur wenige Kilometer bin ich gefahren, schon taucht an

Steuerbord das erste Grenzboot auf. Ein uniformierter Mann lehnt lässig mit beiden Armen aufgestützt auf der Reling. Wir sehen uns an, und ich kann erkennen, dass er überlegt: »Hab ich noch Lust heute, oder mach ich Feierabend?« Leider entscheidet er sich für die erste Variante und wackelt mit dem Finger, so wie man es macht, wenn jemand zu einem kommen soll. Ich kenne das schon, Gas wegnehmen und langsam gegen den Strom längsseits gehen. Fender außenbords zu hängen ist auch ganz wichtig, denn Kratzer in Polizeibooten könnten sich auf meine Situation ungünstig auswirken. Der Grenzer macht keine Anstalten, sich zu bewegen. Er bleibt cool, mustert mich und das seltsame Fahrzeug, das sich ihm nähert. Ich gebe ihm die Hand und fange an zu erzählen, ziehe die Karte, auf der meine Tour eingezeichnet ist, aus der Tasche, damit er sieht, was ich will. Dass ich kein Geld habe, erwähne ich beim Zusammentreffen mit Grenzern meist schon zu Beginn meines Vortrags. Ich erwarte nicht, von ihnen etwas zu bekommen, möchte ihnen aber auch nichts geben müssen. Sein Englisch ist gut und seine Reaktion recht karg. Er zückt seine Schachtel Zigaretten und gibt mir drei. »Du solltest Schluss machen für heute«, sagt er, »bleib hier bei meinem Boot auf dem Strand. Da bist du sicher und wir haben dich im Blick. Es ist jetzt schon nach 16 Uhr, wo willst du heute noch hin?« Sein Gesicht zeigt, dass er es gut meint.

Ich habe keine Ahnung, was ich essen soll. Zwei Zwiebeln und ein paar rostige Dosen, das ist alles, was ich noch besitze. Mir ist gar nicht nach essen, denn es schmeckt einfach nicht mehr: immer dasselbe, tagein, tagaus.

Es raschelt im Gebüsch. Das Universum hilft, wenn es gebraucht wird. Heute in Form zweier alter Männer, im Schlepptau der Grenzpolizist, der ihnen von mir erzählt haben muss. Dimitar und Petko sind für mich zwei Sternschnuppen mit Plastiktüten in der Hand, eine ist voller als die andere. Sie bringen Essen für mehr als eine Woche, sogar eine warme Mahlzeit haben sie dabei. Dieser Moment treibt mir Tränen in die Augen, und nichts anderes würde meinen tiefen Dank besser ausdrücken können. Die zwei sprechen meine Sprache nicht, aber das ist nicht schlimm, ihr Händedruck und die Wärme darin sind mehr wert als alles Gequatsche. Es vergeht nicht viel Zeit, und im Busch raschelt es erneut. Ein Mann hat seine kleine Tochter auf den Schultern und kommt zielstrebig auf mich zu. »Konstantin«, stellt er sich vor. »Brauchst du etwas?«, fragt er – und legt die Antwort selbst nach: »Bier, damit fangen wir an, komm mit.« »Bira, Bira«, fuchtelt er weiter mit den Armen. Wir gehen los. Seine Tochter lädt er am heimischen Gartenzaun ab, ruft seiner Frau etwas zu und bittet mich, in sein Auto zu steigen. Wir halten schließlich vor einem Tante-Emma-Laden. Konstantin spricht mit der Frau, die hinter dem Tresen steht, während er auf einige Dinge in den Regalen und der gläsernen Vitrine zeigt: Wurst und Aufschnitt, in Plastik eingeschweißte Croissants. Mir läuft das Wasser im Mund zusammen. Wieder zurück vor seinem Haus und nur wenige Meter vom Ufer entfernt, stoppt er ab: »Willst du mit uns essen?« Ich verstehe ihn nur, weil er seine Finger zum Mund führt, während er mich anguckt. »Ja, mein Freund, das will ich sehr gerne.«

Der Tisch im Garten hinter dem Haus ist reichlich gedeckt mit Salaten und Fleisch vom Grill. Fisch in Öl und Undefinierbares eingewickelt in grünen Blättern. Man isst gemeinsam aus großen Schalen. Der Abend ist unvergleichlich und wir sitzen lange zusammen, unterhalten uns mit Händen und Füßen und lachen viel. So satt und zufrieden war ich schon lange nicht mehr. Erst sehr spät liege ich im Zelt.

Bei meinem Datencheck habe ich eine E-Mail-Nachricht gefunden, die mich aufhorchen lässt: »Moin, Andreas. Ich habe von dir im Internet gelesen und finde ganz toll, was du vorhast. Ich bin ursprünglich aus Pinneberg und betreibe seit Jahren in der Nähe von Athen einen relativ erfolglosen Yachtservice. Melde dich, wenn du hier vorbeikommst.« Der Mann hat offenbar

Humor. Ich mag das. Ob meine kleine Yacht mich dort wohl hinbringt? Die Mail ist wie der klitzekleine Vorschein einer Zukunft, die noch weit hinter allen Horizonten liegt.

≈

Am nächsten Tag weht der Wind bretthart. Ich erlebe die Donau wie selten zuvor, ihr Wasser ist warm wie eine Badewanne. Heute will ich wissen, was das Boot unter mir wirklich vertragen kann. Ich will wissen, wie schnell ich werde, und den Segeltag als Wiedergutmachung für unzählige Stunden unter Motor nutzen. Alles, was ich an Segelfläche zur Verfügung habe, steht, und die Karre gibt Gas. In unterschiedlichsten Grautönen ziehen die Wolken über mich hinweg, nur hier und da findet die Sonne ein Loch. Der Himmel ist ein Schauspiel, genauso wie die Action, die ich mit meinem Boot veranstalte. Es reißt in den Schoten, so stark drückt der Wind. Er wird immer stärker und ich muss höllisch aufpassen, weil sich die Bootsspitzen immer wieder in die Wellen hineinbohren. Es ist ein tolles Gefühl, so schnell unterwegs zu sein, und die Karre macht sich sehr, sehr gut. Doch im nächsten Moment ist es plötzlich vorbei. Der vordere Mast reißt aus seiner Verankerung, als die Schot aus ihrer Klemme rutscht. Mit einem Schlag fällt er seitlich ins Wasser, hängt neben dem Rumpf und zieht mit gewaltigem Getöse durch die Wellen der Donau, nur noch gehalten von Tauwerk und Seilen. Mein Boot aber denkt gar nicht daran, jetzt seine Fahrt zu verlangsamen. Umdrehen und in den Wind schießen, um einzupacken, kommt nicht in Frage. Ich lass es laufen und regele meinen Job in reißendem Wasser. Nur mit viel Kraft kann ich den Mast bergen und ihn aufs Boot legen. Ein Segel reicht aus, um schnell genug weiterzukommen.

Als der Wind nachlässt, ist es 16 Uhr und ich mache Schluss. Rechts am Ufer ist eine flache Stelle mit Sand, dort kann ich leicht auf den Strand fahren und sehen, was zu tun ist. Die Nieten der Verstagung sind aus dem Mittelsteg herausgerissen. Mit ein paar Schrauben, deren Durchmesser etwas größer ist als das ausgefranste Loch, ist das schnell repariert. Die neu montierte Halterung des Stahlseils sichere ich zusätzlich mit einem Bändsel ab, damit mir der Mast, bei neuem Bruch, nicht erneut umkippen kann. Gut, dass mir das nicht irgendwo auf dem Meer passiert ist.

Silistra, Bulgarien. Ich habe noch 375 Kilometer zu fahren, bis ich diesen Flussmarathon endlich hinter mir habe. Wieder einmal steht einer dieser unangenehmen Grenzübertritte an. Nicht immer sind sie das, was ich erwarte. Unfreundlich war man eigentlich nie, aber diese bürokratischen Zwischenspiele unterbrechen jedes Mal meine Freiheit. Ich fühle mich gestoppt, beobachtet, kontrolliert und registriert. Die Macher der Grenzen verstehen es, mich in Spannung zu halten, und sicher bin ich nicht der Einzige. Was für ein blödes Spiel. Jetzt ist es wieder soweit, und einer dieser rostigen Anlegekähne der Zollgrenzstellen nähert sich an Steuerbord. Langsam und behutsam schiebt mein Motor die Karre an sein Heck und an die meterhohe Bordwand. Seine Reling ist rostig und Stahlseilen entspringen stachelige Litzen. Bleche schlagen laut aufeinander, als ich den Landsteg mit meiner wasserdichten Tasche und allen Papieren überquere.

Die Eingangstür des Gebäudes steht offen. Dieses Mal empfängt mich ein alter Herr, ich kann nur schwer einschätzen, was er sagt oder wie er reagiert, denn er spricht kein Wort Englisch und sein Gesicht ist vollkommen emotionslos. Er zeigt auf eine große Uhr an der Wand und macht unbestimmte Armbewegungen dazu. »Wann ich rüber will nach Rumänien?« Ich wende mich der Uhr zu und zeige mit dem Finger einmal auf die 9 und im nächsten Moment auf die 10. »Morgen früh. Es ist schon so spät, und vielleicht kann ich mein Zelt für die Nacht hier auf dem Ponton aufstellen?« Wieder mit dem Finger auf der Uhr macht er mir jetzt klar: »Dann kommst du morgen früh um 9 Uhr zu mir, damit wir die Papiere bearbeiten können.« Ich bin froh, dass er versteht. Mein Zelt steht gut auf dem Stahl des alten Schiffes.

Am nächsten Morgen ist es so, wie ich es mir vorgestellt hatte. Der Zöllner ist pünktlich da. Er wirkt heute gelassener, denn wir kennen uns ja bereits. Ein paar Stempel, ein paar Unterschriften und schon steht meiner Überfahrt nach Rumänien nichts mehr im Wege. Er streckt seinen Arm aus und zeigt mit dem Finger auf das gegenüberliegende Ufer: »Da musst du hin und dich in Rumämien einklarieren.«

Das Ablegemanöver meiner Karre gestaltet sich einfach im Strom der Donau. Tampen los und erst mal treiben lassen. Motor an und ab geht es auf die andere Seite, so wie befohlen. Nach nur einem Kilometer bin ich da. Mehrere Polizeiboote liegen an einem Büroponton, und die Männer, die mir meine Tampen abnehmen, sehen alles andere als nach Zöllnern aus. Ihre zivile Kleidung deutet auf Feierabendstimmung hin. Es ist so unkompliziert wie selten zuvor. Einer der Männer nimmt sich meiner an, setzt einen Kaffee auf und bietet mir einen Platz im spärlichen Büro an. Er freut sich über meine Tour und mein Boot, lacht viel und ist wirklich freundlich. Anders als der alte Mann auf der anderen Flussseite spricht er gut Englisch. Ich muss noch auf den Flusskapitän warten, nach zwei Bechern Kaffee ist er da. Ich blicke in ein junges, freundliches Gesicht, das aus einer grauen Uniform herausguckt: »Du bist ohne Geld bis hierher gekommen? Das ist unglaublich, noch dazu mit diesem Boot. Wenn du ein Buch schreibst, kommen wir drin vor?« Mein Personalausweis und meine Bootspapiere sind alles, was er sehen will. Meine letzte Papierhürde vor dem Schwarzen Meer. Ich bin erleichtert, fühle mich frei.

≈

Der Wind taugt heute nicht, ich komme nur mit dem Motor voran. Mir kommt alles noch rostiger und dreckiger vor als in den letzten Wochen. Die Müllentsorgungssysteme scheinen hier nicht zu funktionieren, wenn es sie denn überhaupt gibt. Leere Plastikflaschen säumen die Ufer, Planen und anderer Müll bleiben in den Sträuchern und Büschen hängen. In Cernavodă laufe ich die Schleuse des Stichkanals an, der die Donau mit dem Schwarzen Meer verbindet, eine Abkürzung für die Schifffahrt zur Umgehung des Donau-Deltas. Nach einem ellenlangen Marsch auf der Betonschleuse erklärt mir der Schleusenwärter, dass die Durchfahrt 100 Euro kostet. Daran lässt sich nicht rütteln. Das ist eine klare und frustrierende Aussage. Ich muss wieder abziehen. 65 Kilometer wären es auf dem Weg durch den Kanal zum Schwarzen Meer noch gewesen, jetzt muss ich doch dem Fluss bis zum Delta folgen, und das sind immerhin noch 300 Kilometer.

Donaukilometer 279. Drei Monate bin ich jetzt unterwegs, es ist der 3. August 2011. Als ich am Ufer Station gemacht habe, kommt mehrfach ein Mann zu mir, er hat von Sonne und allen Wettern gegerbte Haut, ist ärmlich gekleidet, geht ohne Schuhe, seine Zähne sind schlecht und er ist betrunken. Mehrfach attackiert er mich, ich soll ihm etwas von meinem Essen abgeben. Das will ich nicht. Eigentlich ist das seltsam, denn mir wird ja auch gegeben. Aber er ist derart unfreundlich, aggressiv und unverschämt, bedrängt mich, dass ich ihm gerade deshalb nichts geben möchte. Ich biete mich und meine Geschichte den Menschen an. Sie können mir etwas geben, was mich wirklich jedes Mal unbändig freut. Aber ich erwarte es nicht, ich verlange es nicht, ich fordere es nicht ein. Mit ihm in der Nähe ist es ungemütlich, ja vielleicht sogar gefährlich. Ich lege die Karre etwas weiter an eine jugendliche Gruppe heran, die nicht weit entfernt am Ufer ihre Zelte aufgeschlagen hat, so nah, dass sie mich besser hören können, eingreifen würden, sobald ich in Gefahr käme. Eine Mulde im Boden eignet sich hervorragend für ein Feuer und ich beschließe, mir Brei zu kochen. Eine warme Mahlzeit, über die sich meine Körper freut. Die dänische Kirschgrütze in meinem Boot hatte ich fast vergessen. Das Zeug ist ewig haltbar und nun werde ich mir den Brei damit richtig schön garnieren.

Die Sonne will bald untergehen, als zwei Fischer an diesem Abend in einer Nussschale die Donau hinaufkommen. »Zigarra, Zigarra?«, schon oft hatten mich Yachties vor den Fischern gewarnt: »Sie kommen zu dir ans Boot und wollen Zigaretten und Alkohol.« Ich strecke selbst beide Arme in die Höhe und frage zurück: »Zigarra, Zigarra?« Die beiden lachen und kommen zu mir rüber. Pavel trägt eine Hornbrille und steckt in einem orangefarbenen Overall. Jakob ist sein Bruder und vermisst seine Zähne. Zwei schräge, schmutzige Vögel. Ich gebe beiden die Hand und frage erneut nach einer Zigarette: »Zigarra?« Pavel reicht mir eine aus seinem Päckchen. Die beiden sind anders als die meisten Menschen, die ich bisher getroffen habe. Sie nehmen freudig Platz auf dem dreckigen Sand des Ufers und rauchen mit mir. Wie drei Indianer sitzen wir da. Frei nach dem Motto: »Was ist Zeit? Nun erzähle erst mal, wer du bist und wohin du mit deinem komischen Pferd reitest.« Unsere Sprachen sind uns fremd, also bleiben nur meine eingeschweißten Fotos und die Routenkarte als Grundlage für ein Verstehen. Pavel sitzt neben mir und lacht, als er auf die Europakarte guckt und den roten Strich sieht, der meinen Weg aufzeigt. Aufgeregt unterhält er sich mit seinem Bruder und stellt mir dann Fragen mit seinem Finger im Sand. Jakob zaubert eine Flasche Wein aus seinem alten Holzkahn mit Außenborder und setzt sich wieder zu uns. Es ist kein Wein, wie wir ihn kennen, sondern übelster Fusel, abgefüllt in einer Zwei-Liter-PET-Flasche. »Trink«, scheint er zu sagen und reicht mir seinen Becher, eine abgeschnittene Blechbüchse mit einer Kante so scharf wie das schärfste Messer eines Fernsehkochs. »Aus diesem Becher? Du hast sie ja wohl nicht alle. Nein, nein.« Ich gehe zum Boot und hole einen vernünftigen Becher. Auf dem Weg fällt mir der hochprozentige Schnaps ein, den mir ein Serbe am Ufer schenkte. Wenn sie mir etwas geben, dann muss ich ihnen auch etwas geben. Pavel und Jakob nehmen einen Schluck von meinem Schnaps, von dem ich mir jeden Morgen nur ein wenig auf die Lippen lege, um mal einen anderen Geschmack zu erleben. Es ist nämlich erstaunlich, was die monatelange kulinarische Eintönigkeit mit den Geschmacksnerven macht und wie sehr man sich zwischendurch nach irgendeiner Abwechslung sehnt. Die beiden schütteln sich, rennen zum Wasser und spülen sich den Mund aus. Es folgt lautes Gelächter, und ich bin überrascht, sie mit meinem Schnaps noch überraschen zu können. Pavel ist großzügig. Er reicht mir eine Zigarette nach der anderen. Diese beiden Männer scheinen selbst kaum etwas zu besitzen, und trotzdem geben sie so bereitwillig und herzlich.

Wieder bin ich auf dem Weg zum Boot. Ich werde ihnen den Klong schenken, das Gerät für den Welsfang, den mir die Bulgaren mitgegeben haben. Pavel und Jakob werden es besser gebrauchen können als ich. Ich überreiche es ihnen wie eine goldene Wasserpfeife. Die beiden sind den Tränen nahe. Nicht nur erfahre ich ständig, wie gut es tut, wenn einem geholfen wird. Jetzt, geht es mir durch den Kopf, weiß ich wieder, wie schön es ist, auch anderen eine Freude machen zu können, und sei sie auch noch so gering.

Mittlerweile ist es fast dunkel, und die Brüder verabschieden sich. Sie wollen zu ihren Netzen und versprechen, mit Fisch zurückzukehren. Dann sehe ich sie nicht mehr. Dieser Abend ist mir einer der wertvollsten bisher. Mein Abend mit zwei Menschen, so einfach und so freundlich.

≈

Die Selbstverständlichkeit, dass ich meine Vorräte ausreichend und vor allem rechtzeitig auffüllen kann, ist mir etwas abhandengekommen. Ich beginne mit dem Benzin zu knapsen. Ich segele, auch mal gegen den Wind oder bei nahezu Windstille, wenn ich früher schon lange den Motor angeworfen hätte. Ebenso spare ich am Essen. Der Eiserne-Reserve-Brei kommt ab und zu zum Einsatz. Wahrscheinlich wirkt sich die Armut und Trostlosigkeit dieser Gegend auf mich aus. *Sailing for good thoughts* steht auf meiner Karre, und ich meine es ernst. Damit das gelingt, muss zuallererst ich selbst stabil und positiv bleiben. Nach fast 4000 Kilometern auf diesen Kanälen und Flüssen, nach drei langen Monaten ist das nicht immer einfach. So kurz der Weg jetzt nur noch ist bis zum Schwarzen Meer, bin ich doch einfach schon sehr lange unterwegs und in allen Belangen ausgezehrt. Aber ich glaube fest daran, dass es aus dem Wald so herausschallt, wie man hineinruft. Wenn ich positiv, freundlich, offen auf die Menschen zugehe, habe ich eine unvergleichlich größere Chance, dass man auch mir so begegnet. Dies ist wirklich mein großer Antrieb auf dieser Reise: zu bestätigen, dass gute Gedanken sich positiv auswirken, dass man sein Schicksal positiv beeinflussen kann, egal, wie schwierig die Lage ist. Das gilt nicht nur anderen gegenüber, sondern auch im Spiel mit mir selbst.

In den nächsten Tagen suche ich bewusst immer wieder den Kontakt zu Menschen, steuere kleine Städte an, Brăila, Galati, Isaccea. Gehe in Kontakt mit Marinebooten, oft auch mit der Grenzpolizei. Ich nutze diese Begegnungen zur Orientierung, um mich mit Proviant zu versorgen, für Gespräche. Abends bin ich wie üblich eher an den Stränden und versuche unter Einsatz von Händen und Füßen ins Gespräch zu kommen. Das Ergebnis ist, wie so oft, überwältigend: Man holt mir ungefragt aus einer nahen Stadt Fischsuppe, spendiert Bier und Zigaretten. Einfach so! Eine Einladung zum Frühstück mit Brot und Tomaten folgt. Nahe der kurzen moldawischen Grenze verbringe ich eine Nacht voll versorgt an Bord eines privaten Ausflugsdampfers. Es gibt Grillfleisch mit Knoblauchgemüse, und dann essen wir Rollmöpse aus einem Eimer und trinken Schnaps.

So oft wie hier wurde ich noch überhaupt nicht kontrolliert. Das Drei-Länder-Eck zwischen Rumänien, Moldawien und der

Ukraine scheint besonders zu sein. Die rumänischen Grenzer warnen mich davor, in der Ukraine anzulanden, es könne gut sein, dass ich dort dann eine Zeitlang festgehalten werde. Mal abgesehen davon, dass mich im Prinzip alle für »crazy« halten, werde ich hier von allen Offiziellen ausgesprochen freundlich und zuvorkommend behandelt.

Der Fluss verzweigt sich immer weiter. Kleine und große Arme, betonnte und unbetonnte Fahrwasser wechseln sich stetig ab. Da hilft es manchmal nur, nach dem Weg zu fragen. Das Delta kommt näher, ich kann es fühlen.

An Steuerbord nähere ich mich einem Hotelrestaurant. Soll ich es wagen, dort nach etwas Brot zu fragen? Betteln ist das Letzte, was ich will, aber was soll ich machen? Von jenem Moment an, in dem meine Füße den Steg berühren, bin ich in einer anderen Welt. Hier herrscht Reichtum und Überfluss. Das Hotel ist ein Palast mit Swimmingpool und allem, was das Herz für einen gelungenen Urlaub begehrt. Nach Wasser kann man immer fragen, das ist nicht schlimm. Aber Brot? Man wird mich sofort als armen Mann erkennen, und das macht es schwer. Mein ganzes Inneres sträubt sich dagegen, aber heute kann ich nicht anders, ich habe Hunger. Vorbei an juchzenden Kindern und Gästen am Pool führt mein Weg an einen Tresen, aus Holz und glänzend lackiert. Vorsichtig und fast leise stelle ich meine Frage nach Brot. Ein Mädchen will es nicht entscheiden und wendet sich an die höhere Instanz. Ich kann sehen, wie man im Hintergrund mit dem Kopf schüttelt. »Nein«, steht sie plötzlich wieder vor mir, »wir können dir nicht helfen.« Ich bin enttäuscht, aber akzeptiere. Was kann ich anderes tun? Schon lange ist mir klar, dass ich die Menschen und ihre Entscheidungen so nehmen muss, wie sie sind.

Obwohl alles ruhig und ohne Aufhebens vonstattenging, muss einigen Hotelgästen die Szene irgendwie aufgefallen sein. Zu viert stehen sie auf einmal um mich herum und bitten mich, an einem der Tische Platz zu nehmen. Sie rufen den Ober und erklären ihm etwas, kurze Zeit später ist er wieder da, mit Sandwich und Bier, Wasser und Säften. Einer der Gäste spricht den Ober erneut an und fordert ihn auf, mir Proviant für die Reise einzupacken. Die Bezahlung wird er regeln. Als ich weiterfahre, ist der Steg voller Menschen, die mir zuwinken. Ist das nicht unglaublich?

Mir begegnet ein Boot mit deutscher Flagge. Wir haben kurz Kontakt und ich erzähle von meiner Reise. Mir fehlt die deutsche Sprache sehr, womit ich gar nicht unbedingt gerechnet habe. Ich genieße diesen Moment mit den Landsleuten unglaublich.

Die Landschaft ist hier lieblich, grün und eben, Wiesen, Sümpfe, Schilfränder. Manchmal spüre ich deutlich, dass das nun bald vorbei ist und hinter alldem der unbegrenzte Horizont auf mich wartet. Aber noch sehe ich ihn nicht.

≈

Dann, eines Morgens, ist es so weit. Wasser wohin das Auge reicht! Ich stelle mich so hoch, wie es auf der Karre nur geht. Noch schimmert der Horizontstrich weit entfernt, aber ich kann ihn schon erkennen! Meine Faust hebt sich und ich schreie, ich schreie wirklich. Ich habe es geschafft! »Andreas, du hast es geschafft! Das Meer! Du hast den Tunnel hinter dir! Du hast dich nicht aufhalten lassen. Du hast nicht aufgegeben. Einsamkeit, Hunger, Gestank und Enttäuschung sind Geschichte!« Mehrfach klopfe ich die Rümpfe der Karre, wie der Reiter den Hals seines Gauls. Wir sind da. Am Tor der Freiheit. Ich schmecke Salz in der Luft. Um 17.30 Uhr an diesem Dienstag erreiche ich Sfântu Gheorghe an der Mündung der Donau in das Schwarze Meer. 4 000 Kilometer europäische Binnengewässer, Kanäle und Flüsse, der Rhein, der Main und die lange Donau liegen hinter mir! Ich kann es noch nicht fassen. Ich sende eine SMS an Sabrina. Ich telefoniere mit meiner Mutter. Es ist ein unglaubliches Gefühl.

Die Begrüßung in Sfântu Gheorghe ist sehr herzlich, immer wieder bleiben Menschen stehen, um mich und die Karre zu betrachten. Der Ort wirkt wie aus einem Western, die Straßen sind nicht geteert und immer wieder fahren Wasserwagen hindurch und besprengen sie, um den Staub zu bändigen. Die Armut beginnt schon hinter der ersten Häuserreihe am Hafen. Aber es ist ein lebendiger Ort, Menschen aus aller Herren Länder sind hier, vor allem mit ihren Schiffen. Sfântu Gheorghe ist durch seine Lage am Delta das Sprungbrett ins Schwarze Meer oder das Einfahrtstor ins europäische Binnenland.

Ich treffe das Tarnfarben-Aluminiumboot aus Bratislava wieder, sein Skipper-Ehepaar und ich begrüßen uns herzlich. Solche Begegnungen sind wunderbar, plötzlich ist man nicht mehr allein in der Fremde. Ein junger Mann schleppt mich mit in eine Bar auf Cevapcici und Pommes frites, was braucht der Mensch mehr? Das Dekolleté der Bedienung ist das Sahnehäubchen. Ich lache in mich hinein: »Ja, mein Lieber. Das hast du dir verdient!«

Mein Aluminiumboot-Kumpel ist am nächsten Tag ebenfalls früh dran, bringt heißes Wasser für den Kaffee und fotografiert mich. Ich wasche Wäsche, sie ist nur noch schwer richtig sauber zu bekommen, der frische Geruch der Seife hält nur für ein paar Stunden. Ich räume das Lebensmittelfach der Karre aus, trockne und reinige es. Von einigen Restlebensmitteln muss ich mich verabschieden, sie haben die Kombination von Hitze und Feuchtigkeit nicht überstanden. Ich kontrolliere die Karre, die Leinen, Verbindungen, die Segel. Und rede nebenbei mit den Leuten, die neugierig stehenbleiben. Ich zeige ihnen meine Routenkarte, ungläubiges Staunen ist die Reaktion. Vier Stunden brauche ich dann für die digitalen Updates. Ich schreibe und poste, übersende neue Fotos und Filme. Ich sitze in einem Restaurant und bekomme eine Suppe von den Jungs, die mir ab und zu interessiert über die Schulter sehen.

Nach dem Hänger in Serbien habe ich, bei all der Auszehrung, dem Schmutz und latenten Hunger, eine innere Ruhe gefunden. Es hat sich in mir ein unerschütterbarer Kern von Kraft und Elan für diese Reise gebildet, der etwas ganz anderes ist als der eiserne Wille, diese Reise überhaupt zu beginnen und mein Ziel zu erreichen. Jetzt bin ich im Fluss. Überhaupt nicht kraftstrotzend, denn die Reise zehrt, aber mein Kern ist lebendig und kraftvoll. Ich kann mir nicht vorstellen, dass ich die Reise nun noch aufgeben werde.

Aber was hält das Meer für mich bereit? Zwar werde ich mich, ähnlich wie bisher, nicht sehr weit vom Ufer entfernen, in Küstennähe bleiben, aber natürlich werde ich weit wetterabhängiger sein als bisher. Ein Gewitter wie das in Kelheim möchte ich auf dem Meer nicht erleben.

Ich will das Meer jetzt richtig sehen, mache mich von Sfântu Gheorghe auf den Weg zum Strand. Das Wetter sieht nicht gut aus, ich schätze die Windstärke auf 7 Beaufort. Als ich den Strand nach einer halben Stunde Fußmarsch erreiche, bestätigen sich meine Vorahnungen. Hohe Wellen brechen sich bis zum Horizont. Heute werden die Karre und ich dir mit Sicherheit noch nicht begegnen, Schwarzes Meer. Du musst auf uns warten. Der Moment wird kommen.

Auch am nächsten Morgen bin ich wieder am Strand. Der Wind hat die ganze Nacht hindurch stark geweht und das Meer ist noch nicht zur Ruhe gekommen. Es bildet einen tosenden Kranz aus schäumenden Wellen gegen den Ausfluss der Donau. Das Wasser des Flusses selbst bleibt, bis zu diesem Wellenkranz, ganz ruhig. Das ist interessant zu sehen. Das ist der Übergang, der jetzt zu schaffen ist.

≈

Samstag, 13. August 2011. Ich wache um 5 Uhr 15 auf. Das Wetter sieht gut aus, der Wind hat sich beruhigt. Ich kann packen und lege ab, ohne noch auf große Abschiede zu warten, es zieht mich weiter. Ich steuere nicht durch die große Mündung hinaus, ich nehme einen Stichkanal, der südlich in eine Lagune führt und erst dann aufs offene Meer. Die Einheimischen haben mir davon abgeraten, aber ich werde es so versuchen. Etwa eine Stunde lang ist noch alles grün am Ufer, fast sumpfig. Das Wasser ist sehr flach, ich muss manchmal die Schwerter und Ruderblätter hochnehmen, um fahren zu können. Ein paar Angler haben sich kleine Schneisen für ihren Sitzplatz ins Buschwerk geschlagen. Ich fahre dahin, durch Seerosen und Seegras. Dann öffnet sich der Kanal und gibt die Sicht frei auf Hunderte von Pelikanen – ein unglaublicher Anblick! Die Ufer weichen zurück und wir scheinen durch das flache Wasser in die Lagune zu schweben, wie ein Blatt, ruhig und schwerelos.

Nur noch eine schmale Halbinsel aus Sand trennen mein Boot und mich vom offenen Meer. Das Wasser hat traumhafte Farben, es schimmert grün und blau. Die Karre nimmt den Druck der Segel auf und schiebt sich weiter. Es ist wunderschön anzusehen, wie der eine und wie der andere Bug die Wasser kurz teilen und wie es sich hinter uns wieder schließt. Erstmals auf dieser Reise verbinde ich mich mit der Karre, ein langes Seil führt vom Sicherungshaken meiner Schwimmweste zum vorderen Beam. Das wird ab jetzt jeden Tag der Reise so sein. Denn sollte ich ohne Anleinung ausrutschen und ins Wasser fallen, wäre die Karre fort, sie würde wie auf Schienen weiterfahren, weg von mir. Ich hätte keinerlei Chance, sie schwimmend wieder einzuholen.

≈

Das Schwarze Meer empfängt uns überaus freundlich. Fast so, als wisse es, dass wir hier sind, endlich angekommen nach langer, anstrengender Fahrt. Seicht und stetig weht der Wind von Land. Schöner, sicherer und einfacher hätte ich mir meinen ersten Tag auf dem Meer nicht vorstellen können. In einer rauschenden Fahrt dreht der Wind nach und nach ein, kommt achterlicher und macht den Tag zum reinsten Glück, während rechts die flachen Strände nur so an mir vorüberziehen. Links liegt nur ein silberner Horizont über einem Meer, das hier bis zu 2 000 Meter tief ist. Mehr als 400 Seemeilen sind es wohl bis Georgien im Osten. 300 Seemeilen liegen jetzt vor mir bis nach Istanbul, wo ich das Schwarze Meer wieder verlassen werde. Wenn der Wind mir hilft, wenn das Wetter so bleibt, dann kann ich in ein paar Tagen schon dort sein.

50 Seemeilen, also fast 100 Kilometer, fahren wir an diesem ersten Tag übers Wasser. Ich bin glücklich. Das Wasser und die Karre tragen mich ruhig und sicher.

18 Seemeilen vor Constanta mache ich für heute Schluss, hinter einer Felskante fahre ich die Karre auf den Strand, ein paar Leute helfen mir beim Hochziehen. Der wunderbare Segeltag endet mit einem wundervollen, sehr sättigenden Barbecue, Andrea und Nicolescu versorgen mich. Ich sitze mit ihnen bis um halb zwei in der Nacht zusammen. Sabrina hat mich mit den neusten Wetterdaten versorgt. Was den Wind angeht, sehen die kommenden Tage gut aus.

Kaum etwas ist schöner, als mit diesem Boot unter Segeln in Bewegung zu sein. Die Karre springt bei jedem Windhauch sofort an, zieht los, trotz ihres beachtlichen Gewichts. Ich kann sie jetzt richtig laufen lassen, es kommt nicht mehr wie auf den Flüssen auf jeden Meter links oder rechts an, wir haben Platz. Ich liebe das. Ich genieße das freie Segeln, das Gefühl der Weite, so knapp über dem Wasser. Diese Tage sind sehr, sehr intensiv für mich.

Dann verändert sich die Küste allmählich, die flachen Sandstrände weichen mehr und mehr einer bedrohlichen Steilküste. Wo kann ich hier anlanden, wenn das Wetter umschlägt? Zunehmend muss ich doch auf den Motor ausweichen, denn der Wind ist oft zu schwach, um richtig voranzukommen, oder verschwindet ganz. Dann muss ich in den sauren Apfel beißen und das Lärmgerät starten. Mein Kocher ist ja schon lange nicht mehr funktionstüchtig, meine Vorräte auf Dinge geschrumpft, die sich nur noch über einem Lagerfeuer genießbar machen lassen. Wie kriege ich mich heute bloß satt? Schon oft habe ich mich über die Bulgaren und Rumänen amüsiert, mich darüber gewundert, wie man den ganzen Tag genüsslich auf Sonnenblumenkernen herumkauen kann. Heute bin also ich an der Reihe, denn es gibt eben nichts anderes. Zwei Tüten mit diesen Kernen befinden sich in einem der beiden Tagesfächer vor den hinteren Cockpits. Na denn mal los, mein Herr. Heute wird nicht mehr herausspringen als das Vogelfutter.

≈

Ich erreiche die Bucht vor Varna. Die große bulgarische Stadt lässt sich jetzt mit bloßem Auge erkennen, das Meer ist spiegelglatt. Vorsichtig fahre ich um die Hafenmauer ins Innenbecken. Kann gar nicht erkennen, wo ich hin muss, um irgendwo festmachen zu können. Da rechts liegt ein weißer, großer Trimaran, an seinem Heck baumelt eine österreichische Flagge. An Bord hat man mich auch schon bemerkt. »Hallo«, ruft es von dort, »mach fest und komm rauf zu uns!« Na, das nenne ich mal unkompliziert. Fender raus, Tampen fest. Zack, zack. Da lasse ich mich ja nicht lange bitten. Warme und freundliche Stimmen begrüßen mich. Bei einem heißen Kaffee und leckeren Keksen erkläre ich den beiden Landesnachbarn, wer ich bin und woher ich komme. Sehr schnell wird mir aber auch aus ihren kurzen Erzählungen klar, dass ich hier nicht irgendwo an Bord bin. Es ist nicht irgendein Trimaran, nicht irgendein Michael und nicht irgendeine Christine. Es ist die »Inzula«: 9,50 Meter breit, 17 Meter lang. Ich bin hin und weg von der handwerklichen Leistung, als Michael sagt, dass er das Ding selbst geplant und gebaut hat. Kaum eine Schweißnaht entgeht meinen Handwerkerblicken, und nichts bleibt letztendlich ohne heimliche Benotung. Der Mast ist beeindruckend. Zwanzig Meter hoch, mit Gitterträgern verstagt. Eine gewaltige

Segelyacht, 16 Tonnen Gewicht, zwölf Schlafplätze. Die beiden bieten mir an, bei ihnen an Bord zu bleiben, eine eigene Kabine zu beziehen und am Abend mit ihnen zu essen. Mir ist, als ob mich sämtliche Engel küssen.

Erst mal muss ich mich hier im Hafen aber noch anmelden. Und dann ab in die City zur nächsten Tankstelle. Es ist heiß, die Sandsteinfarben der Häuser, der Verkehr und die scheinbar ungeordnete Umgebung mit den vielen Menschen – all das erinnert mich entfernt an die alten Truckergeschichten aus dem Fernsehen mit Manfred Krug und seinem Kollegen. Immer wieder sprechen mich die Menschen an und helfen mir, mit einem Fingerzeig auf meine leeren Kanister, die Tankstelle zu finden. An diesem Tag läuft bisher alles glatt und ich kehre froh und erleichtert zur Karre und zur »Inzula« zurück.

Michael sieht nicht aus wie der Freizeitkapitän einer Fahrtenyacht. Der Mann strahlt regelrecht Abenteuer aus, vom ersten Moment an fühlt man das. Es dauert nicht lange, und ich höre ihm einfach nur noch zu. Ob ein Menschenleben für diese Geschichten wohl reicht, geht es mir durch den Kopf, während ich immer tiefer in seine Erzählungen von Korruption, Drogen und einem dreimonatigen Kampf mit Hammer und Brecheisen um sein erstes Schiff »Joshua« eintauche. Ich höre Venezuela und Kolumbien, CIA und Panama. Michael erzählt von den schlimmsten Gefängnissen dieser Welt. Dieser Mann hat mittendrin im Kampf ums Überleben gesteckt. Drei lange Jahre ging es für ihn nur darum. Zum Glück ist das Geschichte und schon etwas her. Ich höre, dass man Menschen in den Drogenumschlagsländern die Kehle aufschneidet und dann die Zunge dort hindurchzieht. »Kolumbianische Krawatte«, lautet die geschmacklose Bezeichnung für diese Mordmethode, und so heißt auch das Buch, das er über seine Erlebnisse geschrieben hat. Man ist still, wenn man das alles hört. Und sehr froh, dass er überhaupt vor einem sitzt und nun ein anderes Leben führen kann. Sehr spät liege ich in einer seiner luxuriösen Kabinen und denke nach über das, was ich heute gehört habe. Denke nach über das Leben, die vielen Narben der Haut meines neuen Freundes. Denke nach über Abenteuer und Naivität, Abgründe und Überleben.

Der Morgen ist viel zu schnell wieder da und für mich wird es Zeit, weiterzuziehen. Chrissi und ich haben gestern Abend etwas von dem bulgarischen Mamaliga vorgekocht, damit ich heute davon etwas zu essen habe. Es fällt mir schwer, Abschied zu nehmen. Auf bald?

≈

Ich segele weiter die bulgarische Küste entlang. Hinter dem Kap Emine folgt die tiefe Bucht von Burgas. Mein Kurs ändert sich von Süd auf Südwest. Fast herrscht Windstille, als ich am Kap Delfine entdecke. Oder besser gesagt: Sie entdecken mich. Zuerst sehe ich nur eine Flosse, dann mehrere. Ich stehe auf, um sie besser sehen zu können. Es sind zwölf, dreizehn, vierzehn Tiere, vielleicht sogar mehr. Sie sind einfach nur wunderbar, und ich fange an zu schreien vor lauter Freude. Immer wieder drehen sie sich im klaren Wasser auf die Seite, inspizieren mein Boot. Es ist seltsam, wie vertraut sie mir vorkommen. Ich empfinde Achtung, fast Ehrfurcht ihnen gegenüber. Bin gerührt und habe Tränen in den Augen. Der Abenteurer auf dem Wasser grüßt die Abenteurer unter Wasser, die ewigen Schwimmer, die Meister der Meister. Auf einmal ist das Leben schwer in Ordnung.

≈

Nordwind kommt auf und entwickelt sich schlagartig mit großer Wucht zu Starkwind. In nur zehn Minuten steigt die Windstärke von nahe 0 oder 1 auf gut 5, vielleicht sogar 6 Beaufort. Sofort entstehen steile und kurze Wellen. Würde der Wind andersherum stehen, gen Land wehen, wäre die Brandung äußerst ungemütlich, aber auch so wird es jetzt sehr nass und ruppig. Ich schätze die Wellen auf zwei Meter Höhe, so hoch wie die Masten meiner Karre. Sie liegt wie immer gut im Wasser, aber ich habe mit den Segeln und dem Steuern gut zu tun. Am vorderen Mast binde ich das Segel zusammen und verkleinere das hintere, es ist mir zu viel Druck auf den Masten. Ich will den nächsten Hafen anfahren, zwei Seemeilen sind es noch bis dahin.

Wie immer, werfe ich vor der Hafeneinfahrt den Motor an. Ich segele niemals hinein – auf schwierige Manöversituationen in den vielleicht engen Hafenbecken kann ich gut verzichten. Auch bei noch so bockender See muss ich die restlichen Segel wegnehmen und den Motor starten. Aber jetzt springt er nicht an, verdammt! Ich muss in diesem harten Wellenschlag, dem ungeheuren Gerüttel und Geschaukel, die Zündkerze wechseln. Eine 50-Fuß-Yacht ist in der Nähe und die 10-Mann-Crew beobachtet, ob ich mit der Situation klarkomme. Sogar die Mannschaft auf dem großen Schiff hat ihre liebe Mühe mit dem Bergen der Segel bei diesem Wind und den steil aufkochenden Wellen. Das Meer macht keinen Unterschied zwischen Yacht und Karre, hier sind wir alle gleich. Beide Boote schaffen es am Ende.

Ich bin stolz auf meine Nussschale. Das war die erste Bewährungsprobe auf dem Meer. Auf dem anderen Boot ist offenbar mehr schiefgegangen als bei mir. Sie haben sich eine Leine in die Antriebsschraube gefahren, hatten Probleme mit dem Wegnehmen des Vorsegels, und der Skipper hat sich bei alldem verletzt, er blutet und braucht ärztliche Versorgung. Ich habe zum Glück nur die Karre und mich etwas trocken zu legen und mich zu erholen. Der kleine Ort, in dem wir gelandet sind, heißt Nessebar. Anderthalb Kilo Grillfleisch und zwei Liter Bier wandern heute noch in die Verliese der Karre, das Geschenk eines anderen Katamaran-Seglers.

Am folgenden Tag wiederholt sich das Schauspiel, nach

morgendlichem Schwachwind läuft später die Windmaschine umso stärker, offenbar ist es ein thermischer Effekt. Ich werde das in den kommenden Tagen berücksichtigen, früh rausgehen und lieber Pause machen, wenn der Wind zu wuchtig wird. Mein Tagesablauf verändert sich dadurch. Überhaupt ist meine Fahrtsituation eine andere, seit ich die Donau verlassen habe. Ich kann nicht mehr einfach zu jeder Zeit anhalten und anlanden. Alles hängt von der Beschaffenheit des Ufers und vom Wetter ab. Selbst dann, wenn ich ein gutes Stück Strand gefunden habe, kann ich die Karre nicht allein aus dem Wasser ziehen, dafür ist sie viel zu schwer. Meine Landungslogistik ist eindeutig komplizierter geworden.

Sabrina versorgt mich fürs GPS-Gerät mit den Koordinaten von Häfen und Buchten; via Computer verfügt sie normalerweise über genauere Daten als ich in meiner Karre. Wann immer ich die Gelegenheit habe, gucke ich mir vorher auf Google die Küsten- oder Hafensituationen an. Aber im Detail kenne ich mich nie aus. Und der Blick von einem Meter Höhe über dem Wasser ist nun mal eine andere als die Google-Vogelperspektive. Ein Leuchtturm oder ein anderes Seezeichen ist auf Google fast nicht zu erkennen, für mich aber von immenser Bedeutung und im günstigen Falle auch gut sichtbar. Dafür überlappen sich Felsen und Mauern, sind zum Beispiel Hafeneinfahrten manchmal erst wenige Meter vor den Molen zu erkennen. Bei Seegang, in Wind und Wellen, kann diese Situation sehr meine Konzentration beanspruchen. Von einer Welle auf einen Stein oder gegen die Mole geschmettert zu werden, würde weder den Rümpfen der Karre noch mir gut bekommen.

≈

Am 23. August erreiche ich die Türkei. An der Grenze weht die große rote Flagge mit weißer Mondsichel und Stern. Eine Woche, nachdem wir uns kennengelernt und gleich wieder verabschiedet haben, treffe ich Michael und Christine mit ihrer »Inzula« wieder. Limanköy heißt der kleine Ort hinter der türkischen Grenze, wo sie liegen. Wir freuen uns sehr über das Wiedersehen. Wieder bewirten sie mich gut, und Mike beantwortet erneut alle meine Fragen nach seinem abenteuerlichen Leben. Wieder schlafe ich in den duftenden Betttüchern der Koje im Vorschiff.

Der nächste Tag ist der härteste Tag auf See, den ich bisher erlebt habe. Michael und ich hatten besprochen, dass er die Karre und mich heute schleppt. Vielleicht war das der Fehler. Der Wind weht uns entgegen, er soll weiter auffrischen, und es gibt wenig Schutzmöglichkeiten an dieser Küste. Was folgt sind 10 Stunden Schlagen, Rucken, Zerren an der Leine hinter der »Inzula«. Michael und Christine sehen nicht nur einmal nach achtern, ob bei mir noch alles erträglich ist, in Ordnung ist es schon lange nicht mehr. Dass ich von der ersten Minute an vollkommen durchnässt bin, brauche ich kaum zu erwähnen. Es ist ein furchtbarer Tag. Zur Versorgung und als Aufheiterung lassen Mike und Chrissi einen Korb mit Kaffeekanne, Kaffeetasse und Keksen an der Schleppleine zu mir hinüberrutschen. Das Manöver klappt und weckt in mir neue Lebensgeister. Erst gegen 17 Uhr können wir abbrechen. Ich bin komplett alle, fix und fertig, mit Jack und Büx. Aber immerhin sind es nur noch 19 Seemeilen bis zum Bosporus. Wir essen selbst gebackenes Brot, und bald liege ich wieder in der Vorkoje.

Um 5 Uhr stehe ich auf, Chrissi und Mike wecke ich eine halbe Stunde später. Ich werde die gemächlichere frühe Phase jetzt nutzen. Operator Sabrina hat für 9 Uhr bereits wieder Starkwind angekündigt. Ich werde heute wieder selbst fahren, noch einmal lasse ich mich nicht schleppen, nicht hier und nicht durch diese Wellen. Chrissi packt mir noch zwei Äpfel und Käse ein. Dann lösen sie auf der »Inzula« die Leine. Der Wind dreht auf Ostsüdost, und es wird nichts mit dem Segeln. Das ist genau die Richtung, in die ich muss. Es hilft nichts, der

Motor muss es jetzt bringen. Die »Inzula« fährt parallel zu mir, näher an Land, sie behalten mich im Auge. Wir fahren gegenan, die Wellen schlagen wieder hoch, ich bin nass wie gestern, aber es rüttelt und ruckt nicht ganz so wie am Tag zuvor. Es ist anstrengend, aber es ist besser.

Meine Beine sind versalzen und von der Sonne verbrannt, als wir den Kurs endlich ändern können und nach Südwesten in den Bosporus einfahren. Ich kann die Segel aufmachen und mit Schmetterlingsstellung, rechts und links je eines der offenen Segel, vor dem Wind in den Durchstich zum Marmarameer steuern. Hier also bahnte sich vor tausenden von Jahren das Wasser seinen Weg und machte aus dem Schwarzen Meer ein Meer mit Zugang zu den Ozeanen. Es macht großen Spaß, so in die Meerenge hineinzusegeln, die kleine Karre durch die entgegenkommende Frachter und Fähren zu steuern.

Nach der Ausfahrt aus dem Donaudelta gerate ich in den nächsten großen Gefühlstaumel: Aus den ärmlichen Landschaften in Rumänien und Bulgarien kommend, segele ich jetzt – wie durch einen Vorhang hindurch – in eine andere Welt, in den Orient. 4 600 Kilometer liegen hinter mir, und ich habe das erste große Ziel meiner Reise erreicht. Istanbul ist nahe! Meine Faust streckt sich zur Siegerpose in die Luft. Hier war ich schon einmal mit Koray. Koray ist nicht nur einfach der Name meines türkischen Blutsbruders aus vergangenen Stuttgarter Zeiten. Nein, dieser Name ist mehr. Er ist ein Gefühl, das in mir wohnt. Ein wenig ist es wie eine erste Heimkehr. Ich kann es noch gar nicht richtig fassen. »Andreas Gabriel, was bist du nur für ein Freak!« Ich heule und lache zugleich. Und das alles auch noch bei diesem Kaiserwetter unter tiefblauem Himmel!

Den Bosporus will ich unter Segeln genießen. Acht Knoten Geschwindigkeit sind schnell erreicht. Es ist unglaublich schön hier. An Steuerbord stehen farbenfrohe Häuser, bis ans leuchtend grüne Wasser herangebaut. Fast alle haben ihre eigene Anlegestelle für Boote. Die Geschwindigkeit der Karre geht etwas runter, auch gut, dann habe ich etwas mehr Zeit zum Gucken.

Plötzlich ertönt dieser laute, muslimische Lautsprechergesang, an den ich mich von vergangenen Über-Land-Besuchen der Türkei noch erinnere. Ich mag das. Mehr Orient ist kaum möglich. Michael ist schon weitergefahren, ich sehe ihn nur noch ab und zu durchs Fernglas. Unsere Wege trennen sich hier wieder.

Die Häuser werden zahlreicher, ich spüre körperlich, wie ich mich der Riesenstadt nähere. Bereits nach einer Stunde habe ich den Kern der Metropole erreicht, viel schneller, als ich anfangs dachte. Langsam wird mir etwas mulmig, da ich bisher nicht wirklich einen gescheiten Platz für mich zum Anlegen und Übernachten entdecken konnte. Da hinten grüßen schon die alten Moscheen und das Marmarameer, wie aus dem Nichts strömen Fähren, Frachter und Wassertaxis in Scharen und aus allen Richtungen auf mich zu. Und lassen mich unruhig werden. Wohin? Wo kann ich festmachen?

Ich fahre zurück. Ich meine, ich hätte irgendwo einen etwas ruhigeren Platz an so etwas wie einem grünen Park gesehen. Nach einer Meile Zurückfahrerei finde ich den Platz wieder. Mühevoll manövriere ich die Karre durch die Mooring-Yachten. Fender raus, Vor- und Achterleine schnell irgendwo angebunden und: fest! Oben ohne und klitschnass sacke ich auf der von der Sonne erwärmten Betonkante etwas in mich zusammen. »Feierabend für heute« und »siebzehn Millionen Menschen!« geht es mir durch den Kopf.

≈

In etwas Entfernung erspähe ich jemanden, der aussieht wie ein Sicherheitsbeamter. Den werde ich fragen, wo genau ich hier bin: »Hey, Mister, I am sorry, weißt du, wie der Ort hier heißt?« Mit meiner englischen Frage kann er nichts anfangen. Ich zeige auf den Boden und versuche es abermals: »Hamburg? New York? Paris?« Jetzt versteht er: »Istanbul Bebek.« Ein sympathischer junger Typ bestaunt mein Boot. Aus zwanzig Metern Entfernung nicke ich ihm zu. Sein Englisch ist gut und sofort fällt mir sein Lachen auf. Utku heißt er. Innerhalb weniger Minuten habe ich ihm erklärt, woher ich komme und was es mit meiner Sache auf sich hat. Noch bevor ich fertig bin, überrascht er mich mit der Frage: »Was brauchst du?« Etwas mehr als eine Stunde später sind wir wieder zurück. Utku hat soeben zwei meiner Benzinkanister gefüllt und mich außerdem in einen Supermarkt geschleppt, in dem ich bitte alles mitnehmen soll, was ich benötige. Er greift in die Regale, als wolle er einem Mann, der seit Jahren nicht mehr das Licht gesehen hat, eine Freude bereiten. Drei Brote, Oliven, mehrere Wurst- und Fischdosen, Obst und Gemüse, zehn Liter Wasser, Milch, Käse, Kaffee. In seiner Euphorie hat er nicht bedacht, dass wir den ganzen Einkauf auch noch gut fünf Kilometer zu meiner Karre schleppen müssen. So kann es nicht anders sein, als dass uns bei unserer Rückkehr der Schweiß nur so hinunterläuft.

Immer wieder führe ich an diesem Tag Gespräche mit Schaulustigen und Anwohnern. Ich bin unglaublich froh, hier zu sein und überrascht, dass das Interesse derartige Ausmaße angenommen hat. Mit dem Sicherheitsdienst des ägyptischen Konsulats habe ich mich regelrecht angefreundet, und die Tatsache, dass ich direkt am Zaun des Konsulats mein Nachtlager aufschlage, sorgt hier nur noch für mehr Aufmerksamkeit, aber niemand stört sich daran. Gegen 22.30 Uhr falle ich in mein erstes Istanbuler Koma, regelrecht erschlagen von dieser unfassbaren Gastfreundschaft. Ich fühle mich geborgen inmitten einer fremden Stadt mit siebzehn Millionen Einwohnern. Mehr als eine Stunde benötige ich um einzuschlafen, so viel geht mir durch den Kopf.

Die Nacht ist schnell vorbei. Auf einer der Parkbänke direkt vor meinem Boot lerne ich Engin kennen. Er ist Student und verspricht mir, nach ausgiebigem Gespräch, für den späten Vormittag seine Hilfe, um mit mir die zuständigen Behörden im Stadtteil Karaköy zu finden. Neben uns nimmt für einen kurzen Moment eine hübsche Frau Platz, deren Alter ich auf ungefähr sechzig Jahre schätze. Sie absolviert an meiner Anlegestelle jeden Morgen ihren Frühsport im Wasser. Ich freue mich sehr über ihre etwas holperigen Deutschkenntnisse mit charmant-orientalischer Note. Ihre Einladung auf einen Kaffee-Plausch bei sich zu Hause nehme ich sehr gern an. Bereits gegen 11 Uhr haben Engin und ich im zwanzig Kilometer entfernten Karaköy die diensthabenden Polizisten in ein Gespräch verwickelt – und eine Stempel-Odyssee der besonderen Art vor uns. Das wissen wir zu diesem Zeitpunkt allerdings noch nicht. Hier könne man mir nicht helfen, denn ich müsse erst ein Transitlog kaufen, das in der richtigen Reihenfolge mit Stempeln gespickt werden müsse. Dass es Geld kosten würde, hatte ich bereits in Bulgarien von anderen Seglern gehört. Mehrere Kilometer sind wir jetzt schon zu Fuß unterwegs und mein Herzschlag beschleunigt sich spürbar, je näher wir dieser Transitlog-Behörde kommen. Es geht durch schmale Gässchen, über viel befahrene Straßen, vorbei an intensiven Gewürzgerüchen und Wasserpfeifen-Cafés, bis wir plötzlich vor einem gläsernen, modernen Gebäude stehen. »Da ist es«, sagt Engin. Ich rate ihm, draußen vor dem Gebäude unauffällig auf mich zu warten, um nicht in finanzielle Mitleidenschaft gezogen zu werden. Um die Geschichte abzukürzen, die nun passiert: Nicht nur, dass ich vollkommen problemlos meine Bewilligungen und Unterlagen bekomme – nein, zuvor werde ich auch noch in der Cafeteria der Behörde mit einem Menü versorgt. Alles ist nach kurzer Zeit perfekt. Und obendrauf bekomme ich noch ein Care-Paket, das für Bedürftige vorgesehen ist. In gewissem Sinne bin ich das ja auch, wenn auch nicht der Prototyp, für den diese Pakete gepackt wurden. Vier Stempel von unterschiedlichen Behörden sind nun noch nötig, für heute aber beschließe ich, zum Boot zurückzukehren, denn es erscheint mir unmöglich, mit diesem Ballast noch weitere Behördengänge zu unternehmen.

≈

War ich nicht heute Morgen von der hübschen Dame auf der Bank zum Kaffee eingeladen worden? Ihr Haus liegt nur über die Straße hinweg. Ein Mann mit fragendem Gesicht öffnet mir dort die Tür nur einen Spalt breit. Er geht und holt jemanden. Ja, ich bin richtig. Nergis heißt die nette Dame und ihr Name ist nur ein kleiner Teil der vielen Informationen, die mir nach und nach bei Kaffee, Bier, Tee, Keksen und noch mal Kaffee, Bier, Tee und Keksen auf herzliche Art zukommen. Wie ich unter anderem erfahre, ist sie WWF-Mitbegründerin der Türkei. Wir versinken in unser beider Erzählungen. Nergis' ruhige Ausstrahlung und ihre Bildung, gepaart mit einem feinen Humor, faszinieren mich. Für 19 Uhr bietet sie mir ihre Waschmaschine an. Also noch mal kurz an die Karre. Aber fast pünktlich, mit meiner dreckigen Wäsche, bin ich wieder an ihrem Haus, wenn auch etwas außer Atem. »Alles okay«, lächelt sie, »du bist jetzt hier, und wir haben Zeit.«

Unterstützt von Wein und leckeren türkischen Spezialitäten, bieten wir dem jeweils Anderen eine kleine Reise durch das eigene Leben. »Ich mache deine Wäsche ein bisschen trocken über Nacht, schlaf gut«, sagt sie zum Abschied, und nur Minuten später liege ich wieder in meinem Zelt am Zaun des Konsulats.

Der Morgen beginnt mit einem Kaffee von dem Restaurant und einem Architekten auf der hölzernen Parkbank. Er nutzt sie häufig und fast jeden Morgen, um sich für einen Moment vom Frühsport im Wasser zu erholen. Seine Aussprache in gut geschultem Englisch ist ruhig, doch sein heftiges Augenzwinkern zeugt von Unsicherheit. Er erzählt von seiner Frau, seiner

Mutter und vielen Fehlern, die er im Leben gemacht hat. Aufmerksam genieße ich den gemeinsamen Faden, den wir für Erzählungen und Erfahrungen aus unseren Leben gefunden haben. Es kommt mir wie ein Ritterschlag vor, als Gökhan nach anderthalb Stunden zu mir sagt: »Danke für dieses Gespräch und die Inspiration, Andreas. Ich werde das in Zukunft in meinen Gedanken mitnehmen. Gott beschütze dich.« Ich hatte schon viele herausragende Treffen, bis zu diesem Zeitpunkt. Begegnungen, deren Besonderheit nur schwer in Worte zu fassen war. Dieser Moment ist einer von ihnen.

10 Uhr, es ist Samstag. Die Behörden haben höchstens bis Mittag auf und Utku ist immer noch nicht da, er wollte mir heute helfen. Ich werde nicht länger auf ihn warten können, brauche aber diese vier Stempel noch. Mit meinen Papieren unterm Arm halte ich oben an der Straße meinen Daumen raus. Fünf Minuten später quietschen die ersten Reifen. Was folgt, ist eine Odyssee durch die Stadt, von Pontius zu Pilatus. Ohne Utku bekomme ich nichts gebacken. Um 16.15 Uhr klingelt mein Handy, Utku ist dran. Ich soll in zwanzig Minuten wo sein? Bei einem blauen Gebäude? Ein Freund von einem Freund kommt extra wegen mir dorthin für den ersten Stempel in meinem Transitlog? »Na klar, Utku, ich bin unterwegs. Ja, Utku … ich bin gleich da!« Bin ich aber nicht, jedenfalls nicht da, wo er mich hinbestellt hat. Utku muss zu mir kommen, sonst wird das nichts. Und dann geht die Stempel-Arie erst richtig los: Nach dem Arzt-Stempel folgt der Seaport-Stempel im 25 Kilometer entfernten Ataköy, dann der Polizei-Stempel und als Letztes soll ich dann wieder hier im blauen Gebäude erscheinen. Warum so ein Aufwand für ein paar Stempel? Warum diese Rennerei durch halb Istanbul? Es ist schon spät und wir haben erst den zweiten Stempel. Utku und ich beschließen, Feierabend zu machen. Um 22 Uhr kann ich im Restaurant der berühmten Brücke vor den alten Moscheen kaum noch meine Augen offen halten.

Stempel Nummer 3 erhalte ich am Montagmorgen um 9.30 Uhr. Und der finale Stempel schlägt auf meinen Papieren weniger als eine Stunde später ein. Ich bin fast ungläubig vor Glück und kann diesen Marathon immer noch nicht begreifen. Den Rest des Tages verbringe ich zusammen mit Nergis. Ein wunderbarer Resttag, plus einem schönen Bonus: Ich kann mit meinen Jungs und Sabrina skypen. Es fällt mir trotz guter Stimmung nicht leicht, sie nur auf einem Bildschirm zu sehen.

Ich habe in Nergis' Gästezimmer geschlafen. Wir sind beide früh wach und beschließen, dass ich noch eine Nacht länger hier bleiben werde, um in Ruhe fertig zu packen und zu früher Stunde ohne große Zeitverluste gestärkt zu starten. Es wird mein ruhigster und erholsamster Tag in Istanbul. Die Stadt hat mich in diesen Tagen sehr ergriffen, und ich weiß, dass die Situation hier besondere Worte verdient hat. Es ist der 122. Tag meiner Reise, der 31. August 2011. Fast vier Monate Fahrt liegen hinter mir. In Istanbul habe ich eine zweite Heimat gefunden. Ich wusste es vorher, und es hat sich in einem unerwarteten Ausmaß bestätigt.

≈

Nach der Abfahrt aus Bebek erlaube ich mir einen Abstecher in das Goldene Horn mit seinen alten Moscheen. Leichter Dunst liegt über der Bucht. Hier war ich schon als Zwanzigjähriger, zu viert besuchten wir damals eines der ältesten Hammams der Stadt. Es war das erste Mal, dass ich diese Art der rituellen Reinigung erlebt habe. Als Vierzigjähriger bin ich jetzt auf einem besonderen Weg hierher zurückgekehrt. Im Goldenen Horn ist es unglaublich voll, der Schwell der Bug- und Heckwellen der vielen Boote sorgt für ein wildes Durcheinander auf dem Wasser, die Karre wird geschüttelt und gerüttelt. Ich mache nur ein paar wenige Fotos, dann fahre ich wieder aus der Bucht hinaus. Es wird Zeit für mehr Ruhe.

Am Abend dieses Tages lande ich am Strand eines Istanbuler

Vorortes. Das Ende der Megastadt ist noch lange nicht erreicht. Von Nergis kommt eine SMS, dass ich ihr unter die Haut gegangen bin. Das ist schön gesagt, ich bin froh, sie kennen gelernt zu haben. Hoffentlich sehen wir uns irgendwann wieder. Ich sitze noch mit dem alten Fischer Hassan zusammen. Sprachlich kommen wir nicht zusammen, er kann kein Englisch, kein Deutsch, und ich kein Türkisch. Wir trinken gemeinsam ein Bier. Es ist ein langer Moment sprachloser Gemeinsamkeit. Hassan schläft über seinem Bier ein. Auch das ist schön.

Zeit spielt schon lange eine veränderte Rolle für mich. Ich bin, wo ich bin, ich treffe, wen ich treffe. Die Art und Weise, wie ich auf die Menschen zugehe, kommt zu mir zurück. Bin ich offen und freundlich, ohne aufdringlich zu sein, werde ich nicht schroff abgewiesen, wird mir zugehört. Natürlich treffe ich auch auf Hierarchien, auf Vorschriften, aber eigentlich nicht auf soziale Grenzen. An meine Kontakte zur Upper Class Istanbuls in Bebek schließt sich das Beisammensein mit dem sicher nicht so gut gebetteten Fischer Hassan nahtlos an. Damit habe ich schon jetzt etwas gewonnen und erlebt, das ich nur vermutet habe, das aber ein zentraler Impuls für meine Reise war: Sie führt mich gegen alle Vorurteile, auch gegen meine eigenen Vorurteile, zu den Menschen.

Am Nordufer des Marmarameers, an dem ich jetzt entlangsegele, ist die Anlandung einfach. Bei den Strandauffahrten wird mir geholfen, fast immer greifen sofort helfende Hände zu. Die Menschen sind sehr freigiebig. Eine Woche dauert mein Weg an dieser Küste, bis sich die Ufer des Marmarameeres wieder aufeinander zu bewegen. Auf der asiatischen Seite muss hier irgendwo Troja gelegen haben. Und die Meerenge selbst war oft Schauplatz von Schlachten. Das kann ich mir gut vorstellen, wenn ich die nur wenige Kilometer breite Durchfahrt der Dardanellen jetzt vor mir sehe. In diesen Trichter bläst mich der Wind richtig hinein. Die Wellen laufen zwischen den felsigen

Ufern hoch auf, die Karre surft auf ihnen, und ich freue mich. Wie immer rufe ich laut, ich spreche mit der Karre, mit dem Wetter, mit den Wellen. In Çanakkale lande ich erstmals auf dem asiatischen Ufer. Die Dardanellen sind hier nur noch einen Kilometer breit.

Um 5 Uhr am nächsten Morgen bin ich bereits fertig mit meinen Vorbereitungen und klar zum Auslaufen, doch die Sonne ist wieder einmal zu langsam, und so warte ich also, warte und warte! Mir bleibt etwas Zeit nachzudenken: Wo will ich heute überhaupt hin? Die Küste scheint sehr übersichtlich zu sein, wenn ich aus den Dardanellen raus bin und Kurs nach Süden nehme. Über 4 Windstärken soll es heute kaum hinausgehen, seine Richtung aus Nordost ist dann aber doch eine Besonderheit für mich. Das hört sich nach einem guten Segeltag an! Für mich steht nun fest, dass ich die Türkei über die griechischen Inseln Samos, Ikaria und Mykonos verlassen werde und nicht den Kurs über die Nordküste der Ägäis nehme. Diese Entscheidung erscheint mir richtig in Bezug auf den längeren Nordkurs. Ob sie auch richtig ist hinsichtlich der mir gegebenen seefahrerischen Möglichkeiten, weiß ich nicht.

Los geht's! Unter Außenborder steuere ich auf die Ausfahrt der Dardanellen zu und habe auf einmal leise Zweifel, ob ich auf dem richtigen Weg bin. Sabrina muss helfen: »Guckst du mal auf die Karte? Ist da noch eine Insel am Ausgang? Muss ich mich eher rechts halten, oder nach links, dicht unter Land?« Nur Minuten später kommt ihr Okay: »Nein, da ist nichts, du musst einfach nur geradeaus fahren, das wirst du ja wohl schaffen, was?« »Ja, ja«, denke ich, »red' du nur. Wenn du wüsstest, wie die Küste hier aussieht. Es ist verdammt schwer zu erkennen, wo ich langfahren muss. Jeder Umweg kostet mich Zeit.«

Nach zwanzig Minuten habe ich das Leuchtfeuer der Dardanelleneinfahrt erreicht. Der Wind kommt jetzt knackiger und pustet tatsächlich aus der versprochenen Richtung.

»Jiiiiihaaa! 7 bis 8 Knoten, das wird ein guter Tag.« Ich freue mich über die Rauschefahrt, die Geschwindigkeit und die Tatsache, dass ich, ohne einen Tropfen Benzin zu verpulvern, wesentlich schneller unterwegs bin als mit dem teuren und lauten Motor. In zwanzig Metern Entfernung passiere ich vor der Küste ein kleines Ruderboot, auf dem ein alter Mann seine Arbeit verrichtet. Der Fischer fuchtelt mit seinen Armen in Richtung der Schaumkronen, die ich vor uns deutlich erkennen kann. Flachwasser! Ich signalisiere ihm meinen geringen Tiefgang und rausche nur Minuten später zwischen vom Wasser aufgewühlten Stellen hindurch und habe dabei Grundsicht. Es ist kein gutes Gefühl, aber die Schwerter und Ruderblätter bleiben unten. Es ist tiefer, als es aussieht. Wieder einmal ist es gut gegangen. Wasser schäumt nur da, wo die Felsen bis unter die Wasseroberfläche reichen und sogar für mich gefährlich werden können. Niemals fahre ich absichtlich über solche schäumenden Wellen.

Die Wasserfarben ändern sich jetzt. Das Grün der Dardanellen ist gänzlich verschwunden, das Meer der Ägäis wird mit jeder Meile blauer. Der Wind legt zu, ist jetzt über 4 Stärken hinaus, und die Wellen bauen erste Schaumkronen auf. 10 Knoten Geschwindigkeit zeigt mein GPS, die Karre schießt die Wellen hinab. Ich bin schnell! Oh, Mann, ich bin sehr schnell! Ich bin so schnell – wie lange mag das noch gut gehen? Ich muss höllisch aufpassen, und meine Freude verwandelt sich allmählich in Wachsamkeit und Anspannung. Nach zwanzig in kürzester Zeit abgesegelten Meilen bin ich schon fast in Sorge um mich und mein Boot. Der Surf, die Welle hinunter, ist die Hölle. 14 Knoten. Ich habe 14 Knoten auf der Uhr? Das ist zu schnell. Das ist definitiv zu schnell. Ich muss Druck rausnehmen, das vordere Segel runterholen! An sich mag ich diese Grenzerfahrungen und freue mich über den höllischen Speed, aber wenn sich das Boot bei dieser Geschwindigkeit im Surf in eine Welle frisst, gehe ich kopfüber. Dann bin ich verloren.

Es gibt einfach keine Garantie dafür, dass ich die nächsten Stunden so konzentriert weitermachen kann und jede Welle richtig einschätze. Eine einzige Unaufmerksamkeit, ein Fehler und das war's. Das ist es nicht wert! Meine Griffe sind schnell: vorderes Segel mittschiffs, Spriet runter, wieder ans Ruder. Kurs halten. Mittlerweile leichtfüßig springe ich von hinten nach vorne und umgekehrt, ohne viel Fahrt zu verlieren. In Sekunden ist der Baumniederholer los, der Baum hochgeklappt und das Segel mit einem Tampen zusammengeschnürt und festgemacht. Das muss von außen aussehen wie eine einstudierte Zirkusnummer, geht es mir durch den Kopf. Ja, jetzt ist es besser, ich habe wieder mehr Kontrolle. Gut so! Aber der Wind legt noch zu, und die Wellen erscheinen in einer von mir noch nicht gesehenen Höhe und Geschwindigkeit. Ich mache immer noch 8 bis 10 Knoten mit jetzt nur noch 3,5 Quadratmeter Segelfläche. Wahnsinn!

Einen Hafen habe ich schon passiert, aber der Tag war noch zu jung. Ein zweiter kommt jetzt in Sicht, aber die Wellen sind jetzt einfach zu krass. Bei halbem Wind und diesen aggressiven Wellen werde ich diesen Hafen nicht anlaufen können, ohne Schaden zu nehmen. Immer wieder führe ich Gespräche mit mir selbst: »Noch etwa 15 Meilen, Andreas, dann macht das Land einen Schlenker nach Osten. Da müsstest du in den Windschutz der Berge gehen, und die Wellen dürften dort eigentlich nicht mehr so angriffslustig sein. Weiter, Chef! Das packst du nun auch noch!«

Auf 6 bis 7 Windstärken hat die Pusterei zugelegt, als ein vorgelagerter markanter Felsen in Sicht kommt, von dem ich mir erhoffe, dass es dahinter nach Osten geht und er meine Rettung bedeutet. Meine Hoffnung wird erfüllt, direkt hinter dem Felsen ist ein Hafen zu erkennen. Aber soll ich da hinein? Oder doch noch weiter? Im Schutz der Felsen wird es auf meinem Kurs nach Osten plötzlich schlagartig ruhig, als hätte jemand einen Schalter umgelegt. Trotz schwerer Winde kommt hier im Schutz der Felsen nichts mehr davon an. Die kleinen Plitschiplatschi-Wellen könnte ich locker in einer Badewanne erzeugen. Aber der nächste Schreck lässt nicht lange auf sich warten, als mir mit einer urgewaltigen Kraft schlagartig die Schot aus der Hand gerissen wird. Fallwinde! Gehört hatte ich schon von den gefürchteten Fallwinden der Ägäis, trotzdem treffen sie mich unvorbereitet. »Keine Welle und so einen Winddruck? Das nimmst du nun auch noch mit, mein Lieber.« Urplötzlich und immer wieder knallt der Wind in kurzen wütenden Schlägen über die Berge und beschleunigt meine Karre gleich einem Auto mit Verstopfungen in der Benzinleitung. 2 Knoten Geschwindigkeit, dann plötzlich Stillstand. Vorsichtig halte ich die Schot in der Hand, hole sie etwas dichter und warte ab, was geschieht. Mit einem lauten Knall ist schon die nächste Böe da und beschleunigt die Karre auf bis zu 8 Knoten. Im nächsten Moment dann wieder … nichts. Es ist nicht zu fassen, der Wind hustet uns förmlich von Böe zu Böe. Von Felsen zu Felsen. Vorbei an einem vor Anker liegenden Segelboot, dessen Mast in der Windlast der Böen zittert. »You are a great sailor!«, ruft einer der beiden Männer an Bord zu mir herüber und reckt begeistert den Daumen nach oben. Ich lache und denke: »Ja, du könntest recht haben, ist ein schnittiger Tag heute.«

Doch so langsam verlässt mich die Kraft, während ich Meile um Meile an der Küste entlangzuckele. Trotz warmer Strandtemperaturen fängt mein Körper an zu zittern. Ich werde bald etwas finden müssen, um den Tag zu beenden.

Das Wasser ist unglaublich schön geworden. So ein Blau habe ich noch nie zuvor gesehen. Ich fahre auf dunkelblauer Tinte. Da links scheint irgendetwas zu kommen. Es sieht aus wie eine kleine geschützte Bucht. Kaum läuft da Brandung auf den kiesigen Strand. Schluss für heute. Mann, was bin ich müde! Neben zwei Fischerbooten, die hoch auf dem Strand liegen, lasse ich meine Karre auf den Sand gleiten. Es sieht hier aus wie ein kleines Touristendorf. Nur ein Hotel, ein oder zwei Restaurants und ein paar Häuser. Es scheint nicht viel los zu sein. Sokakağzı heißt das Örtchen, so höre ich.

≈

Fallwinde quälen meinen Schlaf die ganze Nacht hindurch. Um 4 Uhr muss ich raus zum Pinkeln. Natürlich versuche ich noch das Zelt in Windrichtung zu platzieren, aber der Wind kommt aus allen Richtungen und ist gnadenlos. Innerhalb von höchstens fünf Sekunden hebt mein Schlafgemach einfach so vom Boden ab, mit allem, was sich darin befindet, und kommt erst 50 Meter weiter wieder runter. Das Zelt war noch offen und meine größte Sorge ist, dass der Kleinkram diesen Flug nicht schadlos überstanden hat. In der stockdusteren Nacht mache ich mich ans Einsammeln. Schlafsack, Klamotten, Matratzen, alles ist durcheinander oder hat sich auf kunstvolle Art und Weise ineinander verknotet. Fotokram, Fernglas, Kugelschreiber und Tagebuch? Zum Glück alles noch da. Im Sand wären die kleinen Sachen nicht mehr auffindbar gewesen und im Wasser vielleicht sogar hinüber. Ich versuche wieder einzuschlafen.

Um 7 Uhr ist schon wieder alles fertig gepackt. Nachtangler, die auf den Promenaden oder in ihren Autos wach werden, laden mich zum Frühstück ein. Als ich um 10 Uhr ablege, haben sich die Winde deutlich beruhigt und drücken mich nur schwach aus der Bucht hinaus, ohne dass ich den Motor benötige. Doch plötzlich sind sie ganz weg, ich segle in einer windlosen Zone. Die Natur treibt ihre Spielchen mit mir, so viel ist sicher. Erst nach drei Meilen kommt wieder Wind auf, dazu noch aus einer völlig anderen Richtung. Das Meer wirkt nun etwas bedrohlich, und über Stunden bin ich voll konzentriert und in allerhöchster Alarmbereitschaft, denn ich weiß nicht genau, wie die Situation einzuschätzen ist. Kurze, hackige Wellen mit weißen Schaumkronen rollen an. Wolken verdecken immer wieder die Sonne.

Die Navigation bleibt in den nächsten Tagen schwierig für mich, ich habe nach wie vor Probleme, meinen Standort zu ermitteln. Einerseits bin ich mit den immer noch extrem wechselnden Windverhältnissen weiter gut beschäftigt, andererseits bleibt es aus der Position auf der Karre einfach schwierig, ruhig mitzukoppeln, wo ich bin. Besser ist es, wenn ich nach Wegepunkten fahre. Ich bereite die Tage weit im Voraus mit der Eingabe auf das GPS-Gerät vor. Die Seekarten habe ich auf dem PC, lege die Route in etwa fest und gebe dann die Punkte dieser Route ein. Das GPS-Gerät hängt am hinteren Mast, in Griffweite. So weit gut und richtig, nur leider spielt das GPS-Gerät selber bald nicht mehr gut mit. Unterbrechungen treten auf. Die Kabelverbindungen sind für die Dauerbelastung auf der Karre nicht wasserfest genug, alle Metalle sind stark oxydiert. Nach einer sorgfältigen Säuberung der Kabelstecker sind die Ergebnisse wieder besser.

≈

Ich komme in diesen Tagen gut voran. Das Wetter hält sich, es ist warm, die Sonne scheint. Ich kann überwiegend segeln, bei moderatem Wind plus Fallböen. Es bleibt dabei, ich segele ohne festen Tagesplan, aber ich will vorankommen. Ich habe Zeit, es treibt mich keine Uhr, aber die Fahrt selbst zieht mich voran. Daran ändert sich nichts. Auch in diesen Gegenden, in denen andere Urlaub machen. Und bei einem Wetter, das andere zum Sonnenbaden einlädt. Ich hingegen mache mir langsam Sorgen um meine Haut. Ich kann mich noch so gut mit Schutzmitteln eincremen, die Sonne und das Salzwasser sorgen dafür, dass meine Haut immer pergamentähnlicher wird. Kleine Abschürfungen heilen nur sehr schwer oder gar nicht mehr. Eine neue Hautschicht bildet sich unter diesen Bedingungen nur sehr, sehr zögerlich. Das könnte langsam zu einen Problem werden.

Im Extremfall muss ich mal eine Woche an Land bleiben, im Trockenen und im Schatten, damit sich die Haut regenerieren kann. Ich muss das im Blick behalten.

Satt zu werden ist hier nicht schwer. Bei wirklich jeder Anlandung bekomme ich zu essen und zu trinken. Auf den Speiseplan kommen: von den Gebern selbst gefangene Fische, Bohnensuppe, Reis, Süßes zum Nachtisch. Käse, Wurst, Tomaten, Brot, Peperoni. Ayran, Cola, Wasser. Kaffee, Bier. Es hebt die Stimmung, so viel zu bekommen, so gut bekocht und bewirtet zu werden – so viel Zuwendung, Zuneigung und Gesellschaft zu erfahren. Sailing for happy meals. Sailing for good thoughts. Mein System, die Art und Weise meines Reisens funktioniert. Ich fahre und treffe auf gute Gesellschaft. Ich bin unterwegs und komme täglich an. So wie ich bin, bin ich willkommen.

Aber täglich ist auch Abschied zu nehmen. Auch dort, wo ich hätte bleiben können, fahre ich weiter. Ich bin nicht mit Christine und Michael Jansenberger weitergefahren. Ich bin nicht länger bei Nergis geblieben. Die einzelnen Begegnungen sind wichtig und ich schätze sie unendlich, aber ich halte sie nicht fest. Ich habe eine Familie und einen Heimatort, es gibt Nils, Torge und Sabrina, es gibt Tönning, wo ich zu Hause bin und wo ich wieder sein werde. Bei den Urlaubern und Surfern an den Stränden bin ich der Abenteurer, der positiv Verrückte, der das vormacht, wozu sie auch mal Lust hätten, wenn auch vielleicht nicht so extrem. Dem man gern mal begegnet, um zu sehen, dass so etwas überhaupt geht, wirklich realisierbar ist. Und daneben gibt es Begegnungen mit den Einheimischen, die den Seepilger willkommen heißen, den Mann mit dem zotteligen Bart. Den Odysseus auf seiner Irrfahrt.

In Ürkmez kommt es zu so einer Begegnung. Es ist ein kleiner Ort, in dem die Türken und die dort beständig Wohnenden noch deutlich in der Überzahl zu den Touristen sind. Der junge Ismet und seine Freundin Meral laden mich zuerst zu sich an ihren Tisch ein und bitten mich abends zu sich nach Hause zum Abendessen. Dort sind auch ihre Eltern, offenbar sehr gläubige Menschen. Sie begegnen mir zuvorkommend, freundlich, helfend. Wir können uns sprachlich nicht verständigen. Aber sie möchten, dass es mir gut geht. Das ist in jeder Minute spürbar.

Es ist 9 Uhr morgens in Kuşadası. Mein Gang zu Zoll und Polizei steht an. Heute wird eine große Veränderung eintreten. Die Türkei mit ihren netten und mir vertrauten Menschen zu verlassen, ist kein schönes Gefühl. In Griechenland war ich noch nie zuvor in meinem Leben. Der Stadtplan aus dem Hafenbüro zeigt mir zwei mit einem Kreuz markierte Gebäude. Als Erstes soll ich zum Hafenkapitän, danach zur Polizei. Als ich das Foto meiner Karre vorzeige, lächelt man wie gewohnt, stellt kaum Fragen und stempelt mich schließlich ab. Die meisten meiner Einreisepapiere bleiben anscheinend hier. Der Hafenkapitän gibt mir lediglich eins der Blätter zurück. Mit mehreren Stempeln verziert zeigt dieser armselige Wisch nur noch, dass ich eine Aufenthaltserlaubnis besaß, wann ich einreiste und dass ich heute vorhabe, ihr Land wieder zu verlassen. Im zweiten Gebäude blättert ein Polizist noch kurz in meinen Papieren, wirft einen Blick auf das Passbild, dann auf mich und schüttelt den Kopf. »Du hast dich verändert«, scheint er zu denken. Nach seinem Stempel ist mein sechstägiger Papierkrieg von Istanbul schon Geschichte.

Dass mich die Türkei so gefangen genommen hat, liegt nicht an der Übereinstimmung mit der Gläubigkeit vieler Türken. Ich bin nicht gläubig in dem Sinn, dass ich an den Mann im Himmel mit dem weißen Bart glaube, ob er nun Gott oder Allah heißt, Mann oder Frau ist. Dass es aber einen großen Steuermann gibt, daran glaube ich, ja. Dass das Universum uns lenkt, irgendetwas, nichts Personalisiertes. Die Menschen in der Türkei leben ihre Gottgläubigkeit sehr offensiv, ich mag das Gefühl von Gemeinschaft, das das auslöst. Aber ich bin ein Freigeist, der mit religiösen Dogmen wenig anfangen kann. Andererseits ist die im

Westen oft anzutreffende Oberflächlichkeit auch nicht mein Ding. Vielleicht hat meine Verbundenheit aber auch ganz profane Gründe und hängt mit Koray zusammen. Er ist mein türkischer Blutsbruder aus früheren Stuttgarter Zeiten. Jede Begegnung mit ihm und seinen Landsleuten ruft ein tief in mir wohnendes Gefühl wach.

≈

Es ist nur ein Katzensprung in die neue griechische Welt. Samos liegt gut sichtbar vor der kleinasiatischen Küste. Kuşadası ist mit dem Fernglas noch zu erkennen, als ich auf ruhigem Wasser und mit bestem Wetter nach Backbord in die schützende Bucht von Vathy einbiege. Bereits vor der Hafeneinfahrt ist das Wasser kaum noch in Bewegung. Drinnen ist nichts ist mehr zu spüren von der Hektik des türkischen Festlandes. Ähnlich wie auf unseren vorgelagerten Inseln der Nordseeküste befinde ich mich urplötzlich in einer Welt, in der die Uhren anders ticken. Es ist erst kurz nach Mittag, als ich mein Boot an der mehrere hundert Meter langen Spundwand aus Beton befestige. Niemand schert sich um meine Ankunft. An das Ende des großen Hafens schließt sich ein kleinerer Hafen mit einer eigenen Einfahrt an, aber dort ist kein Platz für mich. Es ist übersichtlich hier, über ein bis zwei Kilometer stehen die bunten Häuser dicht an dicht, parallel zur Hafenmauer. Ich werde gleich meine Einreise klarmachen, das ist meine erste Aufgabe für heute. Zwei schlecht gelaunte Damen quälen mich damit, auch noch die Versicherungspapiere sehen zu wollen. Die musste ich bisher noch nie zeigen. Kleinlaut verspreche ich, in Kürze mit den geforderten Unterlagen zurückzukehren. Eine Stunde später habe ich meine Versicherungspolice aus den Tiefen der Karre befreit. Als ich die schwere Holztür der Polizeistation ein zweites Mal öffne, ist die Situation wie von Geisterhand verändert. Des Rätsels Lösung ist einfach: Schichtwechsel! Juchhu! Vor mir stehen zwei völlig anders tickende Wesen. Sie sind freundlich und strahlen über beide Backen. Innerhalb von Minuten sind meine Papiere kopiert. Jetzt muss ich noch hinüber zum Zoll und müsste dort auch bezahlen. »Oh Gott«, denke ich. Die Türen des Zollamts sind aber noch geschlossen. Hier wird nur geöffnet, wenn Touristen mit der großen Fähre kommen oder gehen.

Nach Anlegen der Fähre stehen gleich mehrere Dutzend Menschen in einer Schlange an; ich höre englische und auch deutsche Stimmen. Nur gemächlich geht es voran, Wasserflaschen wechseln ständig ihren Besitzer, vielen rinnt der Schweiß in Bächen von der Stirn. An einem Schreibtisch sitzt ein Zollbeamter, und ich beobachte ihn genau. Tourist für Tourist geht an ihm vorbei, legt seinen Reisepass vor ihm auf den Tisch. Obwohl der Zöllner finster blickt, scheint er seine Späße zu treiben mit jedem Gesicht, das sich ihm präsentiert. Er haut die Stempel nur so in die Pässe, als würde er Schweine im Akkord markieren. Als ich an der Reihe bin, informiere ich seinen Helfer nur kurz über mein Anliegen. Dessen Antwort fällt knapp und unwirsch aus: »Setz dich da vorne an den Tisch und warte. Du hältst sonst den ganzen Betrieb auf.« Neben dem Stempler glimmt eine Zigarette im Aschenbecher, die Glut hat den Filter fast erreicht. Einen Zollbeamten bei der Arbeit nach einer Zigarette zu fragen, könnte ein Eigentor werden, ich tue es trotzdem: »Darf ich eine?« Für einen kurzen Moment unterbricht der Mann seine wüste Stempelei und blickt mich verwundert an: »Ja, nimm!« Die Touristen sind durch, und ich bin dran. Als er meine beiden Fotos sieht, ist er für einen Moment still. »Das hast du alles gefahren? Mit diesem Boot? Du bist ein verrückter Hund. So einer wie du zahlt hier gar nichts. Ich stempele dich ab – als offizielles und internationales Sportereignis. Wenn irgendwo in Griechenland auch nur ein Mensch Fragen stellt oder misstrauisch ist, dann soll er Kontakt zu mir aufnehmen. Ich gebe dir meine Karte.« Laut klatschen unsere Hände ineinander. Sämtlicher Druck fällt von mir ab. Das war der richtige Mann zur richtigen Zeit!

Der Nachmittag geht schnell in den Abend über. Der Hafen hüllt sich in das warme orangefarbene Licht der Straßenlaternen. Ich liege im Zelt, mitten auf der Flaniermeile, direkt vor meinem Boot. Die abendlichen Spaziergänger werden mehr und bleiben immer wieder stehen, stören aber nicht meine Gedanken. Ich habe ein fremdes Land verlassen, in dem ich mich sehr wohl gefühlt habe, und bin in einem anderen angekommen, das deutlich anders ist, das ebenfalls etwas Heimisches hat, aber wo ich noch ankommen muss. Immer wieder hat es diese Übergänge gegeben. Jetzt bin ich zurückgekehrt in den Westen. Aber ist es hier besser? Es ist anders. Nicht mehr und nicht weniger. Und es ist nicht meine Sache, zu bewerten, zu urteilen. Ich bin unterwegs zu Menschen, wo immer sie sind, wie immer sie sind. Bulgaren, Rumänen, Türken, Griechen. Wer auch immer.

≈

15 Meilen bis Karlovasi liegen vor mir. Alles ist bereits trocken, als ich noch vom Schlaf zerknautscht vor meinem Zelt stehe. In Minuten ist der ganze Kram an Bord verstaut. Der Wind weht schwach und ungünstig. Ich wundere mich etwas, warum hier vor der Bucht so viel Welle steht. Das Geaste mit dem Außenborder gegen den Wind schlaucht ungemein, das Boot hüpft wie toll, und jede zweite Welle greift nach meinen Armen und Beinen. Das ist nicht das Einzige, was mich an diesem Tag aus der Fassung bringt. Meine Handytasche hat sich aufgescheuert, ein kleiner Wasserfilm sich über dem Display gebildet. Das kann in Verbindung mit dem Salz nicht gut sein. Warum ich das Handy nun heraushole und in den Mund stecke, während ich mich auf etwas anderes konzentriere, ist mir nach wie vor ein Rätsel. Jedenfalls lässt ein kleiner Moment der Unachtsamkeit es aus meinem Mund in die mit Wasser gefüllte Spritzdecke zwischen meinen Beinen fallen. Mann, bin ich bescheuert? Das

Ding gibt keinen Muckser mehr von sich. Nun ist mein Kontakt nach Hause erst einmal unterbrochen. Außerdem habe ich mir soeben eine der wichtigsten Notfalloptionen genommen. Das Ladekabel meines zweiten, meines Notfall-Notfallhandys, kann ich einfach nicht finden. Ein leichtes Panikgefühl kommt in mir auf.

Am nächsten Tag steht der Sprung von Samos nach Ikaria an, 23 Seemeilen sind es bis hinüber. Je näher ich der Insel komme, desto klarer und grüner wird das Wasser, ich kann bis auf den Grund sehen, und kleine Fischschwärme begleiten mich. Wie tief mag es hier sein? Ich schätze 20 oder 30 Meter. Ikaria sieht Samos sehr ähnlich, von weitem erscheint die Insel wie ein mit Moos überzogener Felsen. Langsam fahre ich in den Hafen von Evdilos ein. Ich sehe keine Stege, nur eine Betonpier, das ist nicht sehr gut für die Karre. Die anderen Boote liegen alle auf Mooring, an Bojen in sicherem Abstand. Die Karre und ich werden direkt an die Pier gehen müssen.

Ikaria hält mich fünf Tage fest. Das Wetter ist zu schlecht, zu bedrohlich. Sturm ist aufgezogen. Der Wind aus Westen ist zu stark, die Wellen zu mächtig, als dass ich weiterfahren könnte, denn die nächste Etappe führt nach Mykonos, und das sind 45 Meilen ohne jeden Schutz über die Tiefen des Ägäischen Meeres. Mein erstes Seestück ohne Landsicht. Tag für Tag verschiebe ich die Überfahrt. Die Schlechtwetterfront bringt Gewitter mit sich und der Wind ist so stark, dass Ikarus mit seinen angeklebten Flügeln sicherlich wieder baden gegangen wäre. Das will ich nicht und bleibe daher an Land.

Zwei gute Seiten hat die Warterei: Ich habe das Handy-Ladekabel doch noch gefunden! Und es kommt zu Begegnungen über Begegnungen: eine Lehrerin, ein Philosophieprofessor – der zum ersten Mal in seinem Leben helfen muss, ein Boot auf Mooring zu legen –, Jörg und Karin aus Oldenburg, Sybille und Andre aus Berlin, Elsabet und Santos und vor allem Odysseas.

Odysseas ist ein alter Insulaner. Früher war er Fischer, aber mit 85 fährt man nicht mehr raus aufs Meer. Direkt vor meinen Liegeplatz hat er ein Haus mit einer Werkstatt, dort verbringe ich viel Zeit mit ihm. Er bringt die Koffer der Touristen von der Fähre zu ihren Ferienwohnungen und verdient sich so ein bisschen was. Odysseas' Werkstatt ist blitzsauber, er trägt dort sogar Plastiktüten über seinen Schuhen. Wir teilen so manche Mahlzeit, die ihm seine Frau morgens mit in die Werkstatt gibt. Die Dosen, aus denen wir essen, spüle ich im Hafenwasser aus, er trocknet sie danach mit einem Tuch gründlichst ab. Seine Akribie teile ich nicht, aber ich mag, wie er den einfachen Dingen Wichtigkeit zumisst. Eine Einladung an Odysseas zu einer Übers-Wasser-Wiedersehens-Party in Tönning wird sicherlich unbeantwortet bleiben, er wird sich hier wohl nicht mehr wegbewegen. Vielleicht grüßt er uns dann auch schon aus dem Himmel, wer weiß. Ich würde ihn gern wiedersehen.

Auf der Wanderung mit meinen Kanistern zur nächsten Tankstelle erreiche ich die Ausläufer der 1000 Meter hohen Berge auf Ikaria. Ich habe seit langem wieder einen Blick von oben über das Meer. Nach der langen Zeit immer auf Meereshöhe, immer in Greifweite der Hände zum Wasser ist es seltsam, es jetzt von oben zu sehen. Seine Weite überwältigt mich. Der Blick von hier oben nötigt mir größten Respekt ab. Wie klein ich doch bin. Und wie klein die Karre und ich auf diesem endlosen Blau und Grün bald wieder sein werden.

Mit jedem Tag auf Ikaria werden die anfänglich leisen Zweifel größer. Ich verliere an innerer Kraft. Ist es richtig, was ich tue? Oder gehe ich mit der Karre gerade einen Schritt zu weit? Wollen die griechischen Götter mir mit dem Warten ein Zeichen geben, wollen sie mich aufhalten, bewahren vor der Durchführung meines Plans? Ein merkwürdiges Gefühl macht sich in mir breit.

Nach der fünften Nacht werde ich wach und registriere sofort, dass mein Zelt nicht mehr im Wind flattert. Es ist noch dunkel, als ich auf die Hafenmauer klettere, um hinaus auf das

Meer blicken zu können. Es ist deutlich ruhiger geworden. Die Wellen sind nicht mehr so laut, wenn sie auf die Insel treffen. »Jetzt, Andreas, wenn du jetzt nicht fährst, ist es für dich vorbei. Los geht's, Alter, es wird schon schiefgehen!«

Keine Menschenseele ist zu sehen, schnell sind die Schlafsachen und das Zelt an Bord verstaut. Heute werde ich auf meinen Kaffee mit den Hafenelektrikern verzichten müssen. Wenn sie ihre Arbeit beginnen, werde ich schon weit draußen sein. Was es ist, dass mich diese Ruhe bewahren lässt, obwohl ich unter Anspannung stehe, weiß ich nicht. Unbeachtet und als Einziger verlasse ich in diesen ersten Morgenstunden den stillen Hafen von Evdilos. Nach nur einer halben Meile habe ich beide Segel auf. Jetzt trennen mich 45 Seemeilen vom nächsten Landfall auf eine neue Insel: Mykonos!

Ikaria verschwindet nach und nach im Dunst des kühlen Morgens. Ich habe keine Landmarken mehr. Außer Wasser ist nichts zu sehen, lediglich meinem GPS kann ich jetzt noch vertrauen. Der Seegang nimmt fortwährend zu. Mein Boot verhält sich wie gewohnt zuverlässig, rast über das Wasser, während von rechts auf der dem Wind zugewandten Seite immer mehr Gischt über kommt. Die Schaumkronen der mittlerweile sicher vier Meter hohen Wellen ergießen sich über meinem Kopf, die ersten Rinnsale haben das Innere meiner Kleidung bereits erreicht und laufen kühl über meine Brust. Meine Nackenmuskeln fangen an zu schmerzen, ich bin komplett angespannt. Zeitweise beschleunigt das Boot auf über 10 Knoten. Meine Blicke sind starr auf jede der nächsten Wellen gerichtet, die urgewaltig und unaufhaltsam von rechts auf mich zurollen. Ihre Größenordnungen und Geschwindigkeiten sind mir neu, doch das Boot spielt dieses Spiel wunderbar mit. Teilweise, bin ich mir nun sicher, könnte man ein Einfamilienhaus in den Wellentälern verstecken. 18 Seemeilen sind es jetzt bis zum Zielpunkt, noch ist am Horizont kein Land zu erkennen. Mein Blick bleibt auf dem vorderen Drittel der Rümpfe haften. Irgendetwas ist anders. Taucht die Karre tiefer ein? Ein Blick auf das GPS bestätigt meine Vermutung. Wir sind deutlich langsamer geworden, obwohl der Wind in seiner Stärke nicht verloren hat. Hier ist etwas faul, ich glaube die Boote laufen voll! Wieso? Wo? Ich vermute, dass es unter den Deckeln der vorderen Cockpits einbricht, die einer solchen Belastung noch nicht standhalten mussten. Zu groß ist die Gewalt der Wellen. Ja, wir saufen langsam ab. Es kann gar nicht anders sein. Ich muss mir irgendwie Gewissheit verschaffen und einen Blick in die Boote werfen. Aber wie? Wenn ich die Spritzdecke eines Cockpits nur für einen Moment hochnehme, kann es sein, dass es eine der Wellen in Sekunden vollfüllt. Mit Argusaugen beobachte ich die Takte der Wellen, während ich mich bei jeder vierten bereits am Mast festhalten muss, um nicht über Bord gespült zu werden. Da, endlich, kommt ein ruhiger Moment … Jetzt! Mit schnellen Handgriffen hebe ich die Spritzdecken an und schließe sie sofort wieder. Die Boote sind bereits halb voll Wasser. Wie viel wiegt das? Die mittleren Bereiche der Boote fassen 450 Liter. Mal zwei macht das 900 Liter und dasselbe in Kilogramm, wenn ich mich nicht irre.

Das Boot wird zusehends schwerfälliger, bis schließlich beide Spritzdecken sogar Beulen werfen. Beide Boote sind voll, somit dürften wir das Limit erreicht haben. Meine Kanister wollen nach draußen – Benzin ist leichter als Wasser – und werden nur noch von den Spritzdecken daran gehindert. Ich versuche Ruhe zu bewahren, schließlich gehen wir nicht unter. Die Geschwindigkeit bleibt bei 2,5 Knoten stehen. Wir machen immer noch Fahrt, obwohl die Decks mehr unter als über Wasser sind. Wie lange halten die Bootsverbindungen diese Belastung noch aus? Die wasserdichten Packräume der Boote und die beiden großen Kanister mit meinen Klamotten werden uns noch für Stunden über Wasser halten können, da bin ich mir ziemlich sicher. »Sehr gut! Du machst das sehr gut, nur noch 10 Meilen, dann befreie ich dich wieder von deiner Last!«, rede ich der

Karre gut zu. Sabrina hat auf meine Notfall-SMS geantwortet, aber nicht verstanden, dass ich in Lebensgefahr bin. Erneut mache ich ihr klar, in welcher Situation ich mich befinde! Und ordere Positionsdaten der ersten möglichen Bucht von Mykonos. Nur Minuten später ist die Antwort da. Jetzt hat sie verstanden. »Da ist eine Bucht. Ich drück dir die Daumen. Du schaffst das schon.«

Nach über zwölf Stunden Fahrt gerate ich endlich in die beruhigte Lee-Zone von Mykonos. Je dichter ich mich vor Land bugsiere, desto ruhiger werden die Wellen im Schutz der kargen Insel. Erst als das Wasser fast glatt ist, klappe ich den Außenborder nach unten. Bei Wellengang wäre das nicht möglich gewesen, dafür ist das Boot zu tief im Wasser. Der Motor wäre überspült worden und in Kürze hätte er nicht mehr funktioniert. Mühevoll und langsam hilft er meinem vollgelaufenen Boot Meter für Meter in Richtung rettende Bucht.

Mit einem Knirschen schieben sich die Rümpfe der Karre auf den groben Kies. Niemand ist hier, wie es scheint. Alles muss raus aus dem Boot, und zwar schnell! Zuerst die Tasche mit dem Computer; mit etwas Glück hat er es überlebt. Drei Wasserflaschen sind weg, einer meiner Sitzbezüge ebenfalls, beide Stechpaddel und meine Sonnencreme. Um einen Felsen herum zurre ich die Längste meiner Festmacherleinen und ziehe sie so stramm, wie es nur irgend geht. Ein über ein Meter langer Holzpflock aus dem Strandgut dient als Stützstock zwischen Felsen und Boot. Die 20 Meter lange Wäscheleine ist fertig. Das Wasser ist sogar in meine Kleidungsfässer eingedrungen, ich werde alles aufhängen müssen, zu groß ist die Gefahr, dass meine Klamotten anfangen zu schimmeln. Die Sonne ist noch warm genug, und in Verbindung mit dem strammen Wind werde ich heute noch einiges trocken kriegen. Die obere Schicht meines letzten Brotes ist nass durchsalzen, es schmeckt abscheulich. Ich werde es ebenfalls in der Sonne trocknen lassen.

Am anderen Ende der Bucht liegen zwei Badegäste. Oben in den Hügeln stehen vereinzelt Häuser, scheinbar unbewohnt. Es sieht alles verlassen aus. Wie weit mag wohl der nächste Ort entfernt sein?

In einer windgeschützten Ecke zwischen den Felsen schlage ich mein Zelt auf. Irgendjemand hatte hier ein Lagerfeuer lodern lassen, die Wände der Felsen sind tiefschwarz. Eine kleine Eidechse wagt sich mutig und neugierig nahe an mich heran. »Du willst was zu essen, oder? Ich glaube, dass die Natur dir mehr zu bieten hat als meine Futterkiste!« Meine Verpflegungsreste sind mehr als spärlich. Das Öl einer Thunfischdose verschütte ich nicht, sondern schneide ein wenig Gemüse klein, um einen Salat damit anzumachen. Nur ein kleiner Teil vom Brot ist noch schmackhaft, den Rest gebe ich ab an meine Echsenfreundin.

≈

Am Mittag des nächsten Tages sehe ich erneut zwei Badegäste auf der anderen Seite der Bucht liegen. Mit bloßem Auge sind sie kaum zu erkennen. Der Akku meines Handys ist fast leer, ich muss mir etwas einfallen lassen. Nach langem Stapfen durch den Sand erreiche ich das junge Paar. Anscheinend störe ich nicht, und sie erklären mir in gutem Englisch, dass es in drei Kilometern Entfernung ein Restaurant gebe, wo ich mein Handy bestimmt aufladen könne.

Der Aufstieg auf die Hügel ist beschwerlich. Erst oben beginnen staubige, aber bequemere Wege. Der Blick hinunter in die Bucht und über das offene Meer ist überwältigend. Nach wie vor ist das Meer wild bewegt.

Das Restaurant ist leicht zu finden. Es ist nicht mehr viel los in dieser Jahreszeit, aber noch sitzen einige Menschen auf der Terrasse und genießen die maritimen Ausblicke, Sand, Meer und für mich unerreichbar teure Speisen. Wie ein dreckiger Fremdkörper hocke ich zwischen ihnen. Kein Eiswürfel, kein

Strohhalm, keine frische Zitronenscheibe entgeht meinen Blicken, während der Ladebalken meines Telefons hinter dem Tresen langsam breiter wird. Der Barmann hat mich gewähren lassen. Die Restaurantterrasse ist riesengroß, überdacht mit dicht geflochtenem Stroh. Durch das Dunkel darunter bekommt das farbige Blau des Meeres eine besondere Kraft. So in etwa wird es auch in der Karibik aussehen. Meine dreckige Hose mit noch dreckigeren nackten Füßen darunter, mein wuchernder Bart – ich bin ein merkwürdiger Gast. Die Tische sind mit feinstem Besteck und Servietten eingedeckt, draußen bilden weiße Ledersofas einen eigenen Bereich, der dem Verdauen und guten Gesprächen dient. Ich sitze mit zusammengeklemmten Beinen und warte. Bloß nichts schmutzig machen. »Willst du Wasser?«, fragt mich der Ober plötzlich im Vorbeigehen. »I am sorry, sir, ich habe kein Geld.« »Oh, that's not a big deal, wir werden daran nicht zugrunde gehen.« Der Mann bringt mir das Wasser, eiskalt rinnt es meine Kehle hinunter. »Coffee?«, ertönt es jetzt in meine Richtung. »Mensch, der Mann bietet dir zusätzlich noch einen Kaffee an, obwohl er weiß, dass du kein Geld hast. Sag ja.« Das Glück marschiert deutlich in meine Richtung. Noch dazu sitzt hinter mir eine hübsche Frau am Tresen, ihr Computer weckt mein Interesse. »Darf ich den kurz benutzen? Just to check my e-mails.« Sie nickt freundlich. Während ich versuche, mit der griechischen Tastatur klarzukommen, spielt sich links von mir etwas ab. Ein Mann steht hinter einem Stützpfeiler des Daches und beobachtet mich. Es ist der Koch des Hauses, der mich fotografiert. Ich winke ihn heran: »Komm, ich zeige dir, wer ich bin.« Interessiert betrachtet er die Bilder meiner Website und lacht. »Das ist unglaublich. Du musst Hunger haben, ich werde dir etwas kochen. Setz dich da vorne aufs Sofa, ich bin gleich wieder bei dir.« Nur Momente später ist er wieder da, und ich traue meinen Augen kaum: Ziegenkäse, Oliven, Brot, Pasta, Nachtisch und sogar ein Bier stehen vor mir: »Iss, mein Freund, und lass es dir schmecken. Hier bekommst du immer etwas zu essen.« Es ist so viel, dass es auch noch für ein Lunchpaket reicht.

Die Tage verstreichen, der Wind ist auf der Leeseite einer Insel nur schwer einzuschätzen. Wann wird er mir erlauben, weiterzufahren?

Am Donnerstag, dem 29. September 2011, verlasse ich die Bucht. Die Karre bewegt sich wieder leicht, es ist fast unwirklich, die Eindrücke der Überfahrt von Ikaria sitzen noch tief in mir drin. Doch wieder wird die Tour ungemütlich, der Wind ist stark geblieben. Ich hangele mich unter der Küste entlang und muss dabei auf weit hinausspringende Felsen achten. Die Böen sind manchmal so gewaltig, dass ich ein Kentern der Karre befürchte. Aber sie kentert nicht, die kurzen Masten tun ihren Dienst. Eine große Bucht mit einer Surfstation taucht auf, weit bin ich nicht gekommen, aber ich beende den Tag hier. Der Wind ist mir noch zu heftig. Zwei Surflehrer helfen mir, die Karre auf den Strand zu ziehen. Ich muss drei Leinen zusammenknoten, um eine Befestigung an Land zu erreichen. Immer wieder schlagen einige Wellen hoch den Kieselstrand hinauf, ich bin nicht sicher, ob die Karre hier gut liegen wird. Zu meiner Überraschung lande ich in einer kleinen deutschen Enklave. Der Surferchef ist ein etwas in die Jahre gekommener, aus Ostdeutschland stammender Wassersportfreak, bei den anderen hört man ihre bayrische Herkunft. Es gibt sie noch, die Surfklassiker: blond, blaue Augen, klasse Körper, braun gebrannt. Olli, der Chef, macht mir keinen Hoffnungen, dass der Wind in den nächsten Tagen weniger wird. 40 Knoten sind angesagt, das ist Sturm. Für einige erfahrene Surfer passt es vielleicht noch, für mich nicht. Ich weiß, was für Wellen da draußen lauern. Ich werde hier warten müssen, bis das Wetter sich für mich dreht.

Der Strand ist leer geworden. Während die Jungs aufräumen, um alles für den Feierabend vorzubereiten, erzählen sie, dass das hier die letzte Woche der Saison ist. Danach wird alles verriegelt und verrammelt. Wo sie im nächsten Jahr sein werden, weiß keiner von ihnen.

Zwei Nächte in dieser Bucht sind schnell vorbei, und der Wind scheint jetzt günstiger zu sein. Olli steht mit Fotoapparat bereit, um den Yeti des Meeres noch einmal abzulichten. Der Wind hat etwas abgeflaut, weht aber noch aus nordöstlicher Richtung und ist im Süden von Mykonos nur schwer einzuschätzen. Mit 5 Knoten Fahrt muss ich den südwestlichsten Zipfel der Insel schnell fassen. Ich wähle die Durchfahrt zwischen Mykonos und Tinos. Die Windstärke schätze ich jetzt auf 5 bis 6 Beaufort. Meine Fahrt entwickelt sich zu einem großen Schweinkram, in Kürze bin ich klitschnass, aber die Geschwindigkeit ist klasse. Schräg hinter mir an Backbord ist ein Katamaran in Sichtweite. Mit Sicherheit wird man dort gerade warmen Kaffee zu sich nehmen, während meine Karre und ich hier wieder einmal damit beschäftigt sind, nicht zu ertrinken. Über eine Dreiviertelstunde fahren wir fast nebeneinander auf gleicher Höhe. Ungefähr bei Syros lässt der Wind nach, und der weiße Kat zieht an mir vorbei. Nur Minuten später ist der Wind fast gänzlich verschwunden. Die Winde dieser Gegend sind nur schwer zu verstehen, und für mich bleibt es ein Rätsel, warum der Spaß ab Mitte Syros plötzlich wieder losgeht. Urplötzlich ist der Wind wieder da und legt umso mehr zu, je dichter ich mich der Insel-Spitze nähere. Er ist jetzt so stark, dass ich froh bin, hinter dem schlanken Nordkap wieder in Windschutz zu fahren zu können. Ich beschließe, Schluss zu machen. Wenn Olli recht hatte, werden zwei Meilen unterhalb des Kaps ausreichend viele schützende Buchten vorhanden sein. Es kommt, wie wir es uns in seinem Surfclub auf meinem Rechner angesehen haben: Vor mir öffnen sich an Backbord die hohen Felsen und eine tiefe Einfahrt wird sichtbar. Es ist immer wieder ein schönes Gefühl, von der aufgewühlten See in beruhigtes Wasser einzufahren.

Das muss die Grammata-Bucht sein. Mit ersten vorsichtigen Schritten an Land erkundige ich das Gelände. Es ist ein Traum für Kinder. Dieser feine Sand, all diese Steine und Hölzer. Bunte Basteleien hängen in den Bäumen. Gesichter und Figuren. Ein Haus etwas oberhalb in den Hügeln ist verlassen und verschlossen, zwischen den Bäumen steht ein verlassenes, von der Sonne gebleichtes Zelt. Es gibt keine Wege oder Straßen in der Nähe.

Am nächsten Morgen liegt mein Boot noch so wie gestern Abend, als ich einen letzten Blick darauf geworfen habe. Vielleicht treffe ich heute den Ex-Pinneberger, der mich in einer E-Mail zu sich einlud, während ich mich noch auf der Donau befand. Stefan heißt er und mein Kontakt zu ihm steht. Er weiß, dass ich Syros erreicht habe. Mein Weg wird heute 25 Seemeilen nach Westen gehen, bis zur Straße von Kea. Das Schwesterschiff der Titanic, die Britannic, hat diesen Weg 1916 nicht geschafft. Die Straße war damals von einem deutschen U-Boot vermint worden. Hoffentlich hat man da für mich nicht noch etwas liegen lassen.

≈

Als ich an Kea vorbei bin, bekommt Stefan eine SMS: »Habe Keas südlichsten Punkt jetzt 90 Grad steuerbord. Fahre durch bis zu dir. Kälter und nasser kann ich nicht mehr werden. Bis gleich.« Nach wenigen Minuten die Antwort: »Wow! Du bist schnell. Ich mach mein Boot klar. Ein Kumpel von mir will mit, wir kommen dir entgegen und erwarten dich auf Höhe Makronisos.« Gut, denke ich, dann haben wir es gleich geschafft. Zwischen Kea und Makronisos beruhigt sich das Meer wieder etwas. Die Sonnenstrahlen haben ohne den Starkwind etwas mehr Kraft, und ich kann ein wenig Energie tanken.

Ich erkenne in meinem Fernglas eine kleine Nussschale mit blauen Segeln. Das müssten die beiden sein, doch sicher bin ich mir nicht. Erst als wir uns auf eine halbe Meile genähert haben, gibt es keinen Zweifel mehr. Sie kommen längsseits. Es ist sehr interessant, dass mein Gehirn aufgrund von ein paar SMS und eines Gespräches das Bild eines kleinen Mannes konstruierte.

Tatsächlich aber ist Stefan riesig und bietet ein lustiges Bild auf seinem kleinen Boot, es wirkt, als wäre ein Mann in Seenot auf sein Rettungsboot umgestiegen. Er lotst mich mit seinem Freund Holger in eine ruhige Bucht der wurstförmigen Insel Makronisos. Ich erzähle von meinem Tag, einem aufgetretenen Schaden an der Schwerthalterung, einer über Bord gegangenen Tasche und der harten See mit ihren unterschiedlichen Winden. »Dann lass uns mal rüber nach Lavrio und zu mir nach Hause. Noch eine Stunde, dann hast du es für heute geschafft.«

Es sind noch vier bis fünf Meilen hinüber bis nach Lavrio. Die Bucht dort bietet guten Schutz bei Wind aus nördlicher Richtung, die kleinen Fischer und Sportboote mit kleinerem Portemonnaie haben ihren Liegeplatz an Mooringbojen. Die Karre liegt so dicht unter Land, dass ich absteigen kann und die letzten paar Meter kniehoch durch das Wasser wate. Schwer bepackt mit sämtlichen Utensilien, die ich an Land benötige, machen wir uns auf zu Stefans Haus. Seine Frau und ihr Sohn begrüßen mich auf der Terrasse. Ich bekomme für die Zeit meines Aufenthalts ihre Ferienwohnung gestellt. Als Erstes nehme ich dort eine warme Dusche, das Gefühl ist traumhaft. Ich schwanke unter dem prasselnden Wasser und weiß doch, dass ich wieder Festlandboden unter den Füßen habe. Den Sprung von Insel zu Insel, quer über die Ägäis, habe ich glücklich hinter mich gebracht. Es ist laut Logbuch der 162. Tag meiner Reise. Nach einem wunderbaren Abendessen mit Stefan und seiner Familie falle ich heute in ein richtiges Bett, es ist warm und endlich einmal wirklich trocken.

Das Wetter am nächsten Tag ist miserabel – neben den Reparaturen, die ich auszuführen habe, ein weiterer Grund, von hier nicht möglichst schnell wieder aufzubrechen. Die Gegenwart von Stefan und seiner Familie genieße ich außerordentlich und es ist wohltuend, nach Monaten auf jemanden mit derselben Muttersprache zu treffen. Einfach den gewohnten Sprachhahn aufdrehen zu können, ist, wie die erste Dusche in der Ferienwohnung, in höchsten Maße angenehm und entspannend. Zumal der riesige Pinneberger und ich auf einer Wellenlänge funken. Aufmerksam lausche ich seinen Erzählungen. Warum er nach Griechenland kam, und wie er seine Frau kennenlernte. Dass er mit ihr Englisch spricht, obwohl er auch mit Griechisch klarkommt. Neun Nächte bin ich hier und lerne einen Mann kennen, dessen philosophische Seele der meinen geradezu erschreckend gleicht. Er ist wie ich immer ein Kind geblieben. Seine Träume sind meine Träume, seine Gedanken sind meine und beide fühlen wir, wie schwer es ist, ein normales Leben zu führen, auch wenn andere es noch so sehr von uns erwarten. Mit jeder Stunde, die vergeht, wird mir bewusster, dass dieser Mann und ich uns nicht zufällig über den Weg gelaufen sein konnten.

»Ich bringe dich zu einer Werkstatt, die Aluminium schweißen kann. Dass sie dir helfen werden, ohne Geld dafür zu nehmen, wage ich stark zu bezweifeln. Die wollen für alles Geld sehen.« Zuversicht strahlt Stefan nicht gerade aus, aber vom Versuch wird mich das nicht abhalten. In einer Industriehalle stellt er mich kurz vor und tritt einen Schritt zurück. Nun bin ich an der Reihe: Hände schütteln, Fotos zeigen und um Hilfe bitten, das sind meine einzigen Argumente. Nach wenigen Minuten zustimmendes Nicken. Zu dritt wird gehalten und geflext, geschweißt und verstärkt. Nach 45 Minuten sitzen Stefan und ich bereits wieder im Auto mit reparierter Schwerthalterung. Er blickt verdutzt: »Wie machst du das nur, bringst du mir das bei?«

Die nächste Station wird schwieriger. Wir sind auf dem Weg zum Segelmacher, denn beide Segel sind mittlerweile dünn geworden und zigfach eingerissen. Außerdem möchte ich fragen, ob die Näher mir zwei Spritzdecken mit Gummizug herstellen können. Schließlich hatten mich die vorderen Cockpits durch ihre Wasserdurchlässigkeit vor Mykonos mächtig in Schwierigkeiten gebracht. Als wir mitten in der Stadt vor einem Haus stehen bleiben, sagt Stefan: »Hier ist der Segelmacher und anscheinend ist sogar jemand da. Nun zeig mal, was du noch so drauf hast.« Zwanzig Minuten später sitzen wir wieder im Auto und freuen uns über so viel Hilfsbereitschaft und Selbstlosigkeit, die ich auch in diesem Geschäft vorfand. Keiner der Angestellten hatte Zweifel oder Sorgen, um seinen Lohn gebracht zu werden. Man sah, dass ich Hilfe benötigte, und willigte ein, und dann nahm man wie selbstverständlich die Dinge in die Hand. »Morgen, spätestens übermorgen können wir die Sachen fertig abholen, super, oder?« Am späten Nachmittag findet sich ein Freund von Stefan ein, als Radio- und Fernsehtechniker genau unser Mann. Gekonnt lötet er vier feste Solarplatten in Reihe, die wir auf einem meiner weißen Cockpitdeckel platzieren wollen. Zufällig hat Stefan mehrere Dutzend dieser Platten in seiner Werkstatt liegen.

Am neunten Tag hat sich das Wetter deutlich zu meinen Gunsten verändert und alles Wichtige ist erledigt. Ich kann nicht mehr länger hier bleiben. Mit mehreren Booten begleiten Stefan und seine Freunde mich aus der Bucht hinaus. Unter dem Poseidontempel reichen wir einander die Hand. Ein letzter gemeinsamer Wein aus einem Pappbecher, und dann steht mein Kurs fest: die Straße von Korinth. Wenn ich nicht um den ganzen Peloponnes herum will, dann bleibt nur dieser Weg zum Mittelmeer. »Da werden sie dich kaum durchlassen«, meint Stefan, »der Kanal von Korinth ist der kürzeste und teuerste Kanal der Welt. 40-Fuß-Yachten zahlen für die sechs Kilometer weit über 100 Euro. Die werden kein Mitleid mit dir haben.« Für mich allerdings steht fest: Ich muss es trotzdem versuchen! So lange wie es möglich ist, winken wir einander. Dann sehe ich sie nicht mehr. Mein Blick geht nach vorne. Nur nach vorne.

Voraus liegt Ägina, die Ziegeninsel. Benannt ist sie nach der gleichnamigen Nymphe, die hier eines von Zeus' Kindern zur Welt brachte. Außerdem soll die Insel zu den wenigen aktiven Vulkanen der Ägäis gehören. Das werde ich mir mal ansehen. Meile um Meile lasse ich mein Fernglas die Küste entlangwandern, bis ich ein südwestliches Kap deutlich vor Augen habe. Wenige Meilen hinter dem Kap geht es nach Steuerbord in eine Bucht, ich kann einen kleinen Hafen und einen Ort erkennen. Die Felsen hier sehen tatsächlich aus wie erkaltete Lavamasse.

Das wird mein Platz für die Nacht werden.

Mit leisem Knirschen schiebt sich mein Bug auf den feinen Sand des kleinen Strandes. Hier liegt es sicher, Platz für mein Zelt ist ausreichend vorhanden und stören kann ich hier kaum jemanden. Ich blicke nach links – und direkt in die Gesichter von Margaret und Bob, zwei rüstigen, wohlhabenden englischen Rentern. Dass zwei Menschen zu mir ans Boot kommen, ist nicht besonders außergewöhnlich, und jedes Mal freue ich mich wieder über interessierte Leute. Aber diese beiden sind schon sehr speziell. Noch keine zehn Minuten bin ich hier, aber für Bob und Margaret war sofort vollkommen klar, dass ich bei ihnen im Haus schlafen werde. Ihr Vorgehen gleicht einer Entführung: Ich soll mich beim Zusammenpacken beeilen, alles herunternehmen, was an Deck liegt, und was ich nicht benötige, ein paar Meter weiter in einem kleinen Einkaufsladen deponieren. Morgen früh um 9 Uhr würde dieser wieder öffnen und meine Sachen seien sicher. Ich bin baff. Erst recht, als mir klar wird, dass die beiden alles bis in Kleinste geplant haben, seit sie mich von ihrem Platz im Restaurant aus kommen sahen. So wird es dann auch gemacht, und nur ein paar Minuten später sind wir mit ihrem kleinen Geländewagen unterwegs.

Die Auffahrt zu ihrem Hof ist so steil, dass ich Schwierigkeiten hätte, dort ein Auto hochzufahren. Bob hingegen bringt die Nummer zirkusreif. Ihr Haus mag gerade zehn Jahre alt sein, und es ist handwerklich stimmig bis ins Detail. Margaret bietet mir sofort nach Eintreten Hauspuschen an. »Ich zeige dir als Erstes die Dusche, im Anschluss können wir gleich deine dreckige Wäsche waschen. Komme herein und fühle dich wie zu Hause.« Ich weiß gar nicht, wie mir geschieht, bin ich nicht erst vor fünf Minuten in den Hafen eingefahren? Die beiden sind unglaublich. Während Margaret mit den Töpfen jongliert, sitzt ihr 80-jähriger Mann vor dem Computer und skypt mit einem Freund in England. Ich erzähle ihm von meiner Familie und einigen ihrer Mitglieder, die sich von seiner technischen Versiertheit mit diesem Medium durchaus eine Scheibe abschneiden könnten. »Ich will auf meine Freunde nicht verzichten, Andreas. Da wir viel unterwegs sind, ist es meine einzige Möglichkeit, ständig bei ihnen zu sein. Ich bin sehr froh, dass ich das so gut kann.« »Bob macht gerade eine schwere Zeit durch«, ruft seine Frau durch den Nebel des kochenden Kartoffelwassers, »er mag die Zahl 80 nicht sehr gerne.« Margaret lacht und fängt an aufzutischen: Karbonade, Kartoffeln, Salat und Wein. Mein Glück ist kaum in Worte zu fassen. Danach zwingt mich meine Müdigkeit, mich recht bald zurückzuziehen. Margaret hat mir das Bett im Gästezimmer frisch bezogen, die Bettwäsche ist verziert mit Segelschiffen sämtlicher Baureihen, wie passend.

Als ich ins Bett krieche, spüre ich das Vertrauen, das mir wildfremde Menschen entgegenbringen. Ich bin geradezu peinlich berührt, dass jemand mich in seinen heiligsten Gefilden duldet, ohne zu wissen, wer ich wirklich bin.

Am Morgen bin ich der Erste, doch schon bald umsorgt mich Margaret in der Küche: »Good morning, Andreas. Hast du gut geschlafen? Coffee or tea?« Margaret sieht aus, als käme sie gerade frisch vom Friseur, dabei hat sie sich gestern redlich in der Weinmenge verschätzt, die sie ihrem Körper zumuten sollte. Bob ist ebenso rasch auf den Beinen: »Wir werden gleich deine Kanister mit Benzin vollmachen, ich habe noch genügend hier.«

Um 10 Uhr sitze ich bereits wieder auf meinem Boot und verlasse die Insel mit Kurs auf Korinth. Die beiden begleiten mich ein Stück aus der Bucht hinaus. Bob steht am Ruder ihres 20 000-Euro-Gummiboots wie eine unerschütterliche Eiche, und Margaret hält sich an seinem Arm fest und lacht wie ein Honigkuchenpferd. Wenige Minuten später sind sie aus meinem Blickfeld verschwunden, und alles erscheint mir wie ein Traum.

≈

An diesem Tag wird sich herausstellen, ob ich den Kanal von Korinth befahren darf oder nicht. Am späten Nachmittag erreiche ich unter Segeln den Schutzhafen vor dem kurzen, aber teuren Kanal, der die Ägäis mit dem Golf von Korinth verbindet und mich etwas schneller nach Italien bringen soll. Ich fahre längsseits an eine Materialschute heran, schließlich ist Freitagnachmittag und ich bin in Griechenland – bei allem Respekt, aber ich glaube nicht, dass hier in den nächsten zwei Tagen noch ein Handschlag getan wird. Die Bordwand des Pottes ist fast zwei Meter hoch, nur mit Mühe und Not schwinge ich mich auf das Deck des stählernen Kolosses. Eine Baubude an Deck eines Arbeitsschiffes hat keine Tür und ist leer geräumt, mein Zelt passt locker hinein.

Die Nacht ist vorbei, und es hat aufgehört zu regnen. Ich bin klar zum Übersetzen. Jetzt wird sich zeigen, ob ich auf Menschen mit einem Herz für bärtige Nachwuchsabenteurer treffe.

Nicht mal eine Minute dauert es und ich habe das grüne Wasser Richtung Tower überquert. Eine Frau ruft aus einem Fenster und deutet auf die Eingangstür des wuchtigen Bürogebäudes. Da soll ich also eintreten. Plötzlich steht ein Mann neben mir, ein Lotse. Er lacht, als er hört, woher ich komme, und zeigt fragend auf mein Boot: »Damit? Du spinnst!« Wir gehen die wenigen Schritte in den Tower gemeinsam und betreten ein riesiges Büro im dritten Stock, das einen tollen Ausblick bietet. Ein kurzer Blick in Richtung meiner Baubude der letzten Nacht, und mir ist klar, dass man jeden Schritt meiner Ankunft beobachtet haben muss. Der Mann, der hinter dem riesigen Schreibtisch mit mehreren Computern sitzt, macht einen netten Eindruck. Wir schütteln uns die Hand, und ich stelle mich vor. Erzähle von meiner Tour, meinem Versuch, sie ohne eigenes Geld hinter mich zu bringen, und dass die Überfahrt nach Mykonos eine der schwersten überhaupt für mich war. »I don't have money, no plastic cards, nothing. Please help me. Lass mich durch deinen Kanal fahren. Der Umweg um den Peloponnes ist zu viel für mich.« Er kommt ohne Umschweife auf den Punkt: »Nein, wir können dich hier nicht umsonst durchfahren lassen. Alle anderen müssen ja auch bezahlen.« Das verneinende Kopfschütteln unterstreicht die Entschlossenheit des Mannes. Was soll ich jetzt tun? »Geh mal raus vor die Tür und warte einen Moment«, bittet mich der Lotse. Wird dieser Mann etwa zu meinem Joker? Beim Hinausgehen fühle ich mich ein bisschen wie ein räudiger Hund. Zwanzig Minuten später kommt der Diensthabende zu mir raus, der Lotse trottet lächelnd hinterher: »Gut, du darfst durchfahren, da hat sich jemand für dich eingesetzt. In 45 Minuten kommt ein Containerschiff, da gehst du dicht hinterher.«

»Oh, wow, sir! Thank you, sir!« Dankbar und voller Freude schüttele ich dem Mann die Hand. Der Lotse steht noch einen Moment bei mir. »Wir sehen uns gleich, ich werde auf der Brücke des Frachters sein, hinter dem du dich einordnest. Bis dann.«

≈

Die Steilwände des Kanals ragen bis zu 70 Meter empor, der Anblick und die dort herrschende Stimmung sind unbeschreiblich. Nach etwa 30 Minuten haben wir sein Ende erreicht. Der Hafen von Korinth ist kleiner als ich dachte, und entsprechend voll. Sämtliche Stege sind belegt mit Booten aus aller Welt. Erst nach zwei Runden im Hafenbecken entdecke ich einen geeigneten Platz für die Karre.

Als ich vom Benzinholen zum Hafen zurückkehre, lädt mich ein Mann zu sich an den Tisch eines Restaurants ein: »Hey. Setz dich und trinke ein Glas Wein mit mir.« Paul ist ein bekannter Stadtstreicher, den es schon vor Jahrzehnten hierher verschlagen hat. Angeblich besitzt er eine Wohnung in England, doch jetzt ist ein großer Baum am Hafen sein Zuhause. Sogar die lokalen Zeitungen haben schon über ihn berichtet. Er wirkt ein wenig stolz und keineswegs einsam, wenn er seine Geschichten erzählt. Lediglich die eingefallene Mundpartie verrät schwierige Verhältnisse. »Andreas Gabriel«, geht es mir durch den Kopf, »jetzt sitzt du hier schon mit einem Penner bei Wein zusammen und tauscht Erfahrungen aus.« Es ist eine Ausnahmesituation, die ich mit etwas Ironie als spaßig verbuche, unsere Vollbärte passen einfach sehr gut zueinander!

Es ist kalt geworden, und zum ersten Mal auf dieser Reise zwinge ich mich, die Offshore-Kleidung anzuziehen, trage Socken und festes Schuhwerk.

Drei Tage und drei Nächte bleibe ich in Korinth. Nach dem Regen ist der Wind gekommen. Die Kälte macht mir zu schaffen. Ich bin in relativ gutem gesundheitlichen Zustand und mache mir trotzdem erste Gedanken, wie es weitergeht. Brauche ich irgendwo eine längere Pause? Wie komme ich über den Winter? Das Wetter wird spürbar rauer, auf den Höhen der Berge entdecke ich den ersten Schnee.

Mein Handy-Wecker klingelt um 5.30 Uhr, der Hafen liegt noch in völliger Dunkelheit. Es ist ruhig geworden. Ich bin das zweite Boot, das den Hafen verlässt, dann folgen im Minutentakt Yachten, die dem Sonnenaufgang entgegenschippern. Ich weiß, dass die Charterboote bis nach Trizonia wollen, bis dahin sind es ungefähr 50 Meilen. Unter Motor sind sie ein bis zwei Knoten schneller als ich und schieben sich langsam an mir vorbei. »Andreas, weißt du was? Was die Großen können, kannst du auch. Los geht's. Jetzt prügeln wir uns durch bis nach Trizonia!« Der Wind drückt mit seinen Böen so stark in meine Masten, dass meine Geschwindigkeit zum Teil unter drei Knoten fällt. Es ist eiskalt geworden. Fast jede Welle schlägt über und das eisige Wasser schmerzt in meinem Gesicht. Meine salzigen Augen tun so weh, dass ich Angst um sie bekomme. Ich schimpfe lauthals mit dem Meer und dem Wind: »Warum macht ihr das?« Jedes Mal, wenn die Sonne hinter den Wolken verschwindet, fängt mein ganzer Körper an zu zittern, auch meine Hände, nur mit großer Mühe kann ich mich noch festhalten. Selbst noch wenige Meilen vor Trizonia, als ich mich schon in Landschutz wähne, überrennen immer neue Wellen das Boot und meinen Körper. Es hört einfach nicht auf. Tränen der Wut laufen mir übers Gesicht. Und plötzlich ist alles seicht und still, als ich die Hafeneinfahrt direkt vor der Nase habe. »Ja, was die Großen können, kannst du auch. Geschafft!«

Trizonia ist nur 600 Meter vom Festland entfernt, aber die entspannte Inselstimmung ergreift mich sofort. Es ist nicht schwer, sich in diesem kleinen Revier zurechtzufinden. Die Insel hat nur 150 Einwohner, und alles, was man benötigt, befindet sich direkt vor der Nase. Ein kleiner Einkaufsladen, ein Restaurant mit Internet, es ist alles da. Dass mir in Korinth ein paar nette Engländer mehr als 30 Euro geschenkt haben, ist der reinste Segen: Nach nur 15 Minuten bin ich wieder zurück am Boot mit einer Dose Bohnen, und endlich mal wieder Kartoffelchips.

Drei Nächte und zwei volle Tage bin ich hier, denke nach, bringe etwas Ordnung in mein Boot und beobachte die Katzen, die genauso um das Überleben kämpfen wie ich. Es ist ein guter Platz für sie hier am Hafen, manchmal fällt etwas Fisch ab, die Mülleimer sind seit Tagen voll. Der Wind ist mir zu stark, die vielen Charteryachten haben den Hafen bereits am Folgetag meiner Ankunft verlassen, und so ist es deutlich ruhiger geworden. Inmitten des Hafens ragen zwei Segelmasten aus dem Wasser und liefern ein schauriges Bild: Eine Segelyacht ist gesunken. Ich blicke lange auf dieses geheimnisvolle Grab, das Deck des Bootes ist nicht zu erkennen. Ich verstehe nicht, dass die Menschen etwas so Wertvolles einfach sich selbst überlassen. Eine Inselbewohnerin, mit der ich mich ausschließlich durch Gesten verständigen kann, ist sehr besorgt um mich, unmittelbar vor der Weiterfahrt bringt sie mir noch zwei Tragetaschen voll mit Lebensmitteln. Dies ist der Punkt, an dem meine bisherige tiefe Abneigung gegen Oliven in ihr Gegenteil kippt. Jede einzelne der Oliven, die mir diese unbekannte Griechin mitgibt, schmeckt mir wunderbar. Seit Trizonia bin ich Olivenfan. Die Insel ist ein wunderbarer Ort, an dem die Zeit stillsteht. Und an dem die Herzen offen sind. Ich wünsche mir, dass ich hierher noch einmal zurückkehre. Vielleicht mit den Jungs, um ihnen zu zeigen, wie schön die Welt ist. Das ist ein toller Gedanke.

Auch auf Nafpaktos ist die Atmosphäre unglaublich. Die Stadt sieht aus, als läge sie im Dornröschenschlaf; kaum zu glauben, dass über 18 000 Menschen hier ihr Zuhause haben. Ich denke, dass ich mit Fug und Recht etwas verpasst hätte, wenn ich an diesem Hafen vorbeigefahren wäre. Vielleicht ist es sogar der schönste kleine Hafen, in den ich bisher eingefahren bin. In 40 bis 50 Metern Höhe liegt ein altes Schlossgemäuer, es ist stark eingewachsen und wirkt sehr geheimnisvoll. Wie sah es früher hier aus, wer lebte hier? Manchmal wünschte ich mir eine Zeitmaschine.

An der Pier gibt es eine flach gebaute Anlegestelle, ähnlich einer Terrasse. Ein perfekter Platz für mich, um festzumachen und an Land zu stapfen. Als ich die in den Beton eingelassenen Ringe suche, um dort mein Boot zu befestigen, steht plötzlich ein Mann neben mir: »Ich bin Pavlos«, stellt er sich vor, »da oben ist mein Restaurant. Willst du einen Kaffee und ein Sandwich? Komm mit, dein Boot kannst du ruhig allein lassen. Hier kommt nichts weg. In 15 Minuten sind die vom Regionalfernsehen da.« Ich muss lachen, was meint er mit dem Hinweis auf das Fernsehen? Knapp eine Viertelstunde später bin ich schlauer:

Ich habe noch nicht einmal mein Sandwich aufgegessen, da gebe ich schon mein erstes Interview. Pavlos kümmert sich rührend um mich. Sobald ich auch nur annähernd Hunger bekomme, soll ich sofort zu ihm kommen. Und: »Hier, 20 Euro für Benzin.« Ich weiß gar nicht, was ich sagen soll, Pavlos ist unglaublich. Später ruft er mich auch noch zu einem Whiskey auf Eis. Es ist lebhaft geworden in seiner kleinen Bar, ich fühle mich sehr wohl.

≈

Der Oktober ist schon bald vorüber, ich will jetzt möglichst bald Korfu erreichen. Wenn ich es von dort hinüber nach Italien schaffen will, brauche ich mindestens zehn Stunden volle Helligkeit. Noch gibt es sie, aber nicht mehr lange. Die Tageskurve der Sonne wird schon deutlich flacher.

Die Tagestouren führen mich jetzt durch seichte Gewässer. Meile um Meile schramme ich mit der Karre an Küstenstreifen entlang, deren Tiefe deutlich unter einem Meter liegt, manchmal muss ich Schwerter und Ruder hochklappen. Den Golf von Patras habe ich verlassen und segele im Schutz von Ithaka und weiterer kleiner Inseln. Durchfahrten werden manchmal erst sichtbar, wenn ich ihnen schon auf wenige hundert Meter nahe bin. Ohne die GPS-Navigation wäre ich hier so orientierungslos wie zuletzt in der türkischen Ägäis. Der Wind weht mein Boot durch unwirkliches Gebiet, Sandbänke und Felsen wechseln sich ab, Fischerhütten stehen mitten im Meer. Ich bin alleine und bin es doch nicht. Die Götter sind mit mir, ich warte auf die Gesänge der Sirenen. Jeden Moment müsste eigentlich Poseidon auftauchen, seinen Dreizack habe ich doch gerade wieder im Wasser gesehen. Oder nicht? »Mann, was ist los mit dir, bist du verrückt geworden?«, ermahne ich mich selbst. »Sieh auf dein GPS, du bist im 21. Jahrhundert.« Doch mein Gefühl für die Götter des Meeres ist in diesen Tagen wirklich so stark wie nie, ich kann es nicht so einfach abstreifen. Es ist, wie es ist.

Aber die Häfen von Mesolongi, Astakos und Lefkada holen mich zurück ins Jetzt. »Nach Paxos solltest du fahren«, rät man mir, »die Insel ist wunderhübsch und ihr Hafen in die Felsen gebaut. Auf der einen Seite fährst du hinein und hinter den Bergen wieder hinaus.« Ich folge dem Tipp und wage den Sprung vom Festland zu den Inseln. Und spüre wieder die Kraft des offenen Meeres, die Wellen sind hart und schnell. Sobald der Wind auf 5 Beaufort beschleunigt und sich die weißen schaumigen Kappen der Wellen bilden, sind sie da: Fliegende Fische. Pfeilschnell und sehr kontrolliert nutzen sie die Kraft der Welle wie eine Abschussrampe, um sich in die Luft zu befördern. Ihr Flug ist beeindruckend schnell, immer in Zweiergruppen fliegen sie, mit einer beachtlichen Spannweite von geschätzten 40 Zentimetern. Ihr Flug dauert lange, ich staune mit offenem Mund über ebenfalls geschätzte 50 bis 100 Meter. Immer wieder habe ich in der Vergangenheit Berichte von diesen Fischen gehört, und wie sie auf Yachten und Booten gelandet sind. Meine Freunde hier haben dieses Problem nicht. Sie spielen mit mir und wissen, dass ich da bin. Für sie sind die Wellen genau das Richtige.

Am Nachmittag habe ich mein Ziel erreicht. Ach, ich liebe es, eine Insel anzulaufen. Entspannt und gut gelaunt hole ich vor den Toren des Hafens meine Segel ein. Es ist ein befriedigendes Gefühl, nach einem harten Seetag die Etappe geschafft zu haben. Immer wieder bin ich stolz auf mein Boot und vielleicht sogar ein wenig stolz auf mich selbst.

Am nächsten Tag gehe ich nicht über Osten von Korfu weiter, so wie man es mir auf Paxos geraten hat, ich wähle die Westseite, um mir Umwege zu sparen. Zeit ist mir jetzt am Ende des Sommers viel zu kostbar geworden und irgendeinen Unterschlupf werde ich auch an diesem Tag schon finden. Oberhalb von Korfu will ich die Insel Othoni erreichen, um von dort aus den großen Schlag nach Italien zu wagen. Meile um Meile geht es an der felsigen, kargen Inselküste entlang, und Stunde um

Stunde ist einfach kein Ende in Sicht. Die Küste von Korfu ist unglaublich gefährlich, dunkle Felsen tauchen plötzlich und unerwartet wie hungrige schwarze Monster auf, und ich bin froh, nicht mehr Tiefgang zu haben. Mit langsamer Fahrt führt mein Weg in eine geschützte Bucht. Ja, hier ist es gut.

Nur wenige Meter von meinem Boot entfernt steht eine alte Kapelle. Sie sieht aus, als ob sie seit Jahrzehnten nicht mehr benutzt wurde. Warum baut man eine Kapelle so gefährlich dicht ans Meer? In einiger Entfernung kann ich eine Frau vor der felsigen Küste erkennen, sie scheint irgendetwas zu suchen und kommt langsam näher, bis ich erkenne, dass das gar keine Frau ist, sondern ein Mann mit langen grauen Haaren unter einer Baseballmütze. »Zacharias«, stellt er sich vor. Sein Englisch ist ganz gut: »Komm mit mir zum Restaurant, es sind nur zehn Minuten am Wasser entlang.« Ich bin etwas skeptisch, schließe mich ihm aber an. Mein Fernglas werde ich mitnehmen, vielleicht kann ich vom Restaurant aus mein Boot sehen; ich möchte es gern im Blick behalten.

Das Restaurant, von dem Zacharias gesprochen hat, ist ohne Gäste. Mein neuer Bekannter entpuppt sich als griechischer Zappelphilipp, er schafft es gerade einmal, eine Zigarettenlänge lang ruhig zu sitzen. »Was brauchst du?«, fragt er. Tabak und Papier, Essen und Wasser, vielleicht fünf Liter Benzin, wenn es möglich ist. »Okay«, erwidert er mit wedelnden Armen, »wir trinken jetzt noch den Kaffee in Ruhe, und dann besorge ich dir die Sachen aus dem nächsten Ort.« Kaum hat er den Satz beendet, stürzt er sich in eine Planänderung: »Wir machen es anders, du kriegst jetzt von meinem Tabak und meinem Papier. Gib mir deinen Kanister mit, den bringe ich dir zusammen mit den anderen Sachen morgen früh vollgefüllt vorbei.« Ob ich mich auf ihn verlassen kann? Unaufgefordert bestätigt er mir, ein Mann von Ehre zu sein: »Gib mir deine Telefonnummer, nur für alle Fälle.« Ich soll ihm zum Kofferraum seines Autos folgen. »So, nun sollst du mal richtigen Fisch essen.« In seinem

Auto liegen Fische in Eis, er gibt mir von ihnen: »Die bereitest du dir auf dem Feuer zu. Feuer machen kannst du doch, oder? Lecker!« Weg ist er, mit meinem Kanister. Hoffentlich geht das gut! Vielleicht sind Kanister auf Korfu ja so schwer zu bekommen, dass ich soeben auf eine Ein-Mann-Kanistermafia hereingefallen bin. Morgen früh weiß ich mehr.

Als ich zurück bei der Karre bin, ist alles beim Alten. Erst nach einer Stunde anstrengenden Suchens habe ich genügend Brennmaterial beisammen, um den Fisch zubereiten zu können, und die Sonne ist bereits untergegangen, als die Glut endlich so weit ist. Sehr vorsichtig hole ich den Fisch von meinem Stock. Gut sieht er aus. Mit der Kopflampe als einziger Lichtquelle ist es schwierig, den Fisch von seiner Haut und seinen Gräten zu befreien, ohne dass mir der Sand mein Essen ungenießbar macht. Er schmeckt aber hervorragend, und ich habe das Gefühl, meinem Körper etwas Gutes zu tun. Ich räume zusammen und schütte Sand über das Feuer. Das Boot ist mit einem langen Tampen gesichert, das Zelt steht direkt vor der Eingangstür der alten Kapelle.

Mit dem ersten Blick nach draußen sehe ich, dass der Wasserstand sich verändert hat. Mein Boot liegt komplett auf dem Trockenen. Verdammt! Und es sind nicht nur ein paar Meter, sondern mindestens 30 bis 40. Ich werde es leer räumen müssen, wie soll ich die Karre sonst wieder zum Wasser bekommen? Trotz der Gewichtserleichterung ziehe ich die Karre nur unter größter Anstrengung Zentimeter für Zentimeter in Richtung Wasser. An einer Sandbank bepacke ich die Karre neu.

Es ist bereits nach 9 Uhr und Zacharias hat sich noch nicht bei mir gemeldet. Er wird 11 Uhr, bis seine kleine grüne Schrottkiste mit lautem Gehupe heranfährt. Mit breitem Grinsen und im Zickzack-Kurs hält er auf mich zu. Der Kaffee, den er für mich dabei hat, ist kalt geworden. Das Benzin, das er mir geben will, ist Flüssigkeit für Scheibenwaschanlagen. Erst nach zweiter Geruchsprobe entscheide ich mich für ein Zeug, das sich in einem zweiten Kanister befindet. Anscheinend ist er nicht bei einer Tankstelle gewesen, sondern dreht mir hier irgendwelche Reste aus seinem Bestand an. Brot und Tabak hat er dabei wie versprochen. Zacharias ist damit beschäftigt, seine Worte, Schritte und Gesten zu koordinieren, er macht auf mich den Eindruck eines wild gewordenen Künstlers und bringt mich zum Lachen. Dass er mir jetzt auf einem Zettel die Kosten zusammenrechnet, auf dem sogar der kalte Kaffee und das Brot seinen Platz finden, lässt mein Lachen verstummen: »Das macht 18 Euro.« 23 Euro habe ich noch, der Mann nimmt mir gerade mein letztes Hemd. Anscheinend habe ich Dussel nicht gesagt, dass ich eigentlich nichts bezahlen kann. »Hier hast Du 20 Euro. Stimmt so, Zacharias.«

≈

An Segeln ist heute wieder nicht zu denken. Aber ich bin froh darüber. Es ist wie Energie tanken, in der noch warmen Sonne auf fast spiegelglatter See unterwegs zu sein. Alle Schotten sind auf, sämtliche Sitzpositionen finden ihre gemütlichste Form, und alles, was man benötigt, darf auch mal an Deck liegen bleiben. Einfach nur da sitzen und fahren. Schon am späten Nachmittag habe ich die 30 Meilen nach Othoni geschafft. Ein Platz für mich ist schnell gefunden. Fischer und wenige Einheimische empfangen mich so selbstverständlich und freundlich, als würde einmal in der Woche ein Kajakmaran wie meiner an diesem Ort anlegen. Ein paar Fischer kochen Suppe an Deck, Katzen streunen umher, weil sie wissen, dass hier etwas für sie abfallen wird. Doch heute haben die Katzen Konkurrenz: Ein bärtiger Fremder mit Hunger ist vor ihnen an der Reihe. Es gibt Fischsuppe mit Kartoffeln, wie ich sie zu Hause so gerne esse. Jemand schenkt Wein aus. Ohne große Worte bin ich einer von ihnen. Die Männer raten mir, sehr bald nach Italien überzusetzen, schon in ein paar Tagen wird das Wetter umschlagen.

Um 3 Uhr in der Nacht bin ich wach, 55 Seemeilen trennen mich von der südöstlichsten Stelle Italiens, und heute hat die Stunde für mich und die Karre geschlagen. Aufgeregt und ruhig zugleich treffe ich im Schein meiner Stirnlampe Vorbereitungen, um für einen langen Weg gerüstet zu sein. Woher ich den Mut nehme, kann ich nicht sagen. Ich vertraue dem Meer, den Aussagen der Fischer, meinem Boot. Getränkeflaschen und etwas Essbares bekommen einen sicheren Platz, an dem sie mir bei schwerer See nicht von Bord gespült werden und ich sie doch gut und schnell erreichen kann. Die Sonne wird bald etwas Licht bringen, dann geht es für mich los. Zehn Stunden werde ich auf jeden Fall benötigen. Der Wind ist schwach aus Ost vorausgesagt und wäre somit zumindest von der Richtung her genau das, was ich benötige.

Es ist noch nicht hell, als der alte Mann von nebenan mir etwas zuruft. Das Wort Kaffee habe ich verstanden, ach, wenn er doch nur wüsste, was er mir damit Gutes tut. Seine Frau steht in der Küche, ihr rosa Morgenmantel mit großen Blumen darauf ist witzig. Im Wintergarten hat sie gedeckt und ist etwas in Sorge um mich, ihr Mann übersetzt ihre Worte und ich beruhige sie gleich, erzähle ihr von meinem guten Boot, was es alles schon geschafft hat, und dass ich gut ausgestattet bin. Ihr sorgenvoller Blick ist unübersehbar und der Händedruck fest, als wir uns schließlich voneinander verabschieden.

Es ist gerade so hell, dass ich ohne Lampe ablegen kann und andere Boote mich auf dem Wasser erkennen können. Als ich aus dem Schatten der Insel das offene Meer erreiche, weht der Wind plötzlich aus West. Die Welle ist gegen mich und der Himmel macht keinen liebevollen Eindruck, seine Wolken wirken bedrohlich. Sollte der Westwind stärker werden, könnte es sein, dass meine Geschwindigkeit unter 5 Knoten gedrückt wird, dann wäre es fast unmöglich, die 55 Meilen Distanz im Tageslicht zurückzulegen. Was mache ich jetzt – und ist es der richtige Tag, um diesen Weg zu wagen? Ich werde noch eine

Stunde weiterfahren. Wenn der Wind dann immer noch zulegt, werde ich zur Insel zurückkehren. Ja, das ist eine gute Entscheidung.

≈

Über mir bildet sich ein dunkles Wolkenband, keine Sekunde lasse ich es aus den Augen. Othoni, die grüne Oase im unbezähmbaren Meer, verschwindet langsam aus meinem Blick. Entgegen meinem anfänglichen Verdacht löst sich das bedrohlich wirkende Wolkenband nach und nach auf. Der Wind nimmt ab, nach zwei Stunden ist die See spiegelglatt. Die Sonne brennt erbarmungslos auf mich nieder. Weit und breit ist nichts mehr zu sehen. Kein Schiff und kein Land, nur das Wasser, meine Karre und ich. So einsam wie in diesem Moment habe ich mich noch nicht ein einziges Mal gefühlt. Bin ich wirklich allein?

Nach fünf Stunden habe ich schon etwas mehr als die Hälfte geschafft. In der Monotonie fangen meine Gedanken an zu kreisen. Sabrina, die Jungs, Ma, Pa, meine Familie und Freunde, wie mag es ihnen gerade gehen? Was halten sie eigentlich jetzt von meiner Tour? Wie oft sie wohl an mich denken? Ist nach fast einem halben Jahr meine Abwesenheit zur Selbstverständlichkeit und die unregelmäßigen Anrufe und SMS zur Routine geworden? Fragen, die ich mir im harten Tagesgeschäft, wenn es darum geht, Wind und Wellen zu trotzen und abends etwas in den Bauch zu bekommen, nicht stelle. Da muss ich funktionieren. Auch jetzt wieder, denn ein lautes Geräusch und eine Welle von verdrängtem Wasser stoppen mit einem Mal meinen Gedankenkreisel. Mein Kopf schnellt nach links. Die Wasseroberfläche ist dort aufgewühlt und anhand seiner Bewegung ist zu sehen, dass irgendetwas Großes direkt neben meinem Boot gesprungen und wieder eingetaucht sein muss. Deutlich größer als zwei Meter. Was war das? Ein Delfin kann es nicht gewesen sein, denn die zeigen sich immer wieder. Dieses Wesen hat mir

Ich bin Andreas Gabriel, hier ist meine Karre, das ist unsere Tour: Darf ich eine Nacht bleiben?

Am Anfang habe ich erst mal lange nachgedacht …

Blick in die Werkstatt.

Nach drei langen Monaten ist sie endlich fertig: Meine Karre!

Jungfernfahrt im Tönninger Hafen.

Der Main: wie ein Gemälde von Monet, und das kurz hinter Ochsenfurt.

Kaffeekochen, mein liebstes Morgenritual.

In Serbien erreiche ich Donaukilometer 1000.

Pavel und Jakob, zwei ganz besondere Menschen, denen ich in Rumänien begegne.

Sieht nicht so aus, ist aber alles, was man braucht nach einem langen Tag auf dem Wasser.

Türkei. Mein Tag beginnt mit einem prüfenden Blick gen Himmel und Meer.

Durch tintenblaues Wasser auf dem Weg nach Altinova. Ich liebe die Türkei, sie fühlt sich nach Heimat an.

Wäschetrocknen nach der extrem nassen Überfahrt von Ikaria nach Mykonos.

So eine Reise verändert.

Stillleben mit Zwiebel und Thunfischdose, meinen Hauptnahrungsmitteln.

Mit Pedro am sogenannten Ende der Welt, dem Kap São Vicente bei Sagres, Portugal.

Ein kleines Boot in einem sehr großen Meer. Vor der portugiesischen Küste.

In Martinhal warte ich auf günstiges Wetter.

Ein ruhiger Moment im spanischen Gijón: Jetzt weiß ich, ich muss nach Hause.

3. August 2013: Ich habe es wirklich geschafft!

Ich bin zurück bei meinen Lieben.

einen gewaltigen Schrecken eingejagt und zeigt sich nicht mehr. Für einen Moment habe ich tatsächlich Angst. Unter mir sind über 2000 Meter nichts als Wasser und ich bin nichts anderes als eine Fliege auf seiner Oberfläche. Da unten gibt es definitiv Größere und Stärkere als mich, es sind Jäger, verdammt gute Jäger. Der Schreck sitzt tief. Das monotone Außenbordergeräusch hat mich in eine Art Trance versetzt, aus der ich urplötzlich herausgerissen wurde. Ich beobachte das Wasser um mich herum, doch erkennen kann ich nichts. Es zeigt sich nicht mehr.

Nach sieben Stunden sehe ich am Horizont eine Wolkenformation, die eine ungewöhnliche Wölbung aufweist. Laut meinem GPS befindet sich in exakt in dieser Richtung mein Zielpunkt. Wie aus alten Seefahrergeschichten bekannt, erblickt man also erst die Wolken über dem Land, bevor das Land selbst zu erkennen ist. Es sind noch fast 15 Meilen bis nach Italien, und trotzdem steigt mir für einen kurzen Moment Pizzaduft in die Nase. Er ist so kräftig, dass es unmöglich Einbildung sein kann. Oder? Es *ist* Pizzaduft. Ich werd verrückt! Das da vor mir unter den Wolken muss Italien sein. Der Motor hat klasse durchgehalten. Nicht auszudenken, wenn er mittendrin aufgegeben hätte. Mein Körper entspannt sich zusehends, aber die dunkelgraue Wolke über Leuca wird mit jeder Minute schwärzer. Will mich irgendetwas vor diesem Ort warnen? Nach neun Stunden Fahrt ist es tatsächlich geschafft. Das Meer hat mich fahren lassen, für einen Moment kehre ich in mich, lasse meine Hand ins Wasser gleiten und bedanke mich für seine treue Freundschaft.

≈

Santa Maria di Leuca erscheint mir wie eine Festung. Die Schutzmole des Hafens ist irrsinnig hoch, mehrere hundert Meter lang und verrät, wovor das Land sich hier fürchtet. Die Einfahrt in das innere Becken ist für mich ein Triumph. Ein riesiger Hafen, mit unzähligen Yachten und Booten aller Art, tut sich vor mir auf. Im hintersten Drittel empfangen mich mehrere Männer wild fuchtelnd und lachend, Toni und seine Freunde. Die Karre und ich, wir sind da. Ich bekomme einen Bettschlafplatz in einem Raum über der Surfschule des Hafens, ich kann duschen, ich werde eingeladen in ein Restaurant. Es gibt leckeres Essen, Bier und Wein. Satt und müde falle ich ins Bett. Ich danke euch, Menschen von Santa Maria di Leuca. Ich danke dir, Karre. Du bringst mich sicher ans Ziel. Ich danke dir, Wasser. Du trägst mich weiter. Ein großes Etappenziel meiner Reise ist erreicht. Fast ein halbes Jahr bin ich jetzt unterwegs. Es ist der 28. Oktober 2011. Morgen Nacht werden die Uhren auf Winterzeit gestellt.

Drei Nächte lang dauert dieser Stopp, er ist eine Belohnung für das Erreichte. Ich bin es meinem geschundenen Körper schuldig. Endlich ist Ruhe und Zeit, selbst den Geschichten anderer Segler zu lauschen und sich mit ihnen zu freuen. Fasziniert und still höre ich zu, wie Toni erzählt, dass eines Tages ein Segelboot in den Hafen fuhr und ein älteres Ehepaar darauf, das seiner Reise sehr müde war. Die Frau des alten Skippers war krank und so beschlossen sie ihre Segelyacht zu verlassen, Hab und Gut blieben zurück, Kleidung und Logbücher, Briefe und Parfum. Ein ganzes Leben blieb einfach in den Schränken einer 40-Fuß-Segelyacht aus Stahl. Nur mit jeweils einer Tasche und ihren Papieren machten sie sich auf, in die Heimat zu fliegen. Als die Zeit etwas vorangeschritten war, klingelte eines Tages Tonis Telefon. Es war der alte Mann, dem es nicht mehr möglich war zurückzukehren. Seine Frau und er hatten einen Entschluss gefasst, das Boot und alles in ihm sollte Toni gehören. Sie würden ihm nur sehr dankbar sein, wenn er im Gegenzug das Liegegeld für den Hafenplatz begleichen würde. So sitzen Toni und ich nun auf einer großen Yacht, die ihm für 4 000 Euro zugefallen ist.

Am Abend findet sich eine Regattagemeinschaft am Hafen ein, vom Arzt bis zum Handwerker ist alles dabei. Der Arzt sieht mich an, nimmt meine Hände in seine und blickt runter zu meinen Füßen. Meine Haut ist runzelig, vertrocknet und dünn, meine Handrücken sind mit Blutblasen übersät. »Du gehst jetzt sofort mit meiner Frau, sie wird dir Salben und Cremes geben. Es ist nicht gut, was ich da sehe.« Er hat recht. Er ermahnt mich, meine Haut etwas ernster zu nehmen. Aber ich weiß, dass ich dem Meer und der Sonne selbst mit Creme nur wenig entgegenzusetzen habe.

Es ist der 31. Oktober 2011, als ich mich entschließe, meinen Weg nach Norden fortzusetzen. Die Stiefelhacke nach oben, bis es mich von ganz alleine dann wieder nach Westen treibt. Es ist schon spät im Jahr, und ich habe seit Griechenland, zusammen mit der Zeitumstellung, glatt zwei Abendstunden mit Licht verloren. In einem Stück den Golf von Tarent zu überqueren ist jetzt nicht mehr möglich. Zu kurz sind die Tage geworden, um 75 Seemeilen auf einen Schlag sicher hinter mich zu bringen. Ich werde meine Tage umgestalten müssen. So früh los, wie es geht, und so früh an Land, wie es meine Situation erfordert. Die Menschen müssen mich sehen können, um mit mir ins Gespräch zu kommen – und ich mit ihnen –, sonst habe ich keine Chance mehr, satt zu werden, weiterzukommen und meine Kraft zu erhalten.

Mein Plan geht nicht nur in Gallipoli auf, wo zwei nette Jungs Essen für mich holen. Auch in Sant'Isidoro komme ich rechtzeitig an: In einer himmlischen Bucht baden ein Polizist und seine Familie; er fährt mit mir tanken und schenkt mir Geld. Ein Restaurant feiert an diesem Abend seinen letzten Tag der Saison, und ich werde satt, unglaublich satt.

Den guten Erlebnissen folgen die schlechteren, das Wechselspiel dieser Tour ändert sich auch im Herbst nicht: Warum nur laufe ich in eine einsame Bucht, auf die zu viel Brandung steht? Meine Karre wird förmlich an den Strand geschmissen, und ich beuge mich schließlich der Entscheidung des Wassers. Du willst mich hier und heute am Strand behalten? Na gut, dann soll es so sein. Es dauert jedoch nicht sehr lange, bis ich meinen Fehler erkenne. Schon kurz nach dem Einschlafen werde ich wieder wach, höre das Dröhnen der Brandung und weiß in diesem Moment, dass etwas nicht stimmen kann. Nackt, aber mit Stirnlampe bewaffnet, renne ich hinunter zum Strand. Die Karre liegt schon quer zur See, und die Rümpfe sind voll mit Wasser und Sand. Der Wein hatte mich gleichgültig gemacht, und das habe ich nun davon. Ich bin wütend und schreie, zerre und reiße. Ich schreie vor Wut, bin wütend auf mich selbst, wütend auf das Meer. Ich schreie, weil es mir die Kraft verleiht, 350 Kilogramm in dieser Brandung in den Griff zu bekommen. Das ist Wrestling, nicht mehr und nicht weniger. Zwei Stunden später liege ich wieder im Zelt. Mir ist kalt und mein Schlafsack voller Sand. Erst im Morgenlicht wird das ganze Ausmaß der Katastrophe sichtbar. 20 Kilogramm Sand sind immer noch in den Rümpfen, meine Plastikkiste mit Besteck ist nicht mehr da, außerdem fehlen zwei Wasserflaschen und etwas Kleinkram. Das Ereignis zwingt mich, in dieser Bucht zu bleiben. Ich werde trocknen und entsanden, sortieren und wieder einräumen.

≈

Kurz nach acht, am Morgen des 6. November 2011, laufe ich mit der aufgehenden Sonne über den endlosen Strand Süditaliens. Der Wind hat nicht nachgelassen. Wie weit komme ich noch, im November auf dem Mittelmeer? Wie soll meine Geschichte im Winter weitergehen? Was ist wirklich wichtig? Ich werde eine Entscheidung fällen müssen. Meine beiden Söhne kommen mir in den Kopf. Sollte ich hier eine Winterpause einlegen müssen, könnte ich es ihnen wohl kaum zumuten, auch dafür von Zuhause wegzubleiben. Nur der Geschichte der Tour zuliebe? Nur um eine Nonstop-Geschichte zu bauen? Bereits zum dritten Mal bin ich an diesem Morgen mit vollen Armen unterwegs, um mir ein anständiges Lagerfeuer hinter meinem Zelt zu machen. Ich werde aufpassen müssen, ein Feuer ist nicht ganz ungefährlich bei diesem Wind. Bäume, Sträucher, alles ist noch sehr trocken vom heißen Sommer. Es muss ja nicht unbedingt ganz Süditalien brennen für eine Tasse Kaffee. Zwei alte Männer kommen zu mir ans Zelt. Gottlob ist das Feuer noch nicht an. Ob sie mich wohl kontrollieren wollen? Der eine von ihnen ist sehr witzig, ich muss laut lachen. Seine Mimik entgleist komplett, als ich ihm die Karte meiner Route hinhalte. Er warnt mich vor der nächsten Zeit auf dem Wasser. Ich spreche kein einziges Wort Italienisch, aber sein ganzer Ausdruck macht es mir verständlich. »Ich weiß, alter Mann, ich weiß«, geht es durch meinen Kopf. »Ich denke seit Stunden über nichts anderes nach.« Er fragt mich: »Willst du mit uns Mittag essen?« »Si, gerne, sehr gerne, grazie.«

Sehr pünktlich bin ich bei ihnen. Giovanni, der alte lustige Mann jenseits der achtzig, ist der Urvater eines Campingplatzes. Seine Tochter Clara und die beiden Enkeltöchter leben mit ihm hier. Clara serviert mir die Pasta draußen an der langen Tafel vor dem Haus. Die Nudeln mit Tomaten und Meeresfrüchten sind das tollste Essen seit langem. Viel zu schnell ist alles vorüber, und nach einem abschließenden Espresso bin ich wieder alleine unter grauem Himmel bei meinem Zelt. Wieder vergeht eine Nacht in Gedanken.

Am Morgen sitze ich über meinem Tagebuch, es ist bereits das dritte der Tour, voll mit Tageserlebnissen, Gekritzel, Adressen und Namen der meisten Menschen, die ich getroffen habe. Entschlossen schreibe ich hinein: »Dein Abenteuer wird weitergehen, egal wofür du dich entscheidest. Heute wirst du dich für deine Kinder entscheiden. Diese Winterpause kannst du nicht auch noch in der Fremde verbringen. Sie haben ohnehin schon einen großen Preis für dein Abenteuer zu zahlen. Wenn du hier jetzt auch noch fünf Monate überwinterst, ohne dass neue, spannende Geschichten entstehen können, ist das nicht mehr stimmig. Schluss, Andreas. Es ist Schluss für 2011.«

Kaum habe ich das geschrieben, ist es auch schon Gesetz. Ich werde es so tun, wie aufgeschrieben. Ich mache hier Schluss. In meinem Kopf entsteht sofort eine Art Liste: Was habe ich, um nach Hause zu kommen? 12 Euro, Taschen, Kleidung. Was brauche ich, um nach Hause zu kommen? 12 Euro, Taschen, Kleidung, ich lache und bin durch und durch erleichtert. »Du wirst trampen und fertig, mit etwas Glück schaffst du es in zwei bis drei Tagen. Los geht's.«

Mit meinem Computer auf dem Rücken bin ich wieder auf dem Weg zum Campingplatz. Ich werde die Hilfe der Familie benötigen. Clara ist da, schnell habe ich ihr erklärt, was ich will. Gemeinsam sitzen wir vor meinem Laptop und einem Internet-Übersetzungsprogramm. Der alte Giovanni blickt ernst und gespannt. Seine Enkeltochter rutscht unruhig von einer auf die andere Pobacke, als würde ich im nächsten Augenblick verraten, ob die Familie im Lotto gewonnen hat oder nicht. Die drei nehmen mich wirklich sehr ernst, das macht es mir etwas leichter. Ich muss mich kurz halten in den Sätzen, dann übersetzt das Programm am verständlichsten. Alle drei beobachten aufmerksam und gespannt, was ich vorhabe, achten auf meine Finger, die zu buchstabieren beginnen.

»Ihr seid sehr nett«: Lei è molto gentile. Lachend antworten sie: »Si, si, si.« »Ich brauche jetzt eure Hilfe«: Ho bisogno del vostro aiuto ora. »Si, si, si«, höre ich erneut und fahre fort. Geduldig wartet man auf das, was ich schreibe, beobachtet, wie Buchstabe für Buchstabe auf dem Bildschirm erscheint, und ich habe das Gefühl, dass wir alle unendlich Spaß daran haben, uns auf einmal so gut zu verstehen. Wir vereinbaren, wo die Karre gelagert werden soll, zu welcher Zeit ich zurückkehren werde und wie wir die Karre und all meine Dinge, die mein Zuhause geworden sind, vom Hafen zum Campingplatz transportieren. Nach über zwei Stunden sind wir uns einig. Es kann losgehen. Mein fester Händedruck und mein Blick in Claras Augen verraten ihr meine Dankbarkeit. Sie spürt es. Ohne groß überlegen zu müssen, setze ich meine Arbeit mit dem Computer am Gartentisch vor der Küchentür fort, während Clara im Wohnzimmer ungefragt nach Zug- und Flugverbindungen sucht. Voller Emotionen schreibe ich das letzte Update in diesem Jahr:

»Es ist jetzt 14 Uhr am 7. November 2011, ich habe noch 12 Euro in der Tasche und nehme jetzt meinen Krempel, stelle mich an die Straße und trampe nach Hause!«

Um 16 Uhr klingelt das Telefon, mein Freund Doc Leif ist dran: »Wann kannst du in Rom sein? Ich hol dich ab!«

Um 20 Uhr drückt Clara mir, einem wildfremden Mann, freundlich, aber bestimmt 200 Euro in die Hand: »Hier, das wirst du brauchen, um nach Hause zu kommen.«

TEIL 2

Mitten im Ozean schläft bis zur Stunde
ein Ungeheuer, tief auf dem Grunde …

April 2012, ich bin wieder da. Seit November ruht die Karre von einer Plane geschützt unter einem Garagendach bei meinen italienischen Freunden. Die Rümpfe liegen nebeneinander, die Beams darauf, ebenso der Mittelsteg und die Masten. Zelt, Schlafsack, Neoprenanzüge. Die technische Ausrüstung hatte ich mitgenommen. Alles ist voller Blätter und Sand. Es hat im Winter weiter mächtig geweht, höre ich von Clara und Giovanni. Es war ein Winter wie immer, mit viel Wind und wechselhaftem Wetter. »Du hast nichts verpasst, Andreas.«

Obwohl ich den Winter zu Hause verbracht habe, fühlt es sich nicht so an, als wäre ich fort gewesen, als hätte ich dieses Abenteuer unterbrochen.

Bei meiner Mutter hatte ich ein Dach über dem Kopf, während Sabrina und ich uns über den Sinn unserer Beziehung klar zu werden versuchten. Sie hat es mit mir am schwersten und stand am Flughafen doch wieder an meiner Seite, erneut mit Tränen in den Augen, als ich sie zum zweiten Mal zurückließ. Ich war mir im Klaren darüber, dass ich ihr immer wieder große Schmerzen zufügte, aber die Winterpause hat etwas ganz Besonderes aufgezeigt: Obwohl unser beider Motivation unterschiedlich ist, wird sie zu mir halten. Bis wir es zu Ende gebracht haben. Mit dieser Gewissheit starte ich leichter und es schien, als wäre ihr Schmerz nicht mehr so tief wie noch im vergangenen Jahr. Ich komme ihr immer näher. Vielleicht ist es das.

Meiner Haut hat die Winterzeit sehr gut getan, sie konnte sich beruhigen und heilen. Aus einem 70-Jährigen ist wieder der 43-Jährige geworden, der, der er eigentlich ist. Ich bin wieder da, mit neuer Energie im Körper und im Kopf. Es ist das Ende eines langen Atemholens und die Fortsetzung der Tour übers Wasser.

≈

Giovanni sitzt im Wohnzimmer und freut sich, mich wiederzusehen. Er freut sich auch über meine Verlässlichkeit und die Tatsache, dass ich ihm als Erstes 150 Euro in die Hand drücke, die er im Herbst für das Winterlager veranschlagt hat.

Es ist warm und schon Kurze-Hosen-Wetter. Ich spüre, wie gut mir das tut, wie mich das belebt. Die nächsten Tage verbringe ich damit, die Teile der Karre zu säubern und zu warten und sie dann wieder zusammenzusetzen. Noch an meinem Ankunftstag haben wir die Teile meines Bootes vor eines der Campinghäuser getragen, das jetzt meine Basisstation ist. Gründlich durchsuche ich die Bootsrümpfe. Die Dosen mit Fisch und Fleisch sind nur noch zum Teil in einem brauchbaren Zustand, an einigen von ihnen ist der Rost so dick und in das Material eingedrungen, dass ihre Reise schon jetzt zu Ende ist.

Während Clara meinen verschimmelten Schlafsack in der Maschine wäscht, gibt es für mich viel zu tun: An den Aluminiumteilen meines Bootes ist starke Oxidation sichtbar, ich hätte sie im November sorgfältiger abspülen sollen, dann wäre die Karre nun vielleicht in einem besseren Zustand. Aber es ist, wie es ist, und ich halte es nicht für so schlimm, dass meine Weiterfahrt dadurch gefährdet sein könnte. Die alten Segel werden durch neue, die mir mein Segelmacher spendiert hat, ersetzt und an Mast und Baum montiert. Der Außenborder bereitet mir allerdings etwas Sorge. Was ist, wenn er nicht mehr funktionieren will? Ich zerlege ihn mit äußerster Sorgfalt; Getriebeölwechsel, Filterwechsel und Vergaser auseinanderbauen – zeitweilig bin ich mir nicht sicher, ob ich das Puzzle auch wieder zusammenbekomme.

Fünf Tage verbringe ich bei meinen italienischen Freunden,

ich liebe es, in dieser Zeit jeden Tag Claras Mittagsruf zu hören: »Andreeeeeaas, mangaaaare!« Ich fühle mich wie ein Mitglied der Familie und Clara steht dabei stellvertretend für alle Menschen, die mir helfen, diesen Weg zu schaffen. Wie selbstverständlich gehöre ich dazu, man hilft, wenn es nötig ist. Durch diese ganzen Menschen habe ich begriffen, wie einfach es ist, auf Fremde zuzugehen. Ich habe gesehen, wie man mir begegnet, wenn ich ein Grundmaß an Freundlichkeit zeige. Ein lachendes Gesicht ist ohne Neid und Missgunst. Bring dein Gegenüber zum Lachen, und du hast alles, was du brauchst, und bekommst mehr, als du jemals erwartet hast.

Dann ist die Karre klar. So wie wir sie im November raufgefahren haben, auf seinem kleinen Müllanhänger, fahren Giovanni und ich sie nun zusammen wieder runter zum Hafen. Jetzt gilt es. Alles ist gepackt, die Karre schwimmt, die Sonne scheint und ein leichter Wind weht, kein Sturm verhindert brüllend die Weiterreise. Ich umarme Clara und ihre Töchter. Über 30 Zentimeter Wassertiefe verlasse ich diese wundervolle Familie, während Clara ihre letzten Fotos von der Hafenkante schießt. Es ist der 18. April 2012.

≈

Mein Körper weiß instinktiv, was auf diesem Boot zu tun ist, das Gefühl für die Karre ist sofort wieder da. Endlich kann ich meine Nase wieder in den Wind halten, endlich geht es weiter!

Zur Linken liegt der Horizont in seiner ganzen Schlichtheit und Erhabenheit, rechts von uns zieht die sandige Küste der italienischen Stiefelsohle langsam vorüber. Obwohl die Bäume an Land in Bewegung waren, ist draußen auf See plötzlich völlige Windstille. Nach nur wenigen Meilen sind es Geräusche meines Motors, die das Idyll zerstören und mich hellhörig werden lassen. Das ist nicht normal und klingt viel zu metallisch. Das kann nichts Gutes bedeuten. In langsamer Fahrt erreiche ich ein Flussdelta, wo eine riesengroße Marina entstanden ist. Neben einer Slipanlage gehe ich längsseits an die hohe Betonpier, an der mehrere Segelyachten auf ihren Wasserungstermin warten. Schnell sind ein paar Männer um mich herum versammelt, doch der Hafenmanager spricht als Einziger Englisch und muss erst per Funkgerät herbeigerufen werden. Nur Minuten später ist Mario zur Stelle, und kurz darauf befindet sich mein Außenborder bereits in einer Werkstatt. Der Mechaniker horcht und fühlt und kommt zum naheliegenden Schluss, dass dieser Motor schlichtweg bereits mehr Stunden auf dem Buckel hat, als er in seinem Leben normalerweise ableisten muss: »Dass er sich nicht mehr wie ein neuer Motor anhören kann, ist doch klar.« Aber ich kenne dieses Maschinchen, da ist noch irgendetwas anderes. Wir füllen etwas mehr Öl in meine Benzinkanister, und diese kleine Kur scheint ihm gut zu tun. Am Abend lädt Mario mich zum Essen ein, und am nächsten Morgen ist er es auch, der mich mit einem Gummiboot aus dem Hafen begleitet. Kurz bevor er umdreht, um in den Hafen zurückzukehren, schüttelt er ein letztes Mal meine Hand, bevor er 50 Euro in selbige drückt: »Mach's gut, mein Freund, und pass auf dich auf.«

≈

Das Wasser ist tiefblau, der Nordostwind bringt leicht gischtende Wellen mit sich, die den Hintern meines Bootes in die Lüfte heben. Ich bin nahezu auf Südkurs und immer noch im Golf von Tarent unterwegs. Kalabrien liegt an Steuerbord, die Küste wechselt zwischen Sand- und Kiesstränden und felsigen Abschnitten. Ich durchfahre nun das Ionische Meer, in dem sich irgendwo weiter im Süden die tiefste Stelle des Mittelmeeres verbirgt, das Calypsotief. Über 5 000 Meter geht es dort runter.

Das nächste Kap ist zu sehen und ich steuere direkt drauf zu. Je mehr ich mich vom Land entferne, desto druckvoller wird der Wind. Die Wellenhöhe legt deutlich zu, aber die Karre liegt gut und es gibt eigentlich keinen Grund besorgt zu sein – wenn da nicht dieses knackende Geräusch hinter meinem Rücken wäre: Verdammt, die obere Aufhängung des Ruders ist gebrochen! Auch die andere sieht mürbe aus und wird nicht mehr lange durchhalten. Schnell hole ich das defekte Ruderblatt auf, um ihm den Wasserdruck zu nehmen und es nicht noch ganz zu verlieren. Sollte der untere Bereich ebenfalls durchbrechen, habe ich ein weitaus größeres Problem. Nun muss ich doch in die Bucht hinein und einen Hafen suchen. Doch das Einzige, was ich mit meinem Fernglas sehen kann, sind Hochhäuser oder so etwas Ähnliches. Also los, gehen wir es an.

Tatsächlich finde ich ein Hafenbecken und in der hintersten Ecke mehr schlecht als recht eine Anlegestelle. Das Gelände ist eingezäunt und nur Zoll und Küstenwache mit Schnellbooten haben hier ihren Liegeplatz. Etwas weiter entfernt kann ich einen Steg mit Sportbooten erkennen, doch auch der scheint abgeschlossen zu sein. Das Einzige, was mir hilfreich sein könnte, ist eine kleine sandige Bucht in etwa 100 Metern Entfernung. Sie ist kaum breiter als mein Boot, aber dort könnte ich rückwärts auf den Sand fahren, um die Ruderanlage zu demontieren.

Schiavonea heißt der Ort, an dem ich mich nun befinde. Ich führe erste Gespräche, man ist nett und freundlich, macht mir aber auch klar, dass ich an meiner jetzigen Anlegestelle nicht bleiben darf. Während ich mein Boot auf den flachen Ministrand manövriere, telefoniert man oben bereits mit einem Mechaniker. Für eine Reparatur ist der Platz bestens geeignet, doch wo kann ich hier mein Zelt aufbauen? Ein Mann vom Zoll bringt mir Wasser und eine Tüte Kartoffelchips, während mein Akku für den Fotoapparat in seinem kleinen Wachhäuschen lädt. Nur wenig später hält ein Mann mit seinem Wagen direkt vor meinem Platz und fragt mich, völlig überraschend, auf Deutsch: »Hast du ein Problem? Warte, ich komme runter zu dir.« Adriano hat ein paar Jahre in Deutschland gelebt. Wir überlegen eine Weile, und dann ist er auf einmal mit den beiden gebrochenen Teilen weg, wolle sich etwas einfallen lassen. Was ist, wenn er mit diesen Teilen nicht wiederkommt, die ich als Muster doch noch benötige?

Eine Stunde später ist er wieder da mit irgendwelchen Messingteilen aus seinem Ersatzteillager, aber nichts passt wirklich oder ist ausreichend stabil. Schnell versteht auch er, dass es nur Sinn macht, die beiden kaputten Teile exakt nachzubauen, und ist so schnell wieder weg, wie er aufgetaucht war. Für einen Moment komme ich mir etwas verloren vor. Der Platz meines Bootes ist nicht gut für die Nacht und das Zelt steht hier auch nirgendwo sicher. So ein Industriegelände ist kein Ort, an dem ich mich wohl fühle. Aber warten, bis Adriano vielleicht irgendwann heute Abend wieder auftaucht? Naja, von den Zollbooten aus hat man direkten Blick auf mein Boot. Ich denke nicht, dass mir hier jemand etwas klauen wird. In der Zwischenzeit unternehme ich einen Spaziergang Richtung Ort.

Zwei Stunden später bin ich wieder beim Boot, stehe an der Straße und hoffe auf jedes Auto, das um die Ecke biegt. Doch Adriano taucht nicht auf und so werde ich mich auf die Nacht vorbereiten müssen. Dieser Entschluss ist noch kaum zu Ende gefasst, als plötzlich drei Männer neben mir stehen. »Hier zelten? Das ist nicht gut. Wenn ein Auto um die Kurve kommt und dich zu spät sieht …« Die Männer machen sich ernsthafte Sorgen. Kurzerhand entscheiden sie, dass es das Beste ist, wenn ich mein Boot an den Steg verhole, den ich heute Nachmittag schon entdeckt habe. Die drei, Mitglieder des Angelklubs La Lenza, helfen mir dabei und nachdem die Karre gut vertäut ist, zeigen sie mir das Klubhaus, in dem ich in der Nacht besser aufgehoben sei als auf dem Steg. Da haben sie sehr recht, und ich nehme das Angebot herzlich gern an.

Adriano taucht auch am nächsten Morgen nicht auf. Es nützt also nichts, ich muss selbst aktiv werden. Mit maßgenauen Skizzen in der Tasche spreche ich mit den Jungs vom Angelklub. Ein anderer Mann namens Lorenzo kommt dazu. Er versteht mein

Problem und hält mir seine Autotür auf, wir werden eine Werkstatt suchen, die die Beschläge nachbauen soll: »Aber glaub nicht, dass du das umsonst kriegst, das wird nicht klappen.« Lorenzo schätzt den Aufwand auf mindestens 100 Euro. »Auf keinen Fall weniger!«

Wir werden sehen.

Etliche Kilometer sind wir unterwegs, bis wir die richtigen Teile und Materialien zusammen und eine Werkstatt gefunden haben, die die Beschläge anfertigen kann. Lorenzo hat recht mit seiner Schätzung, satte 100 Euro soll das Ganze kosten. Ich erkläre also meine Situation und hoffe inständig, wieder Glück zu haben. Nach langem Palaver einigen wir uns schließlich auf 50 Euro, die kann ich gerade noch aufbringen, und habe damit den Schätzpreis von Lorenzo um glatte 50 Prozent unterboten! »Sag mal, wer ist hier eigentlich der Italiener«, ruft der Werkstattmeister Lorenzo lachend zu. »Der oder wir?«

Mein Wochenende mit den Jungs von La Lenza wird lustig und sehr gesellig. Ich werde sogar offiziell als Mitglied aufgenommen, inklusive Mitgliedsausweis. Um Essen und Trinken muss ich mich schon mal gar nicht kümmern, denn Lorenzo erklärt: »Hier in Kalabrien ist man klein und hat einen dicken Bauch. Du musst krank sein, so lang und dürr wie du bist … Wir werden dich schon aufpäppeln für die weitere Reise.« Mittendrin im Wochenende taucht übrigens auch Adriano wieder auf, mit meinen alten Beschlägen und zwei neuen Teilen, die er gebaut hat. Sie sehen aus, als hätte sie ein Friseur gefertigt, passen überhaupt nicht. Aber er hat Wort gehalten und ist zurückgekommen. Was für eine Type.

Am Montag um 10 Uhr halte ich die neuen Ruderaufhängungen in den Händen, alles ist fertig und perfekt gearbeitet. Ich lasse den Tag einen schönen Tag sein und bleibe noch, verbringe ihn mit den Angelkumpeln und Lorenzo. Am Morgen nach der vierten Nacht verlasse ich diesen kleinen Ort, der mich, so scheint es mir, zu sich gerufen hat. Wäre mir woanders so freundlich und unkompliziert geholfen worden? Alles Zufall? Nein, Schiavonea hat mich gerufen.

Während der kommenden Tage hangele ich mich von Kap zu Kap. An den Kaps entscheidet sich die Wassersituation immer wieder neu, entweder ist es mit der vorherigen Ruhe schlagartig vorbei und Wind und Wellen drehen auf, oder sie legen sich plötzlich und das Wasser wird ganz ruhig. Von meiner Warte knapp über der Wasseroberfläche aus versperrt mir jeder noch so kurze Landvorsprung die Sicht auf den weiteren Verlauf der Küste, also bleibe ich nahe am Ufer, es sei denn, das Wetter erlaubt es, von Kap zu Kap zu springen. Immer wieder finde ich Plätze, die kein anderer Seefahrer finden könnte, Minibuchten hinter Minieinfahrten aus zwei Felsen, traumhafte kleine Lagunen. Mit der Karre geht das, solange der Wind mitmacht und keine Brandung auf den Strand steht. Oft wünsche ich mir, die Schönheit der Orte, an denen ich anlande, mehr genießen zu können. Aber ich beobachte, dass Praktisches immer vorgeht. Ich sehe Felsen und denke: Windschutz. Ich sehe Häuser und denke: Menschen. Ich sehe flaches Wasser und denke nur an die Felsen und Steine unter der Wasseroberfläche. Mein Leben hier draußen hat sich komplett verselbstständigt. Sicherheit, Essen und gute Kontakte zu den Menschen sind das Einzige, was mich interessiert und in meinem Alltag »über Wasser hält«. Ich muss mich ständig ermahnen, die Landschaft und das schöne Wasser mit seinen sandigen Buchten zu beachten und es bewusst wahrzunehmen.

Wieder treffe ich auf Delfine. Es ist eine große Gruppe, die Tiere sind aber kleiner als die, denen ich im Schwarzen Meer und der Ägäis begegnet bin. Höchstens zwei Meter lang, schätze ich. Ihre Schnelligkeit und Wendigkeit ist enorm, mit wenigen Zentimetern Abstand schießen sie am Bug der Karre vorbei, um dann elegant zu wenden, im Kreis hintenherum zu schwimmen und das Spiel von vorne zu beginnen. Sie sind wunderschön, ihre nasse Haut glitzert in der Sonne. Ich rufe und pfeife, wenn einer an die Oberfläche kommt. Sie können mich hören, sie reagieren, halten kurz inne. Auf einmal bin ich unglaublich glücklich, fühle mich aufgehoben in der Welt und ihren Geschöpfen. Ich weine still und dankbar. Nichts anderes ist mir jetzt wichtig, nur dieser Moment mit den Delfinen. Es ist, als ob die Welt mit sich und mir ins Reine kommt.

≈

Sizilien in Sicht! Vor der Straße von Messina wurde ich eindringlich gewarnt. Ihre Windsysteme sollen kompliziert, fast nicht zu verstehen sein, bedingt durch die Landformen von Festlanditalien und Sizilien. Hinter der nächsten Landnase geht das bekannte Spiel los: Der Wind kommt von vorn und dreht auf. Er hat jetzt mehr als fünf Windstärken und drückt gewaltig gegen die Masten der Karre, der kleine Motor kämpft uns tapfer voran. Durch mein Fernglas erkenne ich an Land Wellenbrecher aus Steinen, vielleicht kann ich hinter ihnen verschwinden. Ich manövriere uns durch ein Geschwader von Kitesurfern, denen der Wind gerade recht kommt und die links und rechts mit ihren Schirmen an mir vorbeizischen. Die Mole ist aus Stein, dahinter beruhigt sich das Wasser sofort. Endlich ist das Geschlage und Gerüttel vorbei, keine Welle erreicht den Strand, hier kann ich mich endlich ausruhen. Die Straße von Messina hat mir gezeigt, was sie kann.

Die Strandhäuser sehen noch unbewohnt aus, ich werde hier also niemanden stören und mein Zelt getrost aufbauen können. Nachdem ich das erledigt habe, mache ich mich auf zu ein paar Fischern, die nur 50 Meter weiter auf ihren weißen Plastikstühlen sitzen. Es ist die in allen Häfen bekannte Sorte Lästernasen, die den ganzen Tag einfach beieinandersitzen und die Zeit vorüberziehen lassen. So sitzen sie in Tönning genau wie in San Francisco, auf Hawaii oder eben hier, bei Pellaro. Ich gebe jedem der Kollegen die Hand. Sie mustern mich aufmerksam, zu gern würde ich verstehen, was sie untereinander über den Fremden tuscheln. Ich zeige ihnen das eingeschweißte Foto von der Karre und meine Routenskizze. Einer deutet mit dem Finger auf die Richtung, aus der ich von See gekommen bin und zum Strand, man kann die Karre von hier aus nicht sehen. »Si«, sage ich, »da hinten liegt das Boot, ja.« Meinerseits zeige ich mit dem Finger auf die moderne Kaffeemaschine, die hinter ihnen an der Hütte steht. »Darf ich einen haben?« Sofort steht einer der Männer auf und zeigt mir, welche Knöpfe zu drücken sind. Der Kaffee kommt und ich setze mich damit zu den Männern, man lässt mich gewähren. Ein merkwürdiges Bild müssen wir abgeben, die Lästernasen und der Wikinger. Aber die salzigen Flecken auf der Kleidung und die wettergegerbte Haut reichen aus, um zu erkennen, dass wir alle Männer von der See sind, ob nun Fischer, Taucher oder Abenteurer.

Nach einem einstündigen Marsch nach Pellaro bin ich wieder zurück bei der Karre. Ich habe nicht viel eingekauft, etwas Milch, Brot und Bier, aber die frischen Sachen versetzen mich in ein wahres Hochgefühl. Um dieses noch zu steigern, werde ich mich heute mal wieder gründlich waschen, mit einem Eimer voll Wasser hinter eines der Häuser verziehen und mich richtig shampoonieren. Was will man mehr? Tatsächlich, so stelle ich während meiner Reise immer wieder fest, sind es diese vermeintlich kleinen, aber grundlegenden Dinge, die einen Menschen nach langer Entbehrung glücklich machen – ein sicherer Platz, warm, trocken und sauber, und ein einfaches, gutes Essen.

Am nächsten Tag steht die Entscheidung an, ob ich heute ganz durch die Straße von Messina hindurch fahre oder nicht. Meine Fischerkollegen sind sehr eindeutig in ihrer Aussage: »Heute geht es, morgen nicht, Andreas! Morgen kommen Biester.« Mit Biestern meinen sie dunkle Wolken und Wind. Die kann ich nicht gebrauchen, ich kann mir gut vorstellen, wie hoch die See hier steht, wenn es von Norden oder Nordosten in den Schlauch der Meerenge zwischen Sizilien und Kalabrien drückt. Und ich kann mir außerdem vorstellen, dass ich es mit dem kleinen Motor gegen eine kurze und steile Welle, die in die Meerenge hineinläuft, nicht schaffen würde. Also breche ich heute auf.

Wie ein Mäuschen sich im Schutz der Wand vor der Katze in Deckung zu bringen versucht, halte ich mich eng im Windschutz der östlichen Küste. Der Wind weht von Norden, aber er ist nicht so stark wie gestern. Immer wieder halte ich Ausschau nach möglichen Landestellen, falls doch noch der Starkwind anspringt. Meine Überraschung am nördlichen Ausgang ist riesig – nur eine halbe Stunde zuvor habe ich noch überlegt, ob ich die Passage überhaupt schaffen kann, in hartem Wind und einer aufgewühlten See. Jetzt befinde ich mich eine Meile nördlich der Straße von Messina, und alles ist plötzlich still, kein Lüftchen regt sich. Warum ist hier kein Wind mehr?

Sizilien weicht an Backbord dem Tyrrhenischen Meer, dessen Wasserfarbe ist von einem tiefen Blau, zu dem kleine knallrote Quallen einen messerscharfen Kontrast bilden. Ich habe sie noch nie zuvor gesehen, ihr Rot ist so intensiv, dass ich jeden Kontakt zu vermeiden gedenke. Ich hoffe, dass mir nicht eine davon mit einer überkommenden Welle ins Dekolleté gespült wird. Ein Seevogel umkreist mehrfach die Masten, als ob er erschöpft sei und überlege, ob er mir wohl vertrauen kann und eine Landung wagen solle. Doch er dreht ab und entscheidet sich fürs sichere Festland.

Gioia Tauro heißt mein Tagesziel. Auf dem Google-Foto und auch durchs Fernglas sieht der Ort nach einem riesigen Hafen für Containerschiffe aus. Als ich näher komme, kann ich auch vereinzelte Segelbootsmasten erkennen. Es reicht mir für heute, und ich will die Situation nicht verschreien. Vielleicht sind die am Horizont langsam aufziehenden Wolken ja schon die Biester.

Die Tausende zurückgelegter Meilen haben ihre Spuren hinterlassen und innerhalb kurzer Zeit steht der nächste Reparaturfall an, für den ich Hilfe benötige: Mein Solarpaneel liefert keinen Strom mehr. Also mache ich mich mit Paneel und Batteriekiste auf den Weg zur anderen Hafenseite. Dort arbeiten Männer an ihren Booten, und ich bin noch nicht fertig mit dem Erklären, da haben sie schon genug verstanden und telefonieren.

Nur ein paar Minuten später fährt der dreitagebärtige Luca auf den eingezäunten Platz. Luca schaut mich kurz an, drückt meine Hand und beschließt: »Los geht's!« Und zwar in seine Werkstatt. Ohne sich beirren zu lassen, nimmt er mir alles ab, geht gar nicht darauf ein, als ich vorschlage, die Arbeiten selbst und lediglich unter seiner Anleitung zu verrichten. Ich möchte ihm schließlich nicht unnötig zur Last fallen. »Erstmal essen wir etwas«, sagt er und fährt los, um belegte Brötchen, Kuchen und Bier zu holen.

In zehn Stunden Arbeit erneuert er Panagiotis' griechische Solarzellen in allem, was sich erneuern lässt, sämtliche Kabel werden ausgetauscht, alle Kontakte neu gelötet und die Kontaktstellen akribisch und sorgfältig in seewasserbeständigem Silikon eingebettet. Er macht das einfach so! Einfach nur mir und der Sache zuliebe. Wieder bin ich fast sprachlos und bemerke, dass dieses Gefühl der überraschenden Dankbarkeit nicht weniger wird auf meiner Tour. Es ist so faszinierend und so begeisternd, dass ich es immer wieder kaum fassen kann.

In der Zwischenzeit ist der Wind gekommen, es ballert aus allen Rohren aus Nordwest. Der Schwell des Meeres läuft bis in den Hafen, 600, 700, 800 Kilometer Anlauf haben die Wellen bis hierher. Ich bin froh, im geschützten Hafen zu sein, und da ich sowieso nicht hätte fahren können, ist der Wartetag mit den Reparaturen gut genutzt.

≈

Am nächsten Morgen um 8 Uhr ist mein Boot fertig gepackt und ich verabschiede mich aufs Herzlichste von Luca. Um 9 Uhr bin ich wieder draußen auf dem Wasser, die See ist spiegelglatt, doch ihr Schwell ist hoch und unheimlich. Er kann meinem Boot nichts anhaben, ich weiß, aber wohl ist mir dabei nicht.

Hinter dem Kap dreht der Wind plötzlich wieder auf und schiebt mein Boot über faszinierende Farben. Das tiefe und geheimnisvolle Blau ist einem wunderschönen Grün gewichen, das schönste und satteste, das ich in meinem Leben bisher gesehen habe. Das Segeln über diese Farben ist wie ein Traum, der von mir aus noch ein bisschen andauern könnte.

Doch der Wind verhält sich merkwürdig und macht mich unruhig. Es ist besser, Schluss zu machen, für diesen Tag. Bereits draußen vor der Mole von Tropea habe ich die Segel eingepackt und fahre mit dem Motor in den Hafen. Ich mag es lieber, in einen Hafen als auf Strände zu fahren. Das Boot liegt sicherer, sauberer und mir geht es genauso wie ihm, mit trockenen Füßen fühle ich mich wohler. Das Einzige, was in einem Hafen schwieriger ist, ist die Tatsache, dass ich zum Fragen verdammt bin: »Kann ich hier bleiben?« Es ist immer dasselbe und jedes Mal, auch nach gefühlt hunderten dieser Situationen, muss ich diese innere Schwelle überwinden, meine eigene und die der anderen.

Aber auch hier in Tropea klappt es sofort, ich liege mit meinem Boot an der Rückseite eines Yachtsteges und darf bleiben. Wieder wundere ich mich über meine scheinbar unausrottbare Skepsis.

Der Wind gibt inzwischen schon wieder gehörig Gas und drückt die Wellen über die Hafenmauer. Sie stieben mit lauten Fontänen in den Himmel und eine leichte Gischt zieht über das ganze Hafengelände. Der Wind weht die Nacht hindurch, er bringt die Palmen fast zum Bersten, aber die Karre wiegt sich ruhig in ihren Tampen und lässt sich nicht davon beeindrucken.

Nach Sonnenaufgang geht mein erster Blick auf das Meer, und was ich sehe, ist alles andere als nett. Weiße Schaumkronen und Brecher neben Brechern. »Cool bleiben«, denke ich. »Es ist nur eine Frage der Zeit.«

Als der Wind wieder abnimmt, segle ich weiter nach Norden, die Küste entlang. Zwei Ziele habe ich mir ausgesucht, eines in 30 Seemeilen Entfernung, das andere 50 Meilen weit weg. Die Wellen sind kabbelig, laufen durcheinander, kein starker Wind sorgt für nur eine Richtung, alte und neue Wellen laufen durcheinander, manchmal kommen sie aus allen Richtungen zugleich, und schon nach kurzer Zeit bin ich wieder klitschnass. Nach etwa 15 Meilen Fahrt weht der Wind etwas beständiger, die Wellen beginnen allmählich sich wieder klarer auszurichten, es ist, als würde das Meer langsam gekämmt. Jetzt geht die Karre mit 5 bis 6 Knoten Geschwindigkeit gut durch die Wellen. Mein erstes Ziel habe ich schnell erreicht.

»No«, ich könne hier nicht bleiben, erklärt man mir im Hafenbüro. Meine Reise interessiert hier keinen. Also weiter, noch mal 20 Seemeilen. Vom Licht her könnte es noch gehen.

≈

Meine Tage sind bestimmt vom Lauf der Sonne. Morgens nutze ich ihre ersten Strahlen zum Trocknen, abends ihr letztes Licht zumindest für die Einfahrt in den Hafen. Ein anderes Zeitmaß gibt es nicht mehr. Mein Zeitempfinden ist ein anderes geworden, nun, wo ich schon über ein Jahr unterwegs bin. Alles ist ruhiger geworden. Langsamer. Die Entscheidungen und Handlungen sind mehr auf Dauer angelegt als auf die kurzen Beschleunigungsstrecken, die den Alltag an Land bestimmen. Ich spüre, wie diese Verlangsamung auch meinen Umgang mit den Dingen verändert – es ist ärgerlich, dass ich in diesem Hafen nicht bleiben durfte, es macht mir Mühe, aber es ist nun einmal so, ich kann es nicht ändern.

Kurz nach sieben Uhr komme ich in Cetraro an. Es ist ein unpersönlicher, großer Yacht- und Fischereihafen. Ein ungemütlicher, einsamer Abend im Zelt, ohne Dusche, steht bevor. Das ist vollkommen in Ordnung. Ich muss essen und trinken und für meine Sicherheit sorgen. Aber sonst? Das Wort »müssen« gibt es sonst nicht mehr, es hat seine Bedeutung für mich verloren. Es gibt die Natur, das Meer, den Wind. Es gibt die Menschen, die ich für die Weiterfahrt immer wieder brauche. Aber anderes? »Muss« ich etwas anderes? Hier nicht. Nicht auf dieser Fahrt.

Der nächste Tag bringt eine spiegelglatte See, kein Hauch Wind weht. Das Meer schwappt träge vor sich hin, wie bei der Augsburger Puppenkiste. Heute geht es bis Marina di Camerota, damit habe ich Kalabrien hinter mir gelassen und bin in Kampanien angekommen. Und wieder legt jemand Holz nach auf mein Feuer der gemischten Gefühle, bietet mir eine weitere Gelegenheit, mich in der neuen Gelassenheit zu üben. Wie am Vortag ist es der Hafenmeister: »Nein. Nicht bleiben«, winkt er ab. Aber es gibt noch den unruhigen Vorhafen als verbleibende Liegemöglichkeit. Ich weiß, dass es dort gefährlich werden kann, wenn der Wind wieder loslegt, aber noch ist es ruhig. Nur ein Boot liegt dort, ein kleines Segelboot aus Rotterdam mit seinem Skipper Finn und seiner Frau. Finn ergeht sich in wüsten Beschimpfungen über ein ungerechtes Meer, das sein Boot in alle Richtungen wirft, und über einen Wind, der immer nur gegen ihn ist. So kann man die Dinge sehen, mein Fall ist das nicht. Wem hilft das? Doch plötzlich spitze ich die Ohren, Finn nennt einen Namen, der mir vertraut ist: »Hast du gerade Hans gesagt?« »Ja, warum?« »Heißt sein Schiff ›Marlien‹?« Finn guckt mich verdutzt an:« Ja, so heißt es, woher weißt du das?« Mein Herz schlägt sofort schneller vor Freude. »Wann hast du ihn getroffen? Wann hat er diesen Hafen verlassen, und wie viele Meilen kann er jetzt vor mir sein?« Ich frage Finn aus bis auf die Unterwäsche. Der 70-Jährige mit den langen grauen Haaren berichtet, dass Hans schon weiter gefahren ist und so schnell wie möglich die Rhone erreichen will. Er habe die Schnauze voll vom Meer und seinen blöden Wellen.

Ein junger Thunfischjäger bringt mich zu einem Restaurant,

das über Internet verfügt. Und ich bekomme sofort Kontakt zu Hans! Er ist 250 Meilen vor mir. Das wird schwierig, ihn einzuholen, aber wir werden sehen! Der Wirt ist sehr geduldig, ich darf bleiben und so lange ich will im Internet sein. Auch dann, wenn ich nichts verzehre. Ich nehme das freundliche Angebot dankbar an und skype mit Nils, er hat heute Geburtstag, schon der zweite, an dem ich nicht bei ihm bin. Auch meine Mutter, mein Vater und sogar meine Schwester zeigen sich für einen Moment. Oh, es ist so schön, sie alle zu sehen! Es freut mich unendlich und macht mich gleichzeitig traurig, weil ich nicht bei ihnen bin. In zwei Wochen wird Nils auf Klassenfahrt in Sorrento sein, aber ich werde dort nicht auf ihn warten können. Mein Weg ist einfach zu weit, um so viele Tage verstreichen zu lassen. Ich vereinbare mit ihm, dass ich in Sorrento etwas für ihn verstecken werde, auch wenn ich noch nicht weiß, was und wo. Ein kleiner Schatz für meinen Sohn.

Die nächste Etappe führt mich nach Acciaroli. Jetzt will ich über die große Bucht vor Salerno, um das Kap bei Capri zu schaffen. Ich glaube inzwischen, ein Gefühl für die Wetterlagen bekommen zu haben. Der Wind- und Wetterwechsel erfolgt ziemlich regelmäßig. Trotzdem wird die Tour zum Ende der Amalfiküste erneut zu einer Prüfung. denn die Strecke, die ich mir vorgenommen habe, ist 45 Seemeilen lang. Rechts liegt die Bucht von Salerno, sie ist so groß, das ich fast außer Landsicht komme, voraus warten die schroffen Felsabrisse der Amalfiküste. In die Küste sind zwar immer wieder kleine Buchten eingeschnitten, in denen ich zur Not auch auf den steinigen Strand fahren könnte, aber ich will das Kap und Capri in einem Rutsch schaffen.

Außer großen Fähren ist niemand sonst auf dem offenen Meer unterwegs. Ich sitze im Schneidersitz stur auf dem linken Rumpf und lenke mit der umlaufenden Steuerleine die Karre durch die Wellen. Kaum eine Minute vergeht ohne Salzwasserdusche. Die Karre ist ein wunderbares Fahrzeug, ich habe sie mir so ausgedacht, aber ich hatte keine Ahnung, was diese Art von Fortbewegung bedeuten würde. Im Grunde ist sie ein großes Surfbrett mit Segeln und Motor. Es gibt keinen Halt und es gibt vor allen Dingen keinerlei Abstand zum Wasser. Es ist der 24. Mai und die Temperatur ist normal, vielleicht 19 Grad warm. Für mich aber ist es eiskalt, die Nässe lässt mich frieren. Von Körperbewegung kann keine Wärme kommen, denn meine körperliche Aktivität ist auf das Sitzen und Balancieren und das Steuern beschränkt. Noch dazu geht es so unglaublich langsam voran. Das verdammte Kap will partout nicht näher kommen. Wenn man über Stunden ein kleines Boot auf dem Meer einem Ziel entgegengesteuert, ist alle Wahrnehmung verzerrt, die Wellen sind groß und nah, und alles andere ist fern und kommt gefühlt auch nur zentimeterweise näher. Ich zittere vor Kälte, ich will schreien. Ich schreie. Irgendwann kommt das Kap dann doch, in Zeitlupe wandert die Felsspitze achteraus, sehr langsam. Doch entspannen kann ich noch nicht, an Bord ändert sich erst einmal gar nichts. Wenn man die Erfahrung noch nicht selbst gemacht hat, ist das wohl schwer zu verstehen, denn erst wenn der Kurs richtig geändert werden kann, wenn das Kap achteraus sackt oder, wie jetzt, der Wind nachlässt, dann hat man auch das Gefühl von der Rundung des Kaps. Dann geht die Strapaze in Linderung über und eine ganz leichte Entspannung zieht ein in Körper und Seele.

Der Wind lässt jetzt noch deutlicher nach, und ich kann den Kurs auf Nord ändern. Ich schäle mich aus meinen nassen Sachen und hänge sie an die Masten. Das Wasser ist hier so ruhig, dass ich es sogar schaffe, mir trockene Kleidung anzuziehen. Nur drei Meilen hinter dem Kap taucht ein kleiner Ort mit einem kleinen Hafen an Steuerbord auf, ich fahre die Karre dort auf den Strand. Die Leute sind sehr nett, wie so oft in kleinen Orten. Tonino ist der Erste am Boot und auch der Erste, der mir ein Bier reicht. Kann jemand nachempfinden, mit welchem Genuss es mir durch die Kehle rinnt? Ich mache mir Essen mit Thunfisch, Zwiebel und Brot. Der Moment, wenn man an Land kommt, und der Schmerz der Fahrt nachlässt, ist unbeschreiblich.

≈

Die verbleibende Ministrecke nach Sorrent fahre ich am nächsten Tag. Im Hafen kommen viele Urlauber auf dem Weg zur Fähre nach Capri an der Karre vorbei, die Saison beginnt. Ein Fährkapitän erzählt mir, dass er mich gestern draußen gesehen habe: »Du bist komplett verrückt!« So kann man es sehen. Aber in seiner Bemerkung schwingt Bewunderung mit, dass man es mit einem so kleinen Boot wagen kann, hier auf dem Meer unterwegs zu sein. Von seiner Fähre aus muss es tatsächlich verrückt ausgesehen haben. Aber kleine Boote sind nun mal nicht prinzipiell weniger seetauglich. Die Schwachstelle sind ihre Kapitäne, die müssen ihre Boote richtig fahren, sie bis ins kleinste Detail kennen.

Ich gehe einkaufen: Benzin, Brot, Milch, Bier und Snickers. Günstige Lebensmittel eben. Zu einem Wundermittel auf dieser Reise entwickeln sich für mich Honigsmacks. Sie schmecken mir gut, unterwegs kann ich schnell mal eine Handvoll davon essen, auch bei Seegang, und sie beruhigen zumindest auf Zeit das Hungergefühl, das bei den vielen Stunden auf dem Wasser ein ständiger Begleiter ist.

Am späten Abend, kurz vor dem Dunkelwerden, ist es dann so weit. Eine meiner wasserdichten Handytaschen eignet sich gut für die Nachricht an meinen Sohn. Lange sitze ich an einem Brief für Nils, habe Schwierigkeiten, die richtigen Worte zu finden. Ich bin wehmütig, aber zu theatralisch soll das Ganze ja nun auch nicht werden, und ich will meine Enttäuschung, dass ein Treffen nicht zustande kommen kann, nicht auf ihn übertragen. Zu dem Brief packe ich ein paar Euro, damit er sich ein Eis kaufen kann. So ist das nun einmal mit so einem Kirchenmaus-

Vater wie mir. Doch ich bin mir sicher, er wird sich trotzdem freuen. Ein Versteck habe ich auch schon ausgesucht: ein Denkmal. Wie ein flanierender Tourist stehe ich in seiner Nähe und warte auf den richtigen Moment. Dann springe ich wieselflink über den niedrigen Zaun und stecke die kleine Tasche tief hinter das auf dem Sockel angebrachte Wappen. So tief, dass niemand sie aus Zufall entdecken kann.

Weit hinter der großen Bucht sehe ich den Vesuv, als ich die Fahrt durch den Golf von Neapel fortsetze. An den nächsten Tagen weht nur wenig Wind, der Motor muss viel schaffen. Dann und wann muckelt und ruckelt er ein bisschen, ein Ölwechsel ist dringend fällig, ich will nichts riskieren. Die Landschaft am Ufer wird flacher, die schroffen Felsenküsten sind sanfteren Formen gewichen. Ich fahre wieder mehr auf Sicht, gebe weniger fixe GPS-Punkte als Zielorte ein, sondern suche mir kleine Buchten und Häfen. Mal darf ich anlegen, mal darf ich es nicht ohne Bezahlung, selten gar nicht. Die Pontons der Tankstellen sind häufig die Orte, an denen ich geduldet werde. Mein Zelt darf ich unter Dächern und auch häufiger in den Sanitärbereichen aufschlagen. Letzteres ist mir durchaus recht. Nachts habe ich dort meine Ruhe, und wenn ich aufstehe, sind die anderen in der Regel noch nicht wach.

Es sind heute höchstens noch 40 Meilen bis nach Rom. Mit 7 bis 8 Knoten bin ich unter Segeln ziemlich schnell unterwegs. Das Wasser ist wieder einmal wunderbar grün und gibt mir ein sicheres Gefühl. Zwar tut es manchmal einen lauten Schlag, doch am Himmel ist nichts zu erkennen, was mit einem Gewitter in Verbindung zu bringen wäre. Meine Rauschefahrt geht weiter, ich messe diesen Geräuschen keine größere Bedeutung bei. Das Knallen aber wird lauter, und seine Häufigkeit nimmt zu, allmählich kommt mir das doch komisch vor, und ein Blick nach achteraus lässt mich für einen Moment erstarren. Was ich sehe, ist ein Marine-Schnellboot mit Blaulicht in voller Fahrt. Es ist mit weit über 20 Knoten unterwegs – und es hält Kurs auf mich! In Minuten ist es bis auf 50 Meter Entfernung herangefahren. Drei Männer stehen an Deck und winken aufgeregt, aber ich kann sie nicht richtig verstehen. Erst als wir etwas näher beieinander sind, wird klar, was sie von mir wollen: Ich bin in einem aktiven Schießgebiet der Marine gelandet, und man will mich aus der Gefahrenzone begleiten. Einer der Uniformierten winkt und ruft: »Zwei Meilen zurück!« Energisch zeige ich in meine gewünschte Richtung und erwidere, dass ich in Richtung Rom will und nicht zurück. »Nein, nein«, ist die Antwort, »follow us, follow us!« Hoffentlich muss ich keine Strafe zahlen oder werde gar festgenommen. Mein Puls beginnt zu rasen. Wir fahren zwei Meilen weit zurück, dann gehe ich längsseits. Ich muss aufpassen, denke ich verwirrt, dass ich ihnen keine Kratzer in den Lack fahre. Erstaunt stelle ich dann fest, dass ihr Schnellboot aus Plastik ist. Das Deck des Bootes ist so hoch, dass meine Augen gerade mal so über die Kante gucken können. Als ich nach oben sehe, blicke ich in drei ernste Gesichter, die mir noch einmal erklären, dass ich mich in einer wirklich gefährlichen Situation befunden habe. Doch auf einmal löst sich die Stimmung und interessiert fotografieren die drei meine Karre. Anderthalb Stunden muss ich auf eine klare Ansage mit lautem Hupen und Gestikulieren der Crew warten, bis ich meinen Weg nach Norden fortsetzen darf. Mit hoher Geschwindigkeit verschwindet das Marineboot am Horizont, und ich bin wieder alleine. Bis nach Rom schaffe ich es heute nicht mehr.

≈

Weiterhin meide ich die Städte und suche mir vorzugsweise die kleinen Orte. Auch Pisa lockt mich ein paar Tage später nicht ins Landesinnere. Der Wind dreht immer öfter auf Nordwest, sodass ich den Motor viel benutze. Der Ölwechsel ist inzwischen gemacht, er war dringend nötig. Jetzt läuft er wieder besser.

Sonne und Regen wechseln sich ab. Regen ist nicht gut, wenn ich nachtanken muss; es ist dann schwierig zu verhindern, dass neben Benzin auch Wasser in den Tank kommt. Meine größte Kassenfüllung bekomme ich in diesen Tagen von einem Segel-Oldtimer unter deutscher Flagge. Sieben Männer leisten sich das Schiff gemeinsam für den Lebensabend. Sie sind wohlbetucht, Ärzte, Anwälte, Ingenieure. Neurentner auf ihrer ersten gemeinsamen langen Tour. Satte 50 Euro wechseln den Besitzer. Sie ahnen wahrscheinlich nicht einmal, wie sehr sie mir damit helfen.

Camogli heißt ein kleiner Ort, versteckt hinter einer Landnase, die mich am 7. Juni mit schweren Fallböen empfängt. Der Wind schlägt tief über dem Wasser zu, ich muss aufpassen, meine Masten nicht zu verlieren. Camogli ist einer dieser Orte, die mir schon von See her ins Auge stechen. Er sieht aus wie die Stadt meiner Märklin-Eisenbahn aus Kindertagen. Hier gefällt es mir sofort sehr.

Ein Barmann lädt mich in sein Restaurant ein. Alessandra, eine unfassbare Quasselstrippe, kommt an meinen Tisch und sorgt für Stimmung. Bianca, die nun auch am Tisch sitzt, ist 22 Jahre alt, wunderhübsch und will mit mir fahren. Ich lache über diese Vorstellung. Alberto, der Buchbinder, steht von unserem Tisch auf, geht und kehrt mit einem Geschenk zurück, wie es schöner kaum sein kann: ein leeres Buch. In Leder eingebunden und von ihm selbst hergestellt. Ich stelle mir vor, dass es wie die Geschichte meines Lebens noch auf viele Buchstaben wartet.

Alessandra nimmt mich den ganzen Abend über in Beschlag. Sie redet ohne Punkt und Komma, raucht eine Zigarette nach der anderen und lädt mich nach dem Essen zu sich nach Hause ein. Sie ist wirklich direkt und ich mag ihre Art sehr. Doch ich will weiterfahren zu Sabrina, zu meinen Jungs. und liege kurze Zeit später auch heute wieder in meinem Ein-Mann-Zelt.

Ein paar Tage darauf erreiche ich den Golf von Genua. Der Himmel ist düster und wolkenverhangen, man hat mich vor dieser Bucht gewarnt, wie schon so oft zuvor. Ich will nicht in den Hafen dieser unübersichtlichen Großstadt und fahre unter Segeln dicht an der Küste weiter. Zu dicht, wie mich das nächste Kap sehr schnell lehrt. Die Wellen laufen über vier Meter hoch auf, und schlagen mit gewaltiger Kraft von der felsigen Küste des Kaps zurück. Ich weiß, dass die Einheimischen jetzt mit dem Kopf schütteln würden, denn es ist nicht gut, was ich hier vorhabe. Kein Fischer ist zu sehen, ein deutliches Zeichen für mein falsches Verhalten. Der Untergrund des Meeres muss in diesem Bereich schnell und steil ansteigen, anders kann ich mir diese gewaltigen, schwappenden Wassermassen nicht erklären. Meine Karre ist tapfer dabei und bewältigt den Rodeoritt auf den überschneidenden Wellen mit Bravour. Sie macht keine Anstalten, vom Wasser in wirklich bedrohliche Stellung gebracht zu werden. Hinter dem Kap rollen die Wassermassen haushoch und verändern urplötzlich ihre dunkle Farbe der Tiefe in helles Grün über flachem Wasser. Nie zuvor bin ich auf so extremen Wellen auf und ab getragen worden. Die Sonne blitzt durch die Wolken und setzt das Spektakel in effektvollstes Licht. Fantastisch! Ich werde förmlich in den Hafen von Finale Ligure hineinkatapultiert – und auf einmal herrscht göttliche Ruhe.

Ein Däne, Erik, trifft nach mir im Hafen ein. Sein Neun-Meter-Motorsegler wäre nicht meine Sache, aber dasselbe kann er auch über meine Karre sagen. Erik ist Einzelgänger. Er ist ruhig, unaufdringlich und hat seinen eigenen Takt. Man spürt, er hat viel Erfahrung mit dem Meer. Erik lacht und deutet auf mein Boot: »Was, du bist auch gerade erst gelandet?« Wir kommen gut ins Gespräch, Erik spricht von seiner 93-jährigen Mutter in Aarhus und davon, dass er nun immer öfter zu ihr nach Hause fahren wird. Der Mann hat die ganze Welt gesehen, sogar Polynesien besegelt, und er fasziniert mich sehr mit seiner dabei so bescheidenen Art.

Am nächsten Tag beschließe ich, mit Erik gemeinsam weiterzufahren. Das Wetter sieht nicht sehr vertrauenerweckend aus, aber zu zweit mag es gehen. Der Wind kommt nur leicht von achtern und verschwindet bald ganz. Das Meer blubbert von der windigen Nacht und der Rumpf von Eriks Motorsegler hebt sich fast ganz aus dem Wasser. Ich fühle mich, als säße ich in einem Wassertopf, den sich ein Riese zum Spielen ausgesucht hat. Ich bin froh, nicht bei Erik an Bord zu sein, meine Karre liegt wie eine Badeinsel in der unruhigen See. Es ist gut, mal diesen Vergleich zu haben.

Um halb fünf erreichen wir San Remo und seinen Hafen mit den bekannten protzigen Yachten. Ich fahre zur Tankstelle und »mache voll«, was dem Tankwart einen Witz an Umsatz bringt. Die großen Motoryachten saugen die Menge Benzin aus seinen Tanks, die ich auf der ganzen Tour nicht brauchen werde.

Nils müsste jetzt in Sorrento ankommen. Ob er das Versteck findet? Wenn ich auf meine Strecke der letzten zwei Wochen zurückblicke, war die Entscheidung weiterzufahren die richtige. Aber wann werde ich meinen Großen wiedersehen? Seit Wochen bin ich am italienischen Stiefel entlanggefahren und habe viel Nord gutgemacht, wie die Seefahrer sagen. Luftlinie bin ich gerade so nahe an daheim wie schon lange nicht mehr. Und entferne mich nun wieder Meile um Meile. Ab jetzt geht es, grob gesagt, nach Südwesten, bis ich Gibraltar erreiche.

Es ist Samstag, der 9. Juni 2012. Laut den Blättern meiner Tagebücher der 245. Tag meiner Reise zu mir selbst. Ist dies gerade Halbzeit? Ich weiß es nicht. Irgendwann werde ich vielleicht nachzählen, aber im Moment kann ich es nicht wissen, ich möchte es auch gar nicht wissen, es spielt keine Rolle. Etwas anderes ist wichtiger: Ich bin jetzt schon lange fort von daheim und fühle mich doch niemals fremd. Das ist etwas, von dem ich schon vor Beginn der Reise ein Bild hatte. Was wäre, so hatte ich mir auf einem Spaziergang durch Tönning überlegt, wenn ich diesen Gang nicht durch das mir so vertraute norddeutsche Städtchen machen würde, sondern in immer neue Orte käme, immer neuen Menschen begegnete? Ich konnte bei dieser Vorstellung fühlen, dass mich das nicht aus der Ruhe bringen würde. Diese Vision hat sich bewahrheitet. Ich bin weder mir noch den anderen fremd. Die meisten, denen ich begegne, spüren das nach kurzer Zeit. Wenn ich ihnen nicht fremd bin, sind sie mir auch nicht fremd. Die Fortsetzung dieses gemeinsamen Verhaltens ist nichts weiter als dies: miteinander lachen und miteinander feiern. In guten Zeiten, und auch in weniger guten. Das hört sich einfach an, ist aber gar nicht so leicht und wird selten gelebt.

Ich glaube, zu den größten Problemen der menschlichen Gemeinschaft gehören Vorurteile und die fehlende Konsequenz, ihnen zu entgegnen. Sind die eigenen Gedanken positiv, konsequent positiv, dann haben Vorurteile weniger Einfluss darauf, unser Handeln zu bestimmen. Doch diese Balance kommt nicht von selbst; sie benötigt Haltung und Anstrengung, Willen und Einsatz. Ich brauche diese vier Elemente jeden Tag auf See und ebenso an Land, oft sind sie sogar überlebensnotwendig. Das habe ich gewusst, bevor ich losgefahren bin, aber natürlich kannte ich das Ausmaß des nötigen Einsatzes nicht, wusste nicht, wie sehr wir doch oft in uns gefangen sind. Jetzt kenne ich ihn. Jetzt weiß ich, dass er unfassbar hoch ist. Und ich weiß, dass er sich unglaublich lohnt. Sollte ich zu diesem Zeitpunkt so etwas wie ein Halbzeitfazit ziehen, würde ich feststellen, dass die Reise gelingt. Ich komme jeden Tag an. Bei mir und bei den anderen Menschen. Mehr kann ich nicht erreichen. Ob nun in San Remo oder sonst wo.

≈

Die Wellen vor dem Hafen türmen sich auf, der Mistral ist unterwegs. Ich werde hier in San Remo bleiben und mich wieder um meine Solaranlage kümmern, die Batterie lädt wieder nicht vernünftig.

Während ich mich meinem Boot und seiner Ausrüstung widme, entgeht mir nicht, dass dort ein Mann auf der Mole steht und mich genau im Blick hat. Ich sehe ihm einen Augenblick nach, als er rucksackbepackt weiterzieht. Ob er ein Landstreicher ist? Seine Art zu gehen verrät mir, dass die Zeit auch für ihn eine andere Rolle spielt. Irgendwann hat man einen Blick für diese Menschen. Ohne dem Moment zu viel Bedeutung zu schenken, versinke ich in meinen Arbeiten. Doch nur wenige Augenblicke später fährt mir der Schreck in die Glieder – auf einmal steht dieser Mann direkt bei mir an der Karre! Unser Gespräch ist kurz und oberflächlich, er geht wieder, doch jetzt bin ich hellwach. Seine Blicke haben alles wahrgenommen. Mein Zelt, meine Ausrüstung, alles. Wer ist dieser Mann? Wie soll ich ihn einordnen? Dann ist er plötzlich schon wieder da und überrascht mich mit einer Frage: »Ich gehe jetzt einkaufen und würde dir gerne etwas mitbringen. Brauchst du was?« Ich bin unsicher, was ich davon halten soll. Sonnencreme ist spontan das Einzige, was mir in den Kopf kommt, obwohl es mir natürlich an allem fehlt.

In dieser Nacht im Zelt vor der hohen Hafenschutzwand habe ich zum ersten Mal ein Messer bei mir. Gut, dass Erik notfalls in Rufweite ist.

Aber nichts passiert. Mein Morgen beginnt, ruhig wie immer, mit einem großen Becher Kaffee in den ersten wärmenden Sonnenstrahlen vor Eriks Boot. Einfach nur dasitzen, einfach nur für den Moment existieren.

»Guten Morgen«, » ertönt es hinter mir, mit leichtem französischen Akzent. Der geheimnisvolle Fremde von gestern ist wieder da, er heißt Maurice. Meine Frage nach seinem Tun beantwortet er mit leisem Lächeln: »Ich bin im Urlaub.« Anscheinend bereitet es ihm Unbehagen, seine Art des Reisens vor anderen zu benennen. Maurice' Ausrüstung ist auf den Punkt reduziert: ein Rucksack mit Schlafsack, ein Messer, Waschzeug und etwas zu essen. Ein zweiter Rucksack soll irgendwo gut versteckt sein, den mag er nicht mit sich herumtragen. Tatsächlich hat er Sonnencreme mitgebracht und außerdem noch etwas zu essen. Meine Unsicherheit ihm gegenüber will trotzdem immer noch nicht ganz weichen. Maurice erzählt von sich, von Problemen mit seinen Füßen durch langes Gehen. Er hat einen festen Wohnsitz in der Nähe von Bordeaux, spricht fünf Sprachen fließend und überrascht mich mit seinem philosophischen Tiefgang, er ist ein Mann, der einfach nur unterwegs ist. »Ich habe Geld von meiner Mutter geschickt bekommen, deswegen können wir uns das hier leisten«, sagt er, »morgen oder übermorgen werde ich mit dem Zug nach Hause fahren, um mir bei der Traubenernte etwas Geld zu verdienen. Sollen wir heute Abend zusammen grillen?« »Fleisch?«, frage ich angenehm verwirrt. »Ja. Los, das machen wir, Anzünder und einen Grill habe ich.«

Am Abend kehrt Maurice wie versprochen zurück, mit Steaks, Würstchen, sauren Gurken und Bier. Die Sonne sinkt bereits, als das erste Stück Fleisch in unsere Mägen wandert und wir es uns richtig gut gehen lassen. Die Gespräche mit ihm sind hochinteressant, er ist dabei offen und bleibt zugleich verschlossen, fortwährend signalisiert er: Bis hierher lasse ich dich wissen und weiter nicht.

Als ich ihn gestern das erste Mal sah, habe ich ihm sofort einen Stempel verpasst. Ja, auch so jemand wie ich verteilt Stempel. Der Stempel war definitiv nicht der richtige, aber einen passenden neuen finde ich nicht für Maurice. Ähnlich wie ich ist er aufgebrochen, um nicht stehen zu bleiben. Dem Terminwahn entflohen, dem Getriebensein, dem falschen Leben, dem so viele verpflichtet sind, um dann kurz vor Ende festzustellen, was sie verpasst haben. Dass nur noch die Geschäftigkeit uns treibt, das wollen wir beide nicht. Wir wollen vor dem Ende etwas finden, das zu uns passt. Auf Zeit oder für länger leben wir deshalb anders als die anderen. Im Moment gibt es nur diese Reise. Ich weiß nicht, was sie noch mit mir vorhat. Jetzt gerade hat sie mir Maurice als guten Grillgeist geschickt, einen, mit dem ich satt werde, wie noch nicht zuvor auf dieser Reise. Wenn ich bedenke, dass ich in der ersten Nacht das Messer in Griffweite neben mir liegen hatte, um mich im Fall der Fälle vor ihm schützen zu können, dann zeigt das, wie mächtig Vorurteile, Vorprägungen, Ängste, schlechte Erwartungen sind. Sailing for good thoughts – es fängt bei mir selbst an.

≈

Es ist der 14. Juni, und San Remo lässt mich endlich gehen. Sage und schreibe fünf Nächte hat mich das Wetter dort festgenagelt. Eriks und meine Wege trennen sich wieder, Maurice hat sich bereits verabschiedet und ist auf dem Weg nach Frankreich.

Am Nachmittag taucht am Horizont eine Insel auf, ich kann nicht erkennen, ob ich besser innenseitig durchgehe, um Weg einzusparen. Sabrina muss helfen. »Nein, das ist egal«, schreibt sie, »vor dir liegt Sainte-Marguerite, direkt gegenüber von Cannes.« Ich entscheide mich für die Ostseite der Insel, es ist später Nachmittag. Badegäste liegen am Strand. Vorsichtig fahre ich voran, auf der Hut vor badenden Kindern und schnorchelnden Vätern. Zwei russische Bikinidamen begutachten die Karre, lichten sich gegenseitig mit dem Wikinger ab und berichten, dass die Insel um 18 Uhr für Besucher geschlossen wird. Doch Laura und Tim, die als Segellehrer hier arbeiten, sind mein Joker für die Nacht. Mit denen mache ich klar, dass ich bleiben kann, während alle anderen Besucher wie angekündigt wieder aufs Festland zurück müssen. Die beiden Twens ziehen sich einen Joint rein, ich verschwinde in mein Zelt. Cannes bei Nacht sehe ich nicht mehr, aber San Remo zieht noch durch meine Träume. Das ist ein guter Ausgleich.

Bei all der Wärme an diesem herrlichen Strand ist auch in den nächsten Tagen mein Hauptthema die Nässe. Es klingt paradox, aber auch bei vollem Sonnenschein ist es einfach ein

Problem, immer in Nässe zu fassen. Bei der Fahrt auf dem Wasser bin ich keine Sekunde trocken. Auch wenn der Wind hier überwiegend flau ist, ist doch der Wellenschlag permanent. Alte Dünung, neue Windwellen und vor allem der Schwell der endlos vielen Motorboote sorgen für eine dauerhafte Bewegung der Meeresoberfläche, die immer wieder über die Karre und mich hinwegschwappt. Ich greife dauernd ins Wasser, und auch die Leinen sind permanent nass. Ich halte meine Hände in die Luft, als hätte ich mir die Fingernägel lackiert und ließe sie nun trocknen. Das muss affig aussehen, aber trocken zu sein ist für mich mittlerweile fast so wichtig wie essen und schlafen.

Ich bin an den berühmten felsigen Küsten des nördlichen Mittelmeeres ohne festgelegte Tagesziele unterwegs. Das Meer hat sich zur Badewanne entwickelt, ist ruhig und ohne Gefahren. Fréjus, Saint-Tropez, Le Lavandou, Hyères, Bandol und La Ciotat lasse ich allesamt an Steuerbord liegen. Gehe nur noch für kurze Gespräche und zum Tanken in die Häfen. Für meine Übernachtungen suche ich mir ruhigere Plätze als die trubeligen Orte der Reichen und ihres Publikums. Ich habe Marseille im Visier, und zum ersten Mal auf dieser Tour ist eine Frau mein Fahrziel: Marie. Sie war 2008 das Beste, was mir auf meiner Fahrradsegeltour über den Weg gelaufen ist, hat mich damals an ihrer Tankstelle oberhalb von Marseille entdeckt, als ich dort Schutz vor Regen suchte. Ich war durchgefroren, und mir war nach allem zumute, nur nicht nach dem Gelächter der Leute, das mir entgegenschlug, als ich mit diesem komischen Gefährt an der Zapfsäule stand. Immerhin 3 200 Kilometer nach Marseille hatte ich auf Europas Straßen geschafft. Marie und ihr Boss lachten mich nicht aus, sondern luden mich zum Essen ein. Es wäre wirklich schön, sie wiederzusehen.

Als ich Marseille in Tagesweite habe, nimmt mein Sohn Nils über Facebook Kontakt zu ihr auf. Wir haben Glück und sie meldet sich sofort bei ihm.

Von La Ciotat geht es in einem Schlag weiter. Zwischen hohen Felsen taucht die Bucht vor Marseille vor mir auf. Menschen baden in der Sonne, aber auf dem Wasser herrscht ungewöhnlich wenig Verkehr. Nils schreibt mir: »Papa, du sollst in den Hafen fahren. Marie kommt dahin.« »Nils, das hier ist Marseille und nicht Tönning. Geht das bitte etwas genauer?« Es dauert nur Minuten, dann erhalte ich eine Information, mit der ich etwas anfangen kann: »Vieux-Port, Papa.« Ich bin stolz auf meinen Sohn, es macht mir Spaß, mit ihm zusammenzuarbeiten. Ein Ruderer zeigt mir die Richtung an, als ich ihm den Namen meines Zielortes zurufe.

Eine Regatta findet statt, Hunderte von Yachten verlassen den Hafen, als ich einfahre. Oldtimer und hochmoderne Racing-Yachten ziehen an mir vorbei. Die Menschen winken und hupen, machen Fotos und bereiten mir einen besonderen Empfang, auch wenn sie nichts von mir wissen und nur verwundert sind über das Ding, das da gerade ihren Weg kreuzt. Stolz stehe ich an Deck und lasse mich feiern.

Mit langsamer Geschwindigkeit gehe ich in den Hafen bis vor die Promenade, versuche Marie mit dem Fernglas zu entdecken. Es gelingt mir nicht, zu viele Menschen sind da unterwegs. Nils hat mir glücklicherweise ihre Telefonnummer geschickt. »Ich habe ein grünes T-Shirt an«, sagt sie, »du wirst mich schon sehen.« Ja, ich sehe sie und steuere langsam an die Pier. Sofort beginnen die Fragen der Leute, eine Menschentraube bildet sich, und es wird fotografiert, dass die Kameras heiß laufen. Es ist ein Spießrutenlauf, bis Marie und ich uns endlich in den Armen liegen. Wirklich mehrere Stunden vergehen, bis wir im Tumult der riesigen Stadt einen halbwegs sicheren Platz für mein Boot gefunden haben. Marie zahlt 30 Euro für einen Liegeplatz, ohne dass ich das sofort mitkriege. Ganz wohl ist mir nicht, als ich meine Karre verlasse, aber Sicherheitsbeamte bewachen den Hafen auch in der Nacht.

Irgendwo in den Bergen über Marseille wartet Maries Haus

auf mich. Auf unserem Weg machen wir Halt an ihrem Arbeitsplatz, dort, wo ich damals ausgelacht wurde. Vor Freude klatsche ich in die Hände, als ich die Tankstelle wiedersehe. Die Erinnerungen an damals sind schön. Rückblickend würde ich sagen, dass ich bei meiner ersten Tour an Land einsamer war als jetzt, wo ich doch die meiste Zeit allein mit meiner Karre bin. Vielleicht lag das aber an mir und wäre heute auch an Land anders. Vielleicht fühle ich mich mit mir selbst einfach nicht mehr so allein. Ein schöner Gedanke.

Marie tischt Pasta und Wein auf. Den ganzen Abend erzählen wir uns, was in den letzten Jahren passiert ist, gerade eben so intensiv, wie es unser beider Englischkenntnisse zulassen. Mein Bett ist ein Ledersofa und meine Nacht darauf eine Katastrophe. Das Sofa knirscht und knatscht, wenn ich mich drehe. Ich glaube, keine Luft in dem geschlossenen Raum zu kriegen, und nach vier Stunden bin ich wach. Ich denke an Hans, den Holländer. Bis auf 120 Meilen bin ich an ihn herangekommen, aber nun ist er hier schon in die Rhone abgebogen und für mich nicht mehr einholbar. Irgendwann werden wir uns wiedersehen, ich bin mir sicher.

Sabrina ist sauer auf mich, mag es nicht, wenn ich Frauen treffe und mit ihnen vertraute Momente erlebe, die eigentlich ihr zustünden. Sie hat keinen Grund zur Eifersucht, aber was hilft das, manchmal sind Gehirne echt blöd. Ich kann das ja auch nachvollziehen, werde nachher zum Hafen zurückkehren, und dann ist alles wieder gut.

Die zweite Nacht verbringe ich beim Boot und schlafe in einem Behindertenklo auf dem Steg.

≈

Das Mittelmeer zeigt sich in diesen Tagen von seiner sanften Seite. Kein Windhauch, keine Welle, Tag für Tag, soweit das Auge reicht. Das grelle Flimmern des Wassers ist anstrengend und sogar im Schutz der Sonnenbrille kaum zu ertragen. Manchmal ist mir, als ob mein Schädel platzt, und ohne meine Kopfbedeckung wäre es schier unerträglich. Das Rhone-Delta zieht an Steuerbord vorbei, ohne dass ich es bemerke. Die Camargue zeigt ihren wilden Charakter, selbst anderthalb Meilen draußen auf See attackieren mich Schwärme von Mücken. Danach bestimmen die Berge im Hinterland wieder die Kulisse. Sie sind ein guter Anhaltspunkt für die Navigation geworden.

Vor Saintes-Maries-de-la-Mer wird es plötzlich gefährlich. Aus dem Nichts springt der Wind an, an dieser Stelle zwischen den Bergen ist der Mistral tückisch. Wie stark mag er sein, 9 oder 10 Beaufort? Die Masten der Karre knirschen und knacken, die Verbindungen zwischen den Rümpfen kommen unter Spannung. Nur mit Mühe und Not schaffe ich es, meine Spritzdecken über die Cockpits zu stülpen und die Segel zu bergen. Ein paar Minuten länger und die Masten wären mir einfach abgerissen, so groß ist die plötzliche Wucht des Windes.

Unter Motor gehe ich dicht bis unter den Strand, um so wenig Welle zu haben wie möglich. Nur zehn Meter vom Strand baut der ablandige Wind Wellen auf, die mir ins Gesicht schlagen. Das ist mir neu und ich habe Schwierigkeiten, das Boot auf Kurs zu halten. Zum Glück ist der Hafen bereits in Sichtweite. Es gefällt mir nicht, was ich hier gerade erlebe. Diese Gegend ist mir unheimlich und ruft mich zu noch mehr Wachsamkeit auf. Ist der Druck nicht schon groß genug? Den ganzen Abend schlagen die Palmen wild hin und her, und nur hinter einem Stromhäuschen finde ich genügend Windschutz für die Nacht.

Marseillan, Saint-Marie, Saint-Cyprien und Roses heißen meine nächsten Stationen. Damit habe ich inzwischen Spanien erreicht. Es ist unglaublich heiß in diesen Tagen. Locker 30 Grad auch auf dem Wasser. Strand und Felsen wechseln sich in schöner Regelmäßigkeit ab. Der fehlende Wind gestattet es, dass ich oft sehr nah am Strand entlangfahre, natürlich mit dem nötigen

Abstand zu Schwimmern. Das Leben an Land, im Sand, es wackelt und schwenkt und stolziert so umher, Hintern und Brüste sind knapp verhüllt, gehören zu einer anderen Welt. Mein Fernglas wackelt an Bord zu sehr, als dass ich richtig scharf stellen könnte. Die Winde kommen immer wieder brüllend über uns und aus Sorge um die Masten habe ich die Verstagung des hinteren Mastes verstärkt. Damit sollte es die Karre jetzt hinbekommen.

An einem dieser Tage fällt mir eine Flosse im Wasser auf. An Backbord sehe ich nur kurz, wie dieses große Gebilde wie ein weicher brauner Pudding auf der Welle hin und her wackelt. Ich winke zurück, habe aber keine Ahnung, was dieser »Winkefisch« tatsächlich war.

≈

Sabrina will mich in vier Wochen besuchen, und der Gedanke an ein Treffen mit ihr treibt mir Tränen in die Augen. Neuerdings bringen mich emotionale Gedanken wie dieser zum Weinen. Aber das stört mich überhaupt nicht, im Gegenteil, ich habe gelernt es zu genießen. Und vorher hat sich auch noch mein Vater angekündigt. Ich kann mein Glück kaum fassen!

In Blanes dauert es ein wenig, bis mich die alten Fischer akzeptieren. Man diskutiert zunächst darüber, ob ich auf der Seite der Surfbretter und Segelboote liegen darf oder auf der Seite der kleinen Fischerboote. Jeder hat hier sein eigenes Territorium. Ein alter Mann lacht, als ich meinen Kat nach langem Palaver auf die Grenze lege: ein Rumpf für euch und ein Rumpf für die anderen. »Morgen früh bin ich doch wieder weg«, versichere ich und wische mit der Hand in Richtung Hafenausfahrt. Die Männer verstehen, alles ist gut. Heute wird San Juan gefeiert, das Fest der Sommersonnenwende. Tatsächlich, ab heute werden die Tage wieder kürzer. Ab Einbruch der Dunkelheit wird geknallt, dass die Schwarte kracht, und an Schlaf ist für mich nicht zu denken. Irgendwann übermannt mich trotzdem die

Müdigkeit. Leider entdeckt ein junges Paar am Strand des Hafens mein Zelt. Der große Böller, den sie schmeißen, landet direkt neben meinem Kopf – zumindest kommt es mir so vor. Vor Schreck sitze ich senkrecht im Schlafsack, und schon in der nächsten Sekunde bin ich aufgesprungen und raus dem Zelt. Was ich den beiden hinterherrufe, ist nicht jugendfrei, ich sehe sie nur noch rennen. Wenig später muss ich lachen. Fast wäre aus mir ein echter mordender Wikinger geworden. Viel hätte nicht gefehlt.

Eine Stadt wie Barcelona steht eigentlich nicht auf meinem Plan und ist in diesem Fall doch unausweichlich, denn der nächste Ölwechsel steht an. Der Fußballklub dieser Stadt ist mir sehr sympathisch, also warum nicht. Häfen gibt es hier viele und ich weiß nicht, welcher der passende für mich ist. Der erste Anlauf geht prompt schief: »Dieser Hafen ist privat«, teilt mir die Frau im Hafenbüro lapidar und mit versteinertem Gesicht mit. Also gut, dann weiter zum Port Olimpic, dem für die Olympischen Spiele 1992 gebauten Hafen. Die junge Frau im Büro findet mich und die Karre amüsant, der Boss kommt kurz hinter der Ecke hervor, würdigt mich aber keines Blickes. Er will sich mit diesem Nicht-Geschäft gar nicht erst abgeben, duldet es aber. Ich bekomme die Magnetkarte für die Duschen, und die Angestellte sagt mir, dass ich mit meinem »Dingsda« gerne nah an der Rezeption liegen bleiben kann. Mir ist das alles recht, mein Zelt werde ich auf der Rückseite des Büros aufstellen, sobald es dunkel ist, da sieht und stört mich keiner und ich nicht die anderen.

Viele Leute kommen zum Boot, man merkt, dass Seefahrt hier etwas bedeutet. »It's a long journey and a very small boat!« Ja, da habt ihr recht, aber dieses Boot kann das. Sehr gut sogar. Ein englischer Skipper hilft mir beim Ölwechsel. Er hat mich beobachtet und nur noch mit dem Kopf geschüttelt, als mir ein rostiger Schraubenzieher nach dem anderen abrutschte und diese verflixte Ölablass-Schraube meine Nerven strapazierte.

Gemeinsam geht es besser, sein Werkzeug hat wesentlich mehr Stabilität als meines. Nach getaner Arbeit darf ich das WLAN eines Restaurants nutzen und skype mit Sabrina. Es ist einfach zu laut, ich verstehe nur wenig von dem, was sie erzählt, trotzdem ist es schön, sie für einen Moment zu sehen. Mein Vater und seine Renate werden in einer Woche kommen. Sie haben ein Hotel 150 Kilometer westlich von Barcelona gebucht, doch es ist wie mit Nils, das wird nicht passen. Ich werde an ihrem Hotel schon vorbei sein, wenn sie eintreffen. Meine SMS an ihn schreibe ich mit schweren Fingern, aber ich hoffe sehr auf sein Verständnis.

Barcelona und ich, ein größerer Gegensatz ist nicht möglich: Diese Stadt strotzt vor Geld, Kultur und prunkvoller Architektur, mir sieht man den mittelosen Seepilger schon von weitem an. Ich fühle mich hier sehr fremd und werde bald wieder die Hühner satteln. Barcelona? Im nächsten Ort wird alles einfacher sein.

Auf die große Stadt folgen wieder Strände und nochmals Strände. Das Mittelmeer ist jetzt eine Badewanne, kein Mistral fegt mehr aus dem Landesinneren auf das Meer. Ich schaffe die Meilen mit dem Motor, mit Motor und Segeln und nur ab und zu wirklich unter Segeln. Eine Woche lang bin ich in der Bucht vor Valencia unterwegs. Was auf den Karten nur wie kleine Landnasen aussieht, sind für mich oft lange Umwege um Kaps mit vorgelagerten Sandbänken, die sogar für die Karre zu flach sind. Die Hitze in diesen Tagen ist gnadenlos. Der Winkefisch kommt wieder. Einmal drehe ich seinetwegen sogar um, aber als sich der Motor nähert, verschwindet er schnell in die Tiefe. Ich habe Fischer gefragt, es wird wohl ein Mondfisch gewesen sein. Mondfische sonnen sich gern an der Wasseroberfläche, können aber auch sehr tief tauchen. Sie werden sage und schreibe bis zu drei Meter lang. Den Fisch selbst sehe ich kaum, immer nur die Flosse. Für mich bleibt er der Winkefisch und ein stetiger Begleiter an der spanischen Küste.

In Oropesa nehme ich eine Verbesserung an der Karre vor. Nur eine kleine Veränderung, aber sehr wichtig für mich. Ich schneide einen Frittierfett-Kanister aus hartem Plastik mit einer geliehenen Flex auf und befestige das Stück am vorderen Beam, Backbord und Steuerbord, als eine Art Wasserabweiser. Ich verschraube diese kleinen Abwehrschilde nur hinten, sodass sie vorne hochklappen können. Ein Gummistropp zieht sie zurück in ihre Ausgangslage. Was das soll? Es soll die Wellen aufhalten. Damit nicht jede noch so kleine Welle ungehindert über die Rümpfe bis nach hinten durchläuft, wo der Skipper als Wellenbrecher sitzt. Meine Erfindung soll mir Trockenheit bringen! Heiß ersehnte, heftig herbeigewünschte Trockenheit. Ich bin nicht so blauäugig zu glauben, dass ich fortan wirklich komplett trocken fahren kann, aber die kleinen Spoiler werden etwas bewirken. Die Flex für diese Aktion leihe ich mir von einem Schweizer Ehepaar, das hier an Land einen Katamaran ausbaut. Seit mehreren Jahren sind sie schon mit ihren Kindern unterwegs. Er ist so von der Sonne so pechschwarz gebrannt, dass ich kaum glauben kann, dass er ein Weißer ist. Sie sind Aussteiger. Wie werden sie das mit den Kindern machen, wo sollen die zur Schule gehen? Ich glaube, er hätte keine Scheu, sich rechtzeitig von Europa abzusetzen und selbst die Kinder das zu lehren, was er für richtig hält.

Wenn ich satt bin und nichts mehr zu erledigen habe, mag ich es gern, wenn Leute zu mir an die Karre kommen. Dann rede ich mit ihnen, erzähle von der Reise, bis sie dann bestimmen, wie es weitergeht. Ob sie auch etwas erzählen wollen. Immer wieder gibt es dann Geld für diese Momente des Beisammenseins. Money for a good story, sozusagen. Ich fordere nichts, es sind ganz freiwillige Gaben, für die ich wirklich dankbar bin. Gegeben wird mir, wenn sich wirklich Kontakt ergeben hat. Wenn die Gesprächspartner den Sinn meiner Reise gespürt haben, die Ernsthaftigkeit und die Anstrengung. Vielleicht auch den Spaß und die Freude. Wenn sie mir helfen und ein Teil meiner Reise sein wollen. Der Funke muss übergesprungen sein, sonst geben sie nichts.

Natürlich, es ist auch ihre Anerkennung, die meinem inneren Motor gut tut. Aber ich brauche auch Benzin, etwas zu trinken und etwas zu essen. Ich nehme ihr Geld an und es fällt mir leicht. Denn plötzlich bin ich für einen kurzen Zeitraum wieder mein eigener Herr, der sich selbst etwas kaufen kann. Stolz und unabhängig, entspannt und unauffällig. Es gibt sie tatsächlich: Menschen, die auf mich zukommen, nur einen kurzen Moment mit mir reden und mir fast im Vorbeigehen 50 Euro in die Hand drücken. Dann höre ich mich vollkommen verdutzt sagen: »Wow, das ist viel Geld. Du kennst mich doch gar nicht. Das ist viel zu viel.« Doch ich denke: »Nimm es mir nicht wieder weg. Ich brauche es so dringend. Für meinen Mund, für meinen Magen und für meine Seele. Es ist nicht zu viel Geld. Juchhuuu!!«

Ich habe oft an das Geld gedacht. Daran, wie wichtig es ist. Für mich ist es das, denn mit ihm kann ich schneller sein. Ich kann tanken, wenn mir niemand mit Benzin aushilft. Ich kann etwas zu essen kaufen, nach dem mir ist und der tauben Monotonie auf meinem Gaumen endlich den Garaus machen. In einem Hafen kann ich bezahlen, wenn man mich für lau nicht duldet. Geld ist für mich in diesen Tagen nicht einfach nur Geld. Es ist ein Gefühl von Sicherheit, es gibt mir die Möglichkeit, für kurze Zeit Luft zu holen, wenn mir mal nicht nach Quatschen ist. Ich bin dankbar, dass die Menschen mir dieses Gefühl von Zeit zu Zeit durch ihre Geldgaben verschaffen. Es ist gut, so wie es ist.

In El Perellonet, genauer im Ortsteil Perelló, treffe ich dann doch meinen Vater. Ich bin glücklich, dass er und Renate umgebucht haben. Ich bin schon am Vorabend eingelaufen, die Karre und ich haben jetzt 5000 Seemeilen auf dem Buckel. Wir nähern uns also 10000 Kilometern, die ich über Wasser gefahren bin. Das Tagebuch weist den Tag 269 dieser Reise auf.

Als mein Vater am Hafen vorfährt, ist es für einen Moment

unwirklich. Ich kenne diese Art von vertrautem Kontakt nicht mehr, ich bin so sehr und so ausschließlich in der Gegenwart unterwegs, dass er mir wie eine plötzlich auftauchende Gestalt aus einer anderen Zeit vorkommt. Die mich aber ungemein anrührt. Wir umarmen uns und halten uns einen Augenblick ganz fest. Dann geht es in den üblichen Schnack über. Schnell wird alles praktisch. Pa übergibt mir Sachen von Zuhause, einen Brief von meiner Schwester, das Klebeband, um das ich ihn gebeten hatte, GFK-Flickzeug und Spachtel. Wir gehen essen und wir gehen einkaufen. Danach will er schnell in sein Hotel zurückfahren und sich hinlegen, er hat ernsthafte Rückenschmerzen. So plötzlich wie er aufgetaucht ist, so plötzlich ist er auch wieder weg. Es war schön, Pa zu sehen, auch wenn die Zusammenkunft viel zu kurz war. Meine Schwester schreibt mir, dass sie mein Lachen vermisst. Ich sitze mit dem Brief auf einer Bank am Hafen und die Tränen laufen mir in den Bart.

Vom nächsten Kap aus wären es nur gut 50 Seemeilen bis Ibiza. Das würde ich an einem Tag schaffen. Aber ich lasse Ibiza links liegen, die Reise geht weiter. Außerdem hat Sabrina für Faro gebucht. Wenn ich in meinem jetzigen Tagesrhythmus bleibe, sollte das genau passen. Wenn Sabrina eingeflogen kommt, will ich da sein. Wir beginnen die Tage bis dahin zu zählen.

≈

Nach langer Zeit ist heute mal wieder ein knackiger Segeltag, zu 90 Prozent fahre ich ja sonst auf einem riesigen Ententeich. Ich passiere Benidorm. Und als wäre die Karre so viel Wind gar nicht mehr gewohnt, fliegen plötzlich die Nieten von der Halterung des linken Wants weg, das den Mast in der Senkrechten hält. Ich breche diesen Tag also notgedrungen ab und steuere den nächsten Hafen an. Ein Tauchboot begleitet mich bei der Einfahrt nach Villajoyosa, und die Tauchertruppe nimmt mich im Hafen gleich als einen der ihren auf. Lucia und Pablo sorgen für Essen, Lucien ist begeisterter Kajakfahrer, dessen Herz aufgeht, wenn er die Karre nur ansieht. Glücklicher weise ist er der Hafenboss und über Geld für den Liegeplatz wird schon mal gar nicht gesprochen. Außerdem besorgt er mir das Werkzeug und die Teile, um die Wantenhalterung wieder zu befestigen.

Am Abend bin ich bei einem alten Kapitän aus Belgien und seiner Frau eingeladen, der eine Eigentumswohnung mit Blick auf den Hafen besitzt, so wie sich das für einen alten Fahrensmann gehört. Er sagt: »Ich habe ja auch meinen Reisen rund um die Welt viel gesehen, aber so einen wie dich, so einer ist mir noch nicht untergekommen!« Er hat Krebs und sagt, dass er sein verbleibendes Leben noch genießen will. Und dass er nichts mehr »muss«. Vielleicht sieht er in mir einen Bruder im Geiste.

Und sehe ich im Meer einen Bruder im Geiste? Ich weiß nicht, ob ich so weit gehen würde. Aber verbunden fühle ich mich mit ihm ganz ohne Zweifel. Ich habe das Meer mit meinen Gedanken verbunden, das ist nicht abzutun. Ebenso wie den Himmel, die Küste, die Menschen, meinen Außenborder und meine Karre. Habe mit ihnen gesprochen und sie gefühlt. Wenn meine Gedanken dreckig waren, wollte mein Außenborder nicht funktionieren. Wenn meine Gedanken widersprüchlich waren, hat mir der Himmel exakt diesen Weg gezeigt und das Meer darauf reagiert. Die Auswirkungen meiner Gedankenwelt habe ich nun vierzehn Monate an einem jeden Tag beobachtet und es gibt einfach kein Vertun mehr – zu sehr spricht die Statistik für den Nachweis meiner Theorien, dass meine Gedanken sich wiederfinden in allem, was um mich herum passiert. In verdammt nochmal jeder Materie!

Nachdem ich meine Insolvenz im Jahre 2006 so schmerzlich hinnehmen musste, war es mein rechtes Knie, das laut einer Spezialklinik so irreparable Schäden aufwies, dass ich es nicht mehr lange und nur unter Schmerzen benutzen könnte. So ein kaputtes, verwachsenes Gelenk habe er nie zuvor gesehen, sagte der Arzt. Er brach seine Operation ab und riet mir, so lange damit zu gehen, wie ich es mit meinen Schmerzen ertragen könnte. Erst dann wollte er mir aufgrund meines noch so jungen Alters ein neues Gelenk einsetzen. Ich habe damals zu Hause gesessen und mir den Mitschnitt der Operation auf meinem Fernseher angesehen. Das Gelenk sah schrecklich aus. Vollkommen neuartige Verwucherungen hatten sich gebildet. Ich sah nur Fasern und undefinierbare Wölbungen, die eigentlich gar nicht da sein durften.

Jetzt, sechs Jahre später, bin ich hier draußen auf dem Meer und sehe mein Knie. Sehe, was für Anstrengungen es mit mir nach dieser ominösen achten und letzten Operation in den letzten Jahren unternommen hat. Ich lege meine Hand darauf und meine Dankbarkeit für seine tapfere Arbeit erfüllt meinen ganzen Körper. Ich erinnere mich daran, dass ich damals leidend nach dem Warum fragte. Immer wieder hatte ich das getan. »Warum nur? Warum ich? Warum muss mir so etwas passieren?«

Diese Tour hat mich verändert. Nach wie vor stelle ich viele Fragen, aber mein Ziel besteht schon lange nicht mehr im Finden einer Antwort. Mein Bedürfnis in vollstem Vertrauen den richtigen Weg zu wählen und seine Stolpersteine einfach als wichtigen Teil einer lebenslangen Lehre zu akzeptieren, das wird meine Zukunft sein. Eine Antwort wird kommen. Sie wird immer kommen, und zwar von ganz alleine. Ich sollte nur eines tun: in Bewegung bleiben. Das weiß ich jetzt. Mein Knie ist schmerzfrei seit jener Zeit, in der ich begann, Fragen an das Leben zu stellen. Ein Knie, das eigentlich nicht mehr funktionieren konnte, trägt mich seither, als ob nie etwas gewesen wäre.

Das Sommerwetter lässt mich im Moment extrem erholsam fahren. Auch während der Fahrt kann ich meine Sachen trocknen. Von Land aus, wo gerade nach meiner Einschätzung halb Europa lagert, muss der Kajakmaran manchmal wie der überladene Einkaufswagen eines Penners wirken, wenn ich gerade mal wieder über alle Toppen »geflaggt« habe, meine Kleidung an jeder freien Stelle in der Sonne hängt.

Aber ich bin streng mit mir in diesen Tagen, ich will vorankommen. Natürlich um Sabrina am vereinbarten Ort zu treffen, die Vorfreude auf sie treibt mich zusätzlich an. Ich will mich aber auch nicht wie ein Sommerurlauber von dieser gemütlichen Seglerei einlullen lassen, denn ich weiß ja, was noch kommt: der Atlantik. Und je später ich die Nasen der Karre in seine Wellen tauchen werde, umso rauer wird das Wetter schon sein. Es ist jetzt bald Mitte Juli, und es sind noch viele Meilen zu bewältigen bis zur Grenze nach Portugal, und dann noch mehr an der portugiesischen Küste entlang. Ich will das nicht aus dem Blick verlieren. Ich habe trotz allem Hier und Jetzt ein Ziel, und das heißt wieder und wieder: Heimkehr.

≈

Cabo de Palos ist eines der schönsten Kaps, die ich umfahre, wie ein steinerner Riese, der sich bequem ins Wasser gebettet hat, liegen die gigantischen Felsen im Meer. Dahinter taucht der Hafen mit seiner Einfahrtsmole auf. Ich kann direkt vor dem eigentlichen Yachthafen an der Betonpier bleiben. Niemand würde sich daran stören, versichert man mir. Einer der Anwesenden beobachtet mich intensiver, als es die meisten tun würden. Es ist Paco Nadal, in Spanien und Lateinamerika eine Abenteuerberühmtheit, ein sehr bekannter Journalist und Autor. Wir kommen schnell ins Gespräch, und, es gleicht einem Ritterschlag, er will tatsächlich über mich schreiben! »Gegen dich bin ich ein blutiger Anfänger.« Ich bin gespannt, was in seinen Blogs und Artikeln über mich zu lesen sein wird.

Cartagena, Almería, Málaga. Ich ziehe vorbei an geschichtsträchtigen und spektakulären Orten, aber ihre historischen und touristischen Attraktionen bleiben für mich verborgen, ich denke nicht einmal darüber nach, ob ich sie mir nun ansehe oder nicht. Mein Weg ist immer noch viel zu lang und mein Heimweh zu groß, um in jede Bucht zu fahren, einer jeden Stadt einen Besuch abzustatten.

So schön und entspannt das Fahren im Sommer ist, Dauer und Strecke fordern auch jetzt wieder ihren Tribut. In Garrucha passiert es: In einem Moment der Unachtsamkeit rutsche ich ab und stürze zwischen Betonpier und Boot in den Hafen. Die scharfen Kanten des Betons schneiden tief ins Fleisch, der Fuß blutet heftig. Ich weiß, dass ich jetzt ein Problem habe. Es ist nicht einfach, die Blutung der Wunden zu stillen, und gerade an den Füßen kann ich mir keine Verletzungen leisten: Sie sind ständig der Sonne und dem Salzwasser ausgesetzt. Ich bin wütend auf mich selbst, geknickt und unsicher. Diese Wunden werden kaum heilen können, wenn ich täglich da draußen bin.

Die nächsten Tage verbringe ich mit Mülltüten über beiden Füßen, um sie so gut wie es geht vor jeder Welle zu schützen. Es ist zum Haareraufen. Und mein Aussehen verbessert dieser Status auch nicht gerade, denn der Plastiktütenschutz lässt mich an Land jetzt wirklich wie einen Penner aussehen. Den Stränden folgen felsigere Küstenabschnitte. Es ist eine der schönsten Strecken meiner bisherigen Tour. Die Küstenlinie ist stark zerklüftet, die Einfahrten zu den Häfen sind oft sehr schmal und für mich erst spät zu erkennen. Manchmal erlauben die Felsen nur für einen kurzen Moment den Blick auf einen Hafen, dann bin ich mit der Karre schon vorüber. Für mich heißt es, dass ich die Häfen, in denen ich bleiben will, wirklich suchen muss.

Der Wind hilft in diesen Tagen nur wenig, mein Motor schiebt mich durch das Alborán-Meer, den letzten Zipfel des Mittelmeeres nach Westen, die Ausfahrt Richtung Atlantik. Im Süden ist Afrika nicht weit und im Norden sehe ich in der Ferne die Bergketten des spanischen Hinterlandes. San José ist ein großer Name, der mir aus den Cowboyfilmen meiner Kindertage bekannt vorkommt, aber es wird wohl viele San Josés auf der Welt geben. Sein kleiner, gemütlicher Hafen passt nicht zu den Bildern in meinem Kopf, und der Hafenmeister lacht, als ich ihm davon erzähle. Der Mann ist nett, bedankt sich sogar, dass ich in seinem Hafen festgemacht habe, und gibt mir einen überdachten Platz für mein Zelt.

Am Abend steht eine kleine Gruppe Segelbegeisterter bei mir am Boot und lauscht meinen Erzählungen. Eine junge Frau aus der Gruppe fragt mich, ob sie etwas für mich tun könne, und zückt schon ihr Portemonnaie. Ich winke freundlich ab und berichte ihr von meinem aktuellen üppigen Wohlstand: 120 Euro, Bier und Wein in den Fächern meiner Karre, Fischdosen, Tomaten und Brot. Ich bin froh, dass ich es erzähle. Denn es geht auf dieser Tour nicht darum, mich durch die Hilfsbereitschaft anderer zu bereichern. »Nein, vielen Dank für euer nettes Angebot, aber ich habe alles, was mein Herz begehrt.«

≈

Am frühen Morgen sitze ich, die Beine hochgelegt, in meinem Cockpit, trinke Kaffee und denke nach. Diese ruhigen Momente am Morgen sind so eine Art Übergangsraum, zwischen der sicheren und ruhigen Zone an Land und dem Aufbruch in die noch unbekannte Welt des neuen Tages. Heute allerdings mit einer störenden Entdeckung: Eine kleine Fruchtfliege sucht ihren Weg in mein Boot, und sie ist nicht alleine. Nach und nach erkenne ich ein System, das der Arbeit eines Bienenvolkes gleicht. Es ist ein stetes Hinein und Hinaus. Ich öffne den weißen Kunststoffdeckel des vorderen Cockpits und weiß, worum es geht: die Tomaten! Ich hatte eine Tüte voller Tomaten geschenkt bekommen und diese liegen schon zu lange im Mittelschiff. Ein schwarzer Schwarm aus Zehntausenden von kleinen Fliegen dringt mir in Augen und Nase. Ekeliger geht es kaum.

Außer mit meinen Füßen und Kleinigkeiten wie überreifen Tomaten ist sonst im Moment alles in Ordnung, alles geht leicht.

In Benalmadena treffe ich an der Hafentankstelle auf eine englische Millionärsyacht. Anscheinend war ich der Besatzung bereits im Hafen aufgefallen, denn der Skipper selbst begrüßt mich mit großem Hallo und einem kalten Bier. Dann fällt sein Blick auf meine Füße. Sie sind dick angeschwollen und entzündet. Ich verstehe nicht alles von dem, was er sagt, aber eine seiner Angestellten eilt mit der Bordapotheke herbei und gibt mir zwei Salben, auf die ganz England schwöre. Ich darf die Wundersalbe behalten und soll meine Füße dick damit eincremen. Kurz bevor ich auf die andere Seite des Hafens überwechsele, bringt mir der Skipper ein zweites Bier. «Für die Nacht«, sagt er und verschwindet an Deck seines Luxusliners.

Unter die Motorfahrerei bei wenig Wind mischen sich auch Königstage für einen Segler: 3 bis 4 Windstärken bei ablandigem Wind, wenig Welle und Sonnenschein sowieso. Die Welt bewegt sich mit dem Wind, die Seele schwebt. So ist es draußen vor Estepona.

Eine Superyacht treibt im Wasser und zwar eine, wie ich sie nie zuvor gesehen habe. Voller Respekt nehme ich Kurs auf längsseits, in der Hoffnung dass mich eine Königin zum Tee einladen möge. Wow, was für ein Schiff! Der lange weiße Bug, überhaupt die gesamte Form, erinnert an ein U-Boot. Die Yacht ist riesig und fährt unter englischer Flagge, eine Luke im hinteren Bereich des Schiffes ist geöffnet, und ein Beiboot liegt davor. Ich sehe Personen in edler Kleidung und mehrere Beiboote im Inneren des Schiffsbauches. Bei diesem Wind bin ich schnell an ihnen vorbei, höre aber noch kurz ihr Gelächter, als ich ihnen laut zurufe, ob sie irgendwelche Hilfe benötigen. Ein großes A prangert auf dem Hinterteil dieser geheimnisvollen Yacht. Nur allzu gerne hätte ich mir so ein Schiff mal von innen angesehen. Das wird eine Welt für sich sein.

Nun bin ich vor der Straße von Gibraltar und kann es noch gar nicht so richtig glauben. Das gesamte Mittelmeer ist fast geschafft. Es hat darauf verzichtet, mir zu zeigen, wie viel Macht es tatsächlich hat, und ich bin ihm dankbar dafür. Der Hafen von Estepona wird mein Basislager für die kommende neue Welt. Eine neue Welt mit völlig anderen Windsystemen und Küstenregionen, an denen zu scheitern ich nicht der Erste wäre. In ganz Europa hat man mich vor dem Atlantik und seinen Küsten gewarnt und mir geraten, lieber die Kanäle zu nutzen.

Doch das Meer und ich haben einen Pakt geschlossen. Der Wind und ich sind schon lange Freunde geworden, auch wenn er mich ständig ärgert, vielleicht ist das ein Bestandteil einer guten Freundschaft. Ich bilde mir ein, dass die Elemente im Wissen um meine Existenz sind. Auch auf dem nächsten großen Wasser wird das nicht anders sein. Solange ich ihre Sprache verstehe, solange ich ihnen aufmerksam zuhöre, wird alles gut gehen.

Der Wind nimmt am Abend noch an Stärke zu, vielleicht sind das schon Auswirkungen der berühmten Düse in der Straße von Gibraltar. Spanien und Marokko liegen hier so nah zusammen, dass der Austausch der Luftmassen locker die schmale Wasserstraße überspringt. Oder eben noch durch die Wechselwirkungen zwischen Land und Wasser verstärkt wird. Der starke Wind verhindert die in Estepona traditionell am 16. Juli, also heute, stattfindende Fahrt der hölzernen Madonna auf dem Meer. Das Fest der spanischen Seefahrt fällt buchstäblich ins Wasser. Ein Feiertag wird auf Notprogramm geschaltet, das Hafenpersonal lässt sich davon aber nicht bremsen und trinkt sich trotzdem die Augen rot.

Also verbringe ich einen weiteren Tag im Schutz des Hafens und repariere wieder einmal mein Solarpaneel: Silikon runter, Kontakte säubern, neu verlöten und das Ganze wieder in Silikon einpacken. Mittlerweile bin ich Profi darin, aber das Material hat jeweils zu wenig Zeit, um durchzuhärten. Das Salzwasser hat leichtes Spiel, um einzudringen und neuen Schaden anzurichten.

Viel lieber denke ich daran, dass ich mit Glück morgen, nach wochenlanger Fahrt auf Südwestkursen, entlang der schier endlosen Küste von Genua bis hierher, einen Wendepunkt der Reise erreichen werde. Ich bin wieder so südlich, wie ich es in der türkischen Ägäis schon einmal war. Und südlicher wird es danach nicht mehr werden. Bald bin ich am Südwestzipfel Europas angekommen, und meine Rückfahrt in den Norden wird beginnen. Es dauert nun nicht mehr lange, bis Sabrina und ich uns treffen. Ich kann meine Freude darüber kaum ausdrücken. Irgendwo an der Atlantikküste im Süden Spaniens wird sie plötzlich vor mir stehen. Beim Gedanken daran schießen mir Freudentränen in die Augen.

Am Morgen des 18. Juli 2012 verlasse ich Estepona mit Ziel Gibraltar oder vielleicht sogar Tarifa, wenn der Wind unterwegs passt. Schon bald kann ich im Süden Afrika sehen. Zeitweise bin ich keine 15 Kilometer Luftlinie von dort entfernt. Aus meiner tiefen Position auf der Karre ist es nur ein schmaler Streifen am Horizont, aber dennoch deutlich zu erkennen. Der Mann aus dem Watt vor Tönning und Eiderstedt ist bis Afrika gesegelt! Ich klopfe der Karre auf den Rumpf. Ja, wir haben es gepackt, wir sind hier.

Kurz vor Mittag erreiche ich den berühmten Felsen von Gibraltar, der für mich von Weitem lange wie eine Insel wirkte. Erst spät sehe ich die flache Landverbindung zum Festland und dass sogar Häuser auf ihr stehen. Bedingt durch Strömung, Wind, den Schwell von Schnellfähren und großen Frachtschiffen ist das Meer um den Felsen herum sehr aufgewühlt. Der Wind weht jetzt aus Ost, in angenehmer Stärke, sodass ich mich für die Weiterfahrt nach Tarifa entscheide. Laut meines GPS sind es nur noch 12 Meilen bis dorthin. Tags zuvor hatte man mir gesagt, dass wegen Starkwinden mit bis zu 60 Knoten der Hafen von Gibraltar geschlossen sei. Auch die Fähren nach Afrika hätten ihren Betrieb eingestellt. Für mich sieht alles prächtig aus, also geht es weiter.

Der Fährbetrieb in der Bucht vor Gibraltar flößt mir Respekt ein. Die großen Schiffe kommen unheimlich schnell näher, und ich kann mir kaum vorstellen, dass sie mich sehen können. Ich bin heilfroh, als ich die Bucht nach einer halben Stunde hinter mir habe.

Der Wind aus Ost nimmt zu. Sehr rasch. Mit jeder Minute scheint der Druck auf beide geöffnete Segel der Karre größer zu werden, und mein Kat beginnt über die Wellen zu schießen. In gleichem Maß wächst meine Anspannung. Ähnlich wie auf dem Weg von Çanakkale nach Süden muss ich auch hier unheimlich auf der Hut sein, dass sich die Bootsspitzen nicht in das Wasser fressen. Bei 8 Knoten drehe ich ein kleines Video, alles scheint gut zu sein. Als meine Geschwindigkeit nach wenigen Meilen die 12-Knoten-Marke übersteigt, bohren sich die Bootsspitzen doch in eine Welle hinein. Die Karre geht bedrohlich auf Tauchgang und ist bis zur Hälfte im Wasser verschwunden. Es sind wahrscheinlich nur Sekunden, aber für mich dauert es eine Ewigkeit, bis wir uns wieder vom Wasser befreien. Mein Herz rast. Sofort nehme ich mit einem schnellen Handgriff das vordere Segel mittschiffs, um den Winddruck zu reduzieren. Ich bin froh, dass sich mein Boot nicht nach vorne überschlagen hat. Die Wellen sind aggressiv in Höhe und Breite, sie sind zu steil und folgen zu dicht aufeinander. Ich habe das Gefühl, langsam die Kontrolle über mein Boot zu verlieren, und der Wind wird immer noch stärker, im Minutentakt legt er zu, man kann den peitschenden Druck fast schon sehen. Ich muss das Segel ganz wegnehmen, habe aber Schwierigkeiten, es einzupacken. Jeder Handgriff muss sitzen und unwahrscheinlich schnell gehen. Zu groß ist die Gefahr, dass mir das Boot quer zur Welle geht, während ich da vorne irgendwo herumfummele. Aber es klappt. Der hintere Mast hat ebenfalls schon zu viel Druck. Das wird nicht lange gut gehen. Nachdem ich auch die hintere Spreizung weggenommen habe, wird die Situation etwas erträglicher. Ich lasse meinen Blick über die Küste schweifen und stelle leicht entsetzt fest, dass ich hier nirgendwohin flüchten kann. Zwischen Felsen und Wellen würde es uns komplett zerlegen. Mir bleibt gar keine Wahl mehr, ich muss jetzt bis Tarifa durchfahren. Das achterliche Segel flattert wie wild, die Karre lässt sich nur noch schwer auf Kurs halten. Ich muss das hintere Segel auch ganz wegnehmen, doch mein Kat marschiert schier ungebremst weiter. Trotz komplett eingeholter Segel, allein durch den Druck des Windes auf die kurzen Masten und meinen Rücken, machen wir 8 Knoten Fahrt! Ohne Segel kann ich mich nun voll auf den Kurs konzentrieren. Die Wellen werden immer unberechenbarer und bauen sich steil auf, sind unglaublich tückisch und schlagen heftig zu. Der Wind beschleunigt immer noch. Es lärmt jetzt wie aus einer Windmaschine, die für spektakuläre Filmszenen auf Sturm gestellt wurde. Für mich hat der Spaß längst aufgehört, ich werde der Situation nur mit Mühe und Not noch Herr. Die Fahrten in der Ägäis hatten mir auch schon einiges abverlangt, die Tour nach Çanakkale mit dem Speedrekord von 14 Knoten und die nach Mykonos mit der fast abgesoffenen Karre waren heftig. Aber das hier ist anders, eine solche Gewalt habe ich noch nicht erlebt. Ich bin in höchstem Maße konzentriert, mein Körper pumpt und mein Kopf ist heiß. Ich habe Angst, aber ich kontrolliere sie, noch hat mich die Panik nicht ergriffen. Wie jeden Tag bin ich angeleint, und dass ich die Leine spüre, beruhigt mich. Den Kurs kann ich nun nicht mehr wirklich bestimmen, nur noch hoffen. Ich steuere die Wellen an, versuche irgendwie durch die nächste Wasserwand hindurchzukommen. Ich spreche mit der Karre. Ich spreche mit mir selbst. Immer wieder, wie in einer Endlosschleife: »Das schaffen wir!«

Plötzlich, der Hafen von Tarifa! Oder? Ist das wirklich eine Hafeneinfahrt? Ich bin genau auf Kurs, kann ihn aber kaum noch nach rechts oder links korrigieren. Die Wellen würden mich sofort über den Haufen werfen. Tampen, beide Sprits und nun auch das Paddel, alles fliegt wild durcheinander, hängt irgendwo von Bord. Das ist tatsächlich die Hafeneinfahrt da vorne – aber ich finde keine Möglichkeit, hineinzukommen, der Winddruck ist zu groß. Ich steuere an den Mauern vorbei, dahinter erkenne ich eine Art Strand. Ich denke nicht mehr, ich handele nur noch. Minuten später rauscht der Bug der Karre den Strand hinauf, die Wellen schlagen über uns zusammen, der Wind zerrt, aber wir liegen fest. Es ist vorbei. Ein Badegast springt auf und fasst sofort mit an, um das Boot etwas weiter hoch und in Sicherheit zu ziehen.

Am Abend erzählt mir ein Fischer, dass es 40 Knoten waren, die mich auf diesen Strand geschmissen haben. Das Meer hat uns nicht gekriegt. Heute war es knapp, sehr knapp. Ich bin stolz, dass mein Boot das geschafft hat.

≈

Tarifa ist nicht der Ort, den ich mir vorgestellt habe. Ich dachte, dass es hier nur so wimmelt von meinesgleichen, Atlantikseglern, Blauwasserfahrern, Piraten und auch üblen Hafen-Kaschemmen. Immerhin ist es doch die Drehscheibe zwischen Mittelmeer und Atlantik. Aber nichts, nirgendwo Kneipen mit Einäugigen oder Holzbeinträgern. Tarifa wirkt wie ein müder, alter Mann, ich bin fast enttäuscht.

Der Wind ist geblieben, es ist der Levante, der aus dem Mittelmeer auf den Atlantik weht. Er kommt und er geht, wie mir ein alter Bewohner erzählt. Und er bestätigt meine eigene Erfahrung: Wenn es bei Gibraltar mit 3 oder 4 Windstärken weht, sind es bei Tarifa 6 oder 7, entsprechend bei 5 Windstärken vor Gibraltar dann 8 und 9 bei Tarifa. So wie gestern. Morgen kann ich Tarifa verlassen, sagt er: »Aber gehe nicht vor 11 Uhr. Denn dann erst kippt der Strom und wird dich um die Ecke tragen.«

Am nächsten Morgen ist der Wind deutlich schwächer, es ist Zeit aufzubrechen. Auch das Wasser ist ruhig geworden, und doch kann ich deutlich erkennen, dass hier zwei Meere zusammentreffen, deren Strömungen in einem Strudel ineinanderlaufen. Recht geheuer ist mir das nicht; ich fürchte mich auf einmal vor der Welt unter mir, mit all dem, was ich in ihren Tiefen nicht erkennen kann.

Meine Karre allerdings scheint das nicht zu interessieren, sie macht weiter wie bisher, auch im langen Auf und Ab des neuen, fremden Meeres. Mein Blick geht nach Westen: Das nächste Land ist etwa 5 000 bis 6 000 Meilen weit entfernt, eine mächtige Vorstellung. Ob meine Karre den großen Sprung schaffen würde? Ich glaube ja; der Schwachpunkt bin ich, meine Kräfte könnten mich irgendwann verlassen.

Mein Weg an der Küste führt mich in ein verwirrendes Flachwassergeläuf, nicht unähnlich mancher norddeutschen Wattenlandschaft. Sanddünen sind am Ufer zu sehen, Tausende von Menschen betreiben Wassersport auf vielfältigste Art. Das Wasser schimmert in extremem Grün, der helle Sand lässt es wunderschön strahlen.

Sancti Petri heißt der Ort, in dem ich Station mache. Die Karre liegt an einem Bootssteg, der offenbar zu einem Yacht- oder Segelklub gehört. Der Empfang ist grandios, ich bin die Attraktion des Tages und werde eingeladen, bei der abendlichen Klubversammlung über mich zu erzählen. 50 oder 60 Leute sind gekommen, man drückt mir ein Mikrofon in die Hand und lässt mich berichten, inklusive simultaner Übersetzung durch ein Klubmitglied. Das Staunen der Zuhörer ist riesig. Vom Schwarzen Meer bis nach Spanien, das kommt ihnen total verrückt vor. Es wird geklatscht und gratuliert, ich bekomme zu essen und zu trinken.

Der nächste Tag bringt was Neues: Ich lege mit ablaufendem Wasser in Sancti Petri ab und schon kurze Zeit später finde ich mich mitten im dichtesten Nebel wieder. Nebel ist eine Sache, die das Fahren über Wasser komplett verändert. Nichts, was man auf dem Wasser haben möchte, etwas, was die Sonne wegreißen, der Wind wegpusten soll. Ich muss umdrehen.

Es ist Montag, der 23. Juli 2012. Zum zweiten Mal starte ich in Sancti Petri, und heute ist es endlich so weit: Sabrina kommt. Vielleicht landet sie gerade jetzt in Faro. Ich kann es kaum erwarten, sie wiederzusehen. Das auslaufende Wasser ist warm und so grün, wie am Tag meiner Ankunft. Es gibt hier Priele, schmale Wasserwege durch die Flachwasserzonen, mit grünen und roten Tonnen gekennzeichnet, wie bei mir zu Hause in der Nordsee.

Ich bin nur 15 Meilen gefahren, als ich mich entscheide, in den Hafen von Cádiz einzulaufen. Sabrina wird mir ein Zeichen geben, wenn sie an der Bucht von Cádiz angekommen ist. Entweder im Norden in Rota oder tatsächlich doch in Cádiz selbst, wo ich nun auf ihre Instruktionen warten werde. Ich bin in Erwartung, freudig und nervös. Sie wird simsen, wenn sie da ist. Ich kann Rota gut sehen, nur sieben Kilometer sind es bis da drüben. Bis die erlösende SMS kommt, vertreibe ich mir die Zeit mit einem Tischfußballspiel. Ich fordere einen Engländer heraus, Andreas Gabriel spielt gegen Bob Jones, das Ergebnis lautet 6 zu 0. Bingo. Es ist gut, jetzt so einen Blödsinn zu machen, es lenkt mich ab.

Um 17 Uhr kommt die wichtigste SMS meiner Tour um Europa: Sabrina ist da, im Norden der Bucht in Rota, und sie ist fast etwas beleidigt, dass ich sie dort nicht erwarte. Ich lasse alles stehen und liegen. Segel hoch und Motor an. Mit allem, was meine Karre an Vortrieb zu bieten hat, will ich die sechs Meilen so schnell wie möglich hinter mich bringen. Meine Freude lässt mich weinen und jubeln, es ist ein herrliches Wechselbad der Gefühle. Dieses ganze schöne, verdammte Abenteuer! Die Tour hat unsere Beziehung im letzten Jahr fast zerstört. Und jetzt kommt sie. Nimmt teil an der Reise, meiner Reise. Ich freue mich so.

Als ich Sabrina im Hafen von Rota sehe, öffnen sich bei mir alle Schleusen. Schnell ist meine Kiste am Steg fest, und wir halten uns in den Armen. Es fühlt sich an, als täten wir es für Stunden. Sie ist so warm, sie riecht so gut. Miteinander sprechen müssen wir nicht. Wir haben uns und das ist alles, was wir brauchen. Es ist, als ob meine Seele Land gefunden hat, nachdem sie unendliche Zeit auf dem Pazifik trieb.

Unser erster gemeinsamer Tag auf dem Meer ist ohne Landsicht, doch Sabrinas Gesichtsausdruck verrät keine sonderliche Anspannung. Die zweite Person ist vom Gewicht her kaum zu bemerken, weder beim Steuern noch in der Geschwindigkeit. Wie ich sitzt Sabrina über den geschlossenen Spritzdecken auf dem Fender und hat die Beine lang auf dem Boot liegen. Es ist total entspannend, die umlaufende Ruderleine in andere Hände geben zu können und zu sagen: »Steuerst du mal? Ich mach uns eben etwas zu essen.« Sabrina macht sich gut auf unserer Karre. Lediglich das Ausbalancieren und die Abfolge wichtiger Schritte und Handgriffe sind noch etwas verbesserungsfähig.

Es ist kein freundlicher Tag, und nach 35 Seemeilen erreichen wir erschöpft und frierend Mazagon. Zum ersten Mal erlebt Sabrina die magischen Momente meines Kajakmaranlebens. Erst verweigert die Hafenmeisterin das Anlegen mit den Worten: »Nein, in unserem Hafen liegen nur Boote ab neun Metern.« Aber schon zwei Stunden später finden wir uns, geduscht und mit einem Glas Wein in der Hand, als Gäste im Haus eines spanischen Ehepaars wieder. Sabrina ist zufrieden: »Weißt du, kein Moment mit dir ist wie der andere.«

≈

Wir machen zu zweit dort weiter, wo ich allein aufgehört habe, und die Tage, die Sabrina mit mir auf dem Wasser erlebt, sind hart. Obwohl die Sonne scheint, ist es kalt. Der Wind weht uns entgegen, mit dem Segel kommen wir nicht voran, an Bord ist kaum ein Wort zu verstehen, weil der Motor Stunde um Stunde laut knattert und die Karre gegen nervige, kurze, hackige Wellen des Atlantiks knüppeln muss.

Die Wettersituation könnte besser sein, aber auch so ist es

toll, dass Sabrina dabei ist. Wir essen gemeinsam auf den Stegen. Wir sind zusammen. Wir sind ein Team. Sabrina ist nun nicht mehr nur Tausende Kilometer entfernter Operator, sondern ein Teil dessen, was mir als Erfahrung so wichtig ist. Wir übernachten draußen, unter Sternen, für mich sind es die ersten Male, die ich nicht im Zelt schlafe. Die Tage, die wir miteinander verbringen, sind trotz aller Widrigkeiten Tage einer wundervollen Gemeinschaft und stören kaum den langen Strom meiner unglaublichen Erlebnisse mit den Menschen. Ich bin überrascht über diese Tatsache, aber es ist so. Mein Bart erweist sich als etwas kussfeindlich, aber Sabrina akzeptiert ihn als Teil dieses Abenteuers. Sie freut sich über die Blicke der Menschen und weiß, dass dieser Bart das Interesse der Leute weckt. Er erzählt eine Geschichte, bevor wir mit ihnen sprechen. Er erzählt meine Geschichte – und ab sofort auch ihre. Unsere Geschichte.

≈

Der Poniente weht, der Wind aus Westen, vom Atlantik Richtung Land. Der Golf von Cádiz bietet uns Schutz vor den wirklichen Atlantikwellen, die Landmasse bis zum Kap São Vicente hält die große Wucht des Meeres noch von uns fern. Die Küste vor Faro ist extrem touristisch genutzt, Strandabschnitt folgt auf Strandabschnitt. Allmählich wechselt die Landschaft, statt des Sandes kommen zerklüftete Felsen, Höhlen und Grotten. Über Jahrtausende hat der Atlantik hier seinen gründlichen und nie aufhörenden Job gemacht.

Der Hafen von Portimão kommt grantig daher. Eine junge Frau verwehrt uns die Duschen. Ich kann es nicht recht glauben: »Ich habe Tausende von Meilen mit diesem Boot hinter mir, und bei dir darf ich nicht einmal eine Dusche nehmen?« Ein wenig lässt sie sich erweichen: »Fünf Minuten«, schiebt sie nach. Ich erkläre, dass das knapp werden könnte. Wir duschen und verlassen anschließend den Hafen wieder. Natürlich könnte

Sabrina die Gebühr leicht bezahlen, aber wir suchen lieber etwas anderes für die Nacht. Wenn die Menschen in den Häfen sich komisch verhalten, ist das für mich ein Zeichen, dass ich nicht an der richtigen Stelle gelandet bin und der Tag noch etwas anderes für mich bereithält.

Wir fahren weit in den Fluss hinein, der hier in den Atlantik mündet. Auf einer Sandbank essen wir etwas, das Wetter ist schön geworden, der Himmel ist blau, und alles leuchtet in tollen, intensiven Farben. Ein Gummiboot mit einem Schweizer Kapitän fährt nahe an uns vorbei, er weist uns auf seinen großen Traditionssegler hin, der auf der anderen Seite des Flusses an einer Pier liegt. Um 20 Uhr würde es Abendessen in großer Runde geben. Wir seien herzlich eingeladen! Sabrina und ich lächeln uns an. Wieder einmal bestätigt sich mein Riecher.

Die Gruppe Mädchen aus Österreich an Bord des zweimastigen Schiffes erscheint uns überhaupt nicht schwer erziehbar, als solche sind sie aber auf das Schiff gekommen. Es wird eine bunte Mischung hier an der Pier, auch Daniel lernen wir kennen. Das ehemalige Superhirn des CERN-Teilchenbeschleunigers in Genf ist im Ruhestand und bastelt hier an seinem großen Katamaran. Das Innere seines Bootes erstrahlt unter blauen Leuchtdioden, und wirklich stolz ist er auf den, noch nicht ganz fertigen, Whirlpool in seinem Bad. Daniel lässt uns im Vorschiff seines Riesenkatamarans schlafen, während unsere Karre längsseits am Zweimaster in den Abend schunkelt.

Es ist wirklich interessant: Jetzt, wo ich schon so viel von Europa kennengelernt habe, bemerke ich richtig, wie durchdrungen alle Nationen voneinander sind. Die Wege über das Wasser sind offen, wer ein Boot hat, kann zu den anderen Europäern hinfahren, ob nun auf den Flüssen oder wie hier auf den Meeren. Und die Europäer tun das in einem Maße, das sogar mich erstaunt. Es ist unglaublich, wen ich alles treffe und woher sie alle kommen. Und wie vielfältig alle unterwegs sind. Unterschiedlicher als diese drei Fahrzeuge, die just an diesem Abend beieinander liegen, die Karre, der Superkatamaran und das Traditionsschiff, können Schiffe kaum sein.

Wir navigieren hier vor allem mit Google-Aufnahmen, die wir aus dem Netz heruntergeladen haben. Und mit dem Küsten- und Hafenhandbuch, dass ich in Cádiz von meinem Tischfußballgegner Bob Jones (6:0, wenn ich noch mal daran erinnern darf) geschenkt bekommen habe. Endlich können wir auch wieder etwas segeln. Vor Alvor öffnet sich noch einmal eines der Binnenbecken der Küste, gegen ablaufendes Wasser laufen wir in eine wunderschöne Lagune ein, kaufen bei einem Hafen etwas ein und verdrücken uns für die Nacht auf einen abgelegenen Steg. Wir schlafen wieder draußen, ohne Zelt, und werden diesmal von englischen Jugendlichen gestört. Sie schlagen mit aller Wucht auf Sabrinas Schlafsack. Eine Mutprobe, Übermut, Alkohol, was auch immer es auslöst, jedenfalls renne ich hinter ihnen her und brülle sie an. Das war keine schöne Erfahrung, aber es ist die erste dieser Art auf der immerhin schon langen Tour bis hierhin.

Je näher wir Sagres kommen und damit dem berüchtigten Kap São Vicente, desto stärker wird der Wind. Der Scherstift der Antriebsschraube des Motors bricht. Nur mit Mühe schaffen wir es, gegen den Wind an eine Mooringboje zu kreuzen und die Karre daran zu befestigen. Für die Reparatur gehe ich ins Wasser, das einzige Mal auf dieser Tour. Es ist schrecklich kalt. Sabrina lacht, und ich auch, nach anfänglichem Knurren. Trotzdem bin ich froh, als ich meine Hände wieder aus der Nässe und der Kälte nehmen kann und die Fahrt weitergeht.

Kap São Vicente, das noch etwa sechs Seemeilen hinter Sagres an der Südwestecke Europas liegt, ist ein berüchtigtes Kap. Seine Düsenwirkung ist offenbar wirklich gewaltig, es hat in etwa den Schwierigkeitsgrad der Straße von Messina. Der Wind geht jetzt auf 6 bis 7 Windstärken hoch. Ich möchte nicht wissen, was hinter dem Kap auf See los ist, es gibt keine Chance mehr, heute weiterzufahren. Wir brechen die Fahrt ab und gehen kurz vor dem Hafen von Sagres mit der Karre auf den Strand.

Hier halten sie allerlei Gerätschaften zur Bespaßung am Wasser bereit: Surfbretter, Kajaks, Kitebretter. Es ist der Strand des Martinhal Beach Resorts. Wir werden sehr freundlich vom Strandchef Miguel und Profi-Wassersportler Filipe empfangen. Allerdings fallen auch gleich zwei Sätze, die mir zu denken geben: »Ihr seid hier am Ende der Welt. Und werdet hier nicht mehr wegkommen.« Wie meint Filipe das? Er meint es so, wie er es sagt: »Hier geht in den nächsten Tagen für euch nichts mehr.« Miguel bietet uns deshalb kostenlos eine seiner freien Ferienwohnungen an. Plötzlich haben Sabrina und ich eine Bude für uns! Wir haben ein Bett und ein Dach über dem Kopf, und die Karre liegt ruhig am Strand! Wir sind total happy. Und hauen uns gleich mal in die Betten.

≈

Filipe behält recht. Der Wind weht locker mit 40 Knoten und mehr, also 8 und 9 Windstärken. Aus einem strahlend blauen Himmel, der Hund. Er brüllt geradezu aus Nordwesten, genau aus der Richtung, in die wir wollen und er macht keine Pausen, lediglich nachts wird es ein wenig ruhiger. Sabrina und ich sind in Sagres festgenagelt. Wir haben beide erst einmal Schwierigkeiten, das zu akzeptieren. Denn es geht nicht um einen Tag oder um zwei. Das hier kann länger dauern.

Nach zwei Tagen müssen wir aus der kostenlosen Ferienwohnung ausziehen, weil die Mieter anreisen. Sabrina und ich schlagen unser Zelt auf dem nahe gelegenen Campingplatz auf und pendeln zwischen ihm, der Karre und dem Supermarkt. Wir bemühen uns, die Situation nicht zu sehr auf unsere Stimmung durchschlagen zu lassen, aber natürlich legt sie sich immer wieder wie Mehltau auf uns. Die Uhr tickt allmählich auch schon für Sabrinas Urlaubszeit. Wir sind jetzt ein wenig aus meinem üblichen Reisesystem ausgestiegen, bezahlen den Zeltplatz, und Sabrina zahlt ab und zu auch anderes für uns. Ich suche nicht wie üblich den Kontakt zu anderen Menschen; im Moment brauche ich ihre Hilfe nicht. Wir beide konzentrieren uns voll auf das Beisammensein, auch wenn es schade ist, dass wir gemeinsam keine Meilen reißen können. Zu zweit sind wir eine Gruppe, ein geschlossenes System. Ein System, auf das andere Menschen kaum Zugriff haben. Aber die Auszeit aus meinem System tut mir gut und Sabrina kann wieder etwas Kraft für unsere Beziehung tanken. Ab jetzt sind wir sicher, dass wir es überstehen. Schon bald werde ich wieder alleine sein.

Nach einer Woche kündigt der Wetterbericht ein kleines Loch zwischen den durchziehenden Fronten an. Früh am Morgen des nämlichen Tages wecke ich Sabrina, wir haben am Vorabend gepackt, nur noch auf Sitzsäcken geschlafen, wir wollen diese Chance auf keinen Fall verpassen.

Gemeinsam drehen wir die Karre und schieben sie durch die Brandung. Die Wellen halten dagegen und drücken die Karre mit einer gewaltigen Kraft gegen den Strand, als wollten sie uns hier behalten Aber wir schaffen es, ich ziehe an der Starterleine des Motors. Einmal. Zweimal. Dreimal. Oft. Der Motor macht keinen Mucks. Er startet nicht! Der Arm schmerzt schon vom Ziehen der Leine, aber nichts tut sich, rein gar nichts. Dies ist der Moment, das kleine Zeitfenster, in dem wir ums Kap herum könnten. Ich will nicht wahrhaben, was hier gerade abgeht. »Ihr kommt hier nicht mehr weg!« Kannst du diesen beschissen wahren Satz bitte wieder zurücknehmen, Filipe!

Die Karre bleibt auf Mooring liegen, den Motor bringen wir mit einem Gummiboot an Land. Ich arbeite stundenlang an Zündkerze und Vergaser, trockne und reinige alles, doch es bringt nichts, er rührt sich nicht. Unsere Chance schwindet und ich sehe ein, dass ich Hilfe brauche, um den Motor wieder in Schwung zu bekommen. Und das mache ich wieder allein, ohne Sabrina, dafür muss ich in meinem System bleiben. Wenn ich mit ihr losziehen und fragen würde: »Können sie mir den Motor reparieren?«, würde das für mich nicht funktionieren.

Pedro, ein Fotograf, der auch über meine Tour schreiben will, fährt mit mir und dem Motor los. Der erste Händler, in Lagos, will mir nicht helfen. Erst im 50 Kilometer entfernten Portimão landen wir einen Volltreffer mit Stefania, der Jetski-Weltmeisterin des Jahre 2010. Sie traut ihren Augen nicht, als ich ihr meinen Tourverlauf auf der Karte zeige und sie um ihre Hilfe bitte. Pedro lässt mich alleine, der Schlawiner ist verabredet zu irgendwelchen Tennisstunden. Ich muss lachen, als er mir das erzählt. »So, so«, grinse ich, »Tennisstunden …«

Der Laden, in dem Stefania arbeitet, legt sich für mich ins Zeug, und nach zwei Stunden bekomme ich den Motor voll funktionsfähig wieder. Anscheinend war der Vergaser total versandet. Stefania bringt mich mit dem Auto zum Bahnhof, erst spät bin ich zurück in Sagres. Wieder einmal geschafft, auch wenn unser Wetterfenster erneut so zu ist, wie es nur sein kann.

Sabrinas Urlaubszeit zieht in Sagres an uns vorbei, der Abschied naht. Udo und Dirk aus meiner Heimat sind schon da, sie sind mit ihrem Wohnmobil gekommen, um mich zu treffen und Sabrina abzuholen. Zweimal waren Sabrina und ich zu Fuß am Kap, um es uns anzusehen. Herumfahren werde ich allein. Wieder ziehen wir zum Strand um. Eine letzte Nacht liegen wir beieinander. Es ist der 14. August 2012.

Der Morgen des Abschieds ist gekommen. Es ist ruhig und neblig, als ich mit einem Kajak des Resorts in den frühen Morgenstunden zur Karre paddele und sie nach und nach bestücke. Sabrina steht am Ufer. Zusammen mit Udo und Dirk wird sie mit dem Camper zum Kap fahren und mir von oben zusehen.

Die Wochen mit Sabrina auf der Karre und an Land waren schön und die zwei Tage in der Ferienwohnung wie ein kleines Wunder für uns. Tür zu, wir für uns allein. Nicht irgendwo draußen, nicht unter Beobachtung. Mein System ist durch sie unterbrochen worden, aber das ist mir egal. Unabhängig von allen Belangen der Tour, dem Plan, dem Vorhaben, dem Ziel: Unsere Beziehung ist wichtig, und die Zeit mit ihr war vielleicht das Wichtigste, was diese Tour gerade hervorgebracht hat. Sie hat uns nicht auseinandergebracht. Nein, sie hat uns noch stärker zusammengeschweißt.

Wieder allein auf der Karre winke ich noch einmal in Richtung Strand, dann löse ich die Tampen von der Mooringtonne und verschwinde langsam in den dichten Dunst. Das Wasser ist bewegt und es gibt zwar keine Schaumkronen und keine steilen Wasserberge, doch nach der Hälfte des Weges zum Kap wird der Nebel so dicht, dass ich um mich herum nichts mehr erkennen kann. Ich fahre unter GPS-Einsatz durch eine feuchte, graue Geisterwelt, ohne zu wissen, wie weit ich von der gefährlichen Steilküste entfernt bin. Sabrina muss helfen: »Der Nebel ist zu dicht hier. Ich weiß nicht, wann ich am Kap bin, wie schnell ich fahren kann und ob ihr mich dann überhaupt sehen könnt.« Die Antwort überrascht mich: »Wir sind schon am Kap. Fahr einfach weiter, dahinter ist der Nebel komplett weg. Wir werden dich sehen können.« Meine Sicht bleibt auf ein paar Meter beschränkt. Wieder und wieder stelle ich für kurze Zeit den Motor aus, um zu hören und zu horchen: Das Rauschen der Küste? Fischerboote? Ich habe ein mulmiges Gefühl. Fahrten im Nebel haben etwas Unwirkliches, Ungreifbares. In höchstem Maße unangenehm für einen, der gerne alles im Griff hat.

Ich komme an einem Segelboot vorbei, das seine Fahrt unterbrochen hat und vor Anker liegt. Dann, nur kurze Zeit später, geht der Vorhang auf. Ich fahre durch letzte feuchte Schwaden, einem dünnen Schleier gleich, und dann habe ich freie Sicht auf das knapp 70 Meter hohe Kap São Vicente, das riesig vor mir thront. Filipe hat recht, das hier ist das Ende der Welt. Ich bleibe in sicherem Abstand und sehe oben auf den Felsen Menschen winken, ich sehe, dass sie auf meine Armbewegungen reagieren, mehr aber nicht, keine Sabrina, nicht einmal mit dem Fernglas kann ich sie erkennen. Wie ist es von da oben? Wird meine kleine orangefarbene Nussschale zu erkennen sein? Hinter mir ist nur noch das unendliche Meer. Selten habe ich mich so alleine gefühlt.

So klein und zart die Karre ist, ich weiß, ich bin sicher. Aber mein Gefühl hier auf dem Atlantik ist trotzdem anders als auf den Wassern zuvor. Es ist nun eine bewegte Gewalt, von der ich weiß, dass sie nicht immer so ruhig dahinschlummert wie heute. An diesem Ozean liegt auch Tönning, in der atlantischen Nebenbucht, die wir Nordsee nennen. *Mitten im Ozean schläft bis zur Stunde/ein Ungeheuer, tief auf dem Grunde./Sein Haupt ruht dicht vor Englands Strand,/die Schwanzflosse spielt bei Brasiliens Sand.* So ist es. Das hat der Liliencron, so heißt der Dichter dieser Zeilen, gut getroffen. Ich bin mehr als gespannt, wie ich mit dem Atlantik klarkommen werde. Seit dem Schwarzen Meer bin ich auf den großen Wassern unterwegs. Auf dem Marmarameer, der Ägäis und dem Mittelmeer. Und jetzt auf dem Atlantik, vor der Küste, von der aus Kolumbus einst aufgebrochen ist.

≈

Arrifana heißt der kleine Fischerhafen, in dem ich heute anlege. Die Häfen an dieser Küste sind kleine Punkte am Wasser unter einer mächtig aufragenden Felswand. Ab jetzt gibt es außer den Häfen kaum noch Anlandungsmöglichkeiten für mich und meine treue Gefährtin. Mit Google bereite ich mich jeweils auf den nächsten Tag vor, inspiziere die Küstenbilder und versuche, nichts zu übersehen. Ein jeweiliger Plan A ist Pflicht und ein Plan B gut für mich, mein Respekt vor diesem gewaltigen Meer ist groß. Diese Küste macht Kleinholz aus mir, sollte ich meine Achtsamkeit verlieren.

Über Arrifana, Sines und Sesimbra erreiche ich die Segelhochburg Cascais vor den Toren Lissabons. Das Ambiente ist nobel, die Menschen wohlhabend, Yachten und Rennschiffe liegen hier im Hafen, ich sehe Zweimaster, auf denen die Crew Uniform trägt. Barfüßig, salzverkrustet, dreckig und mit wild wucherndem rotem Bart stehe ich wenig später in der Warteschlange im Hafenbüro. Man trägt hier Jacken mit Goldknöpfen, ich sehe Kristallglas, Pokale und lederne Sessel. Wenn ich so an mir hinunterblicke, kann man durchaus behaupten, dass ich etwas aus dem Rahmen falle.

Ich bin an der Reihe, erzähle kurz meine Geschichte: »Ich bin auf dem Weg vom Schwarzen Meer in die Nordsee. Mein Schiff ist der kleine Kajak-Katamaran da draußen. Kann ich eine Nacht bei euch im Hafen bleiben? Ich habe kein Geld, um dafür zu bezahlen.« Wider Erwarten lacht mein Gegenüber mich an, nimmt meine beiden eingeschweißten Bilder, die meine Tour und mein Boot zeigen, und geht auf einen Mann, augenscheinlich den Chef hier, zu. Auch dieser lacht schallend, als er die Bilder und den Kapitän zu den Bildern selbst in Augenschein nimmt. Freundlich reicht er mir seine Hand: »Es ist eine große Ehre für mich, dass du zu uns in den Hafen gekommen bist. Wir müssen nachher noch ein Foto miteinander machen.« Seine Mitarbeiterin notiert meine Personalien, weist mir einen Stegplatz zu und überreicht mir eine Flasche Wein, die sie hier jedem Neuankömmling in die Hände drückt.

Eigentlich müsste ich erst einmal etwas essen, aber der Hafenchef wollte gern, dass ich gleich wieder zu ihm komme, er habe noch etwas mit mir vor. Also gehe ich den langen Weg über die Stege und das Hafengelände zurück zum Büro. Ich schätze, der Weg über dieses riesige Areal ist locker einen Kilometer lang.

Eine Regatta mit Traditionsbooten des Rio Tejo wird heute hier stattfinden, und als besondere Attraktion soll der Wikinger mit von der Partie sein. Mein Gehirn und mein Magen fangen sofort an zu planen: Regatta. Barbecue.

Die Englischkenntnisse der lustigen Männer, auf die ich jetzt treffe, fordern mich heraus: »Navigation the boatation?« Was soll das heißen? Da hilft kein Google mehr. Es soll heißen: Ist es einfach, deine Karre zu fahren? Antwort: »Yes and no.« Alles klar?

Es gibt Bier, schon bevor die erste Wendemarke erreicht ist. Ein guter Anfang. Wir gewinnen das Rennen natürlich und fahren mit den Booten bis vor einen Strand, an dem schon Hunderte von Menschen auf uns warten. Zwei meiner Mitsegler packen mich und werfen mich ruckzuck über Bord. »Das ist hier so Tradition«, rufen die beiden Spaßvögel, als ich prustend wieder auftauche. Mehr passiert nicht. Regatta: ja. Barbecue: nein. Nichts. Mein Hunger bleibt unendlich groß, und wieder sitze ich über rostigen Sardinendosen, roher Zwiebel und stinkigem Brot. Irgendwas ist da gerade falsch gelaufen.

Im Waschhaus treffe ich einen Deutschen. Er ist nicht sehr gesprächig, erzählt aber doch etwas von einem Schiff namens »Freydis«. Es klingelt sofort, denn ich kenne die Geschichten der »Freydis« und der Familie Wilts aus der Presse. Erich und seine Frau sind seit mehr als 20 Jahren auf den Gewässern dieser Welt unterwegs. Das Schicksal hat sie schwer getroffen, als sie die »Freydis II« vor der Küste Japans nach einem Tsunami aufgeben mussten. Geschätzte 300 000 Seemeilen haben sie auf dem Buckel. Kap Hoorn, Antarktis, Arktis, Südsee, es gibt kaum ein Revier, das die Wilts nicht schon durchpflügt haben. »Erich ist hier im Hafen?«, frage ich den Mann, der anscheinend zur Crew gehört. »Ja. Die neue ›Freydis‹ liegt an Steg A.« Es versteht sich von selbst, dass ich mich zu einem Kaffee einlade. Die »Freydis III« ist brandneu, wie immer tomatenrot und macht, auch wie bei allen Schiffen der Wilts, einen stabilen Eindruck. Erich ist ein Hüne mit Pranken wie Bratpfannen, und ich bin überrascht, als er mir Ostfriesentee anbietet. Etwas 70-Prozentiges hätte besser zu ihm gepasst, aber der Tee ist auch lecker. Die »Freydis« hat allen Komfort an Bord, den man in ein Langfahrtschiff hineinpacken kann. Ist ja auch ein Zuhause. Mir kommt es ein bisschen wie ein Rentnerschiff vor, aber was weiß ich schon, schließlich komme ich von einem orangefarbenen Sportgerät, bei dem man sich durchaus fragen kann, was das eigentlich auf dem Atlantik zu suchen hat. Das Gefälle zwischen dem alten Meilenschaufler und meiner Nussschale ist groß. So richtig kommen wir beim schwarzen Tee nicht zueinander. Man verabschiedet sich und wünscht sich weiter eine gute Reise.

≈

Nach einer Nacht in Peniche, das der Küste wie ein Knubbel vorgelagert ist, heißt mein nächstes Ziel São Martinho do Porto, eine nur über eine schmale Zufahrt zwischen hohen Felswänden zu erreichende Bucht. Meine Anlandung wird zum Paukenschlag. João, der Fotograf aus Sagres, hat meine Story an eine der größten Zeitschriften Portugals verkauft. Offenbar ist die Geschichte gerade erschienen, denn ich werde sofort erkannt. Ein Mann kommt mit einem Exemplar in der Hand auf mich zugelaufen. Andere folgen ihm, schließlich sind es um die 70 Menschen, die sich dicht um mich und die Karre drängen. Fotos werden gemacht, ich gebe die erste Autogrammstunde meiner Tour. Klar, der Rummel freut mich und erfüllt mich mit Stolz, aber richtig genießen kann ich ihn nicht, zu wenig kann ich den einzelnen Menschen gerecht werden.

Später sitzt ein Mann neben mir am Restauranttisch und erzählt die Geschichte der schwarzen Frauen von Nazaré. Von dem 5 000 Meter tiefen Loch im Atlantik direkt vor der Küste, und dass die Frauen in Nazaré ihre Männer zum Sterben dorthin schickten. Über Jahrhunderte selbst das Kommando hatten und ihre Männer nur für den Fischfang benutzten. Die Geschichte ist finster, ich bemerke, wie tief sie in mir haften bleibt. Wie alles, was ich bisher auf der Tour gesehen und gehört habe. Ich gleiche einem Schrank, der über die Jahre mit mehr und mehr Wäsche gefüllt wurde. Wie lange wird der Schrank noch

Sachen aufnehmen können? Der Mann erzählt weiter, aber die Geschichte von dem amerikanischen Surfer, der 2011 vor Nazaré eine 30 Meter hohe Welle gesurft sein soll, die hätte er sich nun wirklich sparen können. Das wäre Tsunami-Höhe! Auch wenn es wie Seemansgarn klingt, kriege ich einen Schreck. Ich bete, dass mein Respekt vor der See nicht in Angst umschlägt. Wenn das passiert, habe ich dort draußen nichts mehr zu suchen.

Als wir am Abend in kleiner Runde zusammensitzen, wird mir erst richtig bewusst, wie meine Kleidung stinkt. Mir ist das unangenehm, und auch wenn die anderen sich nichts anmerken lassen, es kann nicht zu überriechen sein. Ich habe einfach in letzter Zeit nicht oft genug gewaschen, und es ist nach der langen Fahrt nicht mehr leicht, die Sachen richtig sauber zu bekommen.

Über 50 Menschen stehen am Strand, als ich die Bucht verlasse. Zwei Paddelboote geleiten mich bis zur Ausfahrt. Bis Nazaré sind es nur lächerliche sieben Seemeilen. Ich merke auf der kurzen Strecke, dass die Geschichten sich auswirken. Mein Respekt vor dem Meer ist noch größer geworden, ich spüre in fast jedem Moment die Weite und Tiefe dieses Wassers, das sich an Backbord bis zum Horizont erstreckt. In Nazaré begegnen mir die schwarz gekleideten Frauen, es gibt sie also wirklich. Überall sehe ich sie laufen oder sitzen, Fisch verkaufen oder einer anderen Tätigkeit nachgehen. Der Ort ist mir unheimlich und schon am nächsten Morgen bin ich wieder unterwegs, so früh, wie es nur geht.

Schon in Nazaré muckt der Motor für einen kurzen Moment. Ich versuche, es nicht zu beachten, vielleicht gibt sich das ja wieder von alleine, doch zehn Meilen vor Figueira da Foz geht er aus. Und springt nicht mehr an, egal, was ich versuche. Leichte Panik steigt in mir auf, ich muss mein Boot mithilfe des Paddels von der Brandung fernhalten. Erst abends kommt endlich leichter Wind aus Westen auf, der es mir möglich macht, mit dem letzten Licht in die Flusseinfahrt zu segeln und mich an einen Strand vor dem eigentlichen Hafen zu legen.

Am nächsten Morgen paddele ich hinüber in den Yachthafen. Ein Allroundschrauber, der zufällig dort zu tun hat, wird mir helfen. Mehrere Stunden ist er mit dem Motor beschäftigt und bringt mir doch keine Erlösung. »Du musst zu einem Vertragshändler«, erklärt er, »ein elektronisches Teil ist kaputt.« Zufällig ist auch Luís am Hafen, er ist Künstler und auf Angelurlaub hier. Er bietet mir seine Hilfe an und zwei Minuten später fährt er mit mir zu dem Händler. Wir reden und reden, dann telefoniert der Chef selbst mit Honda, doch man ist einer Meinung: keine Hilfe ohne ordnungsgemäße Stempel im Wartungsbuch, die ich natürlich nicht habe. Die Lage ist vertrackt, auch der pfiffige Luís scheint keine Lösung parat zu haben. Ich ergreife eine letzte Strategie, demütig gehe ich vor dem Mann in die Knie: »Wir haben jetzt zwei Optionen. Die eine ist Honda mit dem Garantieheft. Die andere bist du, du als Mensch. Ich brauche jetzt deine Hilfe, sonst komme ich nicht weiter.« Er guckt mich an und kann nicht fassen, was er sieht. Geht sogar selbst vor mir auf die Knie und ruft mit gen Himmel erhobenen Armen: »Ich kann doch auch nicht zu meinem Autohändler gehen, auf die Knie fallen und sagen: Bitte, bitte, gib mir dieses Auto. Ich habe zwar kein Geld, aber ich möchte dieses Auto.« Wir lachen alle. Und er sagt, er wird noch mal was probieren.

Nach drei Nächten hält ein Wagen vor den Toren des Hafens. Es ist der Chef der Honda-Vertretung, und in seinem Kofferraum liegt mein Außenborder, repariert und gesäubert. Dazu eine Plastiktüte mit T-Shirts und Mützen. Luís ist fassungslos: »In ganz Portugal arbeitet nach Freitagmittag niemand mehr und jetzt passiert so etwas!«

Alles scheint gut, ich kann weiterfahren. Doch auf dem Atlantik setzt der Motor plötzlich wieder aus. Nichts geht mehr, er springt nicht mehr an. Die Brandung des Strandes an Steuerbord hat geschätzte drei Meter Höhe und würde meine Karre in sämtliche Einzelteile zerlegen. Ich muss uns erst einmal von der Küste freisegeln. Niemals werde ich es im Tageslicht noch bis Aveiro schaffen. Ich kreuze mit kurzen Schlägen und bei leichter Gegenströmung, das Resultat ist schockierend: Ich segle gerade rückwärts! So komme ich Aveiro natürlich nicht näher, im Gegenteil. Inzwischen ist die Sonne untergegangen und die stockdunkle Nacht umgibt mich. Trotzdem entscheide ich mich für einen langen Schlag nach Westen, weit weg von der Küste. Es gibt keine andere Lösung.

Es ist absurd, ich segle in höchster Anspannung und das Meer bietet mir eines seiner schönsten Schauspiele: Es leuchtet geheimnisvoll, Schwert und Ruderblätter hinterlassen einen fluoreszierenden Schweif aus hellem Grün. Es ist toll, so im Mondlicht dahin zu rauschen. Und auch der Wind macht jetzt mit und dreht. Ich kann wenden und mich dem Hafen wieder nähern. Die Tide kippt zu meinen Gunsten, und die Lichter des Hafens kommen näher und näher. Ich trage eine Stirnlampe, andere Lichter habe ich nicht. Sie verschafft mir ein wenig Sicht auf dem Boot und bietet anderen zumindest eine kleine Chance, mich zu sehen. Es ist fast schon Mitternacht, ich bin erschöpft, aber mit einem Schlag hellwach – nur wenige hundert Meter vor der Flusseinfahrt schwärmen plötzlich die Fischer aus. Das Röhren der gewaltigen Motoren ihrer großen Schiffe ist gigantisch laut, und mindestens drei von ihnen halten direkten Kurs auf mich. Im Stehen wackele ich wild mit meinem Kopf samt Stirnlampe hin und her. Alle drei sehen mich erst im letzten Moment, erschrocken reißen sie ihr Ruder herum. Zeit, ihre Fahrt zu verlangsamen, haben sie nicht mehr, sie rauschen dicht an mir vorbei.

Dann herrscht wieder Ruhe und Dunkelheit. In der Flusseinfahrt angekommen, sehe ich hunderte Lichter, Grün und Rot, Lila und Gelb, Weiß. Restaurants, Straßenlaternen, Signallampen. Es fällt mir schwer, mich zu konzentrieren, zu groß ist meine Müdigkeit. Im Fischereihafen mache ich Schluss, mein Nachtlager zwischen Fischkisten und Netzen ist schnell aufgeschlagen. Noch nie bin ich so erschöpft ins Zelt gefallen wie in dieser Nacht. Fünfzehn Stunden war ich auf dem Wasser.

≈

Irgendwie gelingt es mir am nächsten Tag selbst, den Motor in einer Werkstatt wiederzubeleben. Ich habe das gemacht, was ich jetzt schon fast blind beherrsche: Vergaser und Zündkerze reinigen, viel mehr kann ich nicht tun. Aber er läuft wieder, macht das Geräusch, das er machen soll. Ich verhole meine Karre in den Yachthafen hinter einer großen Straßenbrücke und wettere zwei weitere Tage mit Starkwind ab. Ich bin unsicher und frage mich, ob ich das Richtige tue oder schon einen Schritt zu viel mache, zu weit gehe, über das hinaus, was ich noch verantworten kann.

Bereits nach einer Nacht verlasse ich Porto und seinen schönen Hafen in Gaia wieder. Die Motorenreparatur und meine Nachtfahrt haben sehr viel Zeit gefordert und ich spüre, wie es mich treibt.

Der Wind nimmt stetig weiter zu und mit ihm auch die See. Ich sehe Wellen, wie ich sie in meinem Leben noch nicht gesehen habe. Seefahrer neigen ja bekanntlich zu Übertreibungen, aber ich schwöre, hier kommen mir das erste Mal in meinem Leben Wellen von Haushöhe entgegen. Locker zehn Meter hoch, fünfmal so hoch wie die Karre! Ich bin fassungslos. Es ist schön und schrecklich zugleich. Sie rollen in einem natürlichen Rhythmus und schlagen nur selten über. Dies ist der Ozean, zehn Meter Wellenhöhe sind für ihn ein Klacks, eine kleiner Krissel an der Oberfläche. Für mich und die Karre ist es die Begegnung mit einer Urgewalt, die mir den Atem raubt.

Große Fischerboote kommen mir entgegen. Zu sechst steht

die Mannschaft an der Reling und applaudiert der Karre und mir. Der Applaus ist zweischneidig. Er ist Anerkennung dafür, dass wir hier etwas Ungewöhnliches aufführen. Und er ist ein Hinweis, dass unsere Aufführung vielleicht eine Nummer zu groß ist, das macht man nicht, das ist widernatürlich. Das könnte schlecht ausgehen. Was zu viel ist, ist zu viel. Vorgestern war die Nachtfahrt zu viel, heute sind es diese Wellen. Ich mache etwas, das neu für mich ist, das ich auf dieser Tour überhaupt noch nicht gemacht habe: Ich breche ab, ich drehe um. Ich wähle die Sicherheit und fahre zurück nach Porto.

Wer auf See ist, kann nicht in Sekundenschnelle in eine andere Situation springen, so sehr er sich das auch wünscht. Alles dauert die Zeit, die es eben dauert. Ich habe jetzt diese Wellen auszufahren. Mit nur einem Segel rutschen wir die Wellenberge hinab und die vor uns liegenden wieder hinauf. Über eine Stunde lang klettern wir über eine bewegte, rollende Berglandschaft. Ich brauche für den Rückweg nach Porto, der auf dem Hinweg über drei Stunden gedauert hat, nur diese eine Stunde.

Als ich den Hafen in Gaia wieder erreicht habe, verweigert der Motor wie zum Hohn wieder seinen Dienst. Ich muss es segelnd und paddelnd hinbekommen. Noch unter dem frischen Eindruck dieses Tages fällt sofort eine Entscheidung: Entweder gelingt es mir, einen neuen Motor zu bekommen, oder die Tour endet hier! Nein, ohne einen sicher funktionierenden Motor werde ich diese Reise nicht fortsetzen. Die Frage ist nur, wie ich diesen Entschluss umsetzen werde. Ein Marinero hilft mir, zieht mich mit seinem Boot an den Steg. In Windeseile spricht es sich herum, dass ich zurückgekommen bin und in Schwierigkeiten stecke. Von allen Seiten kommt Hilfe. Essen bekomme ich im Restaurant, und zusammen mit Lino, einem glatzköpfigen Barbesitzer a.D., entwickele ich einen Schlachtplan, wie es weitergehen könnte.

Am nächsten Tag schicke ich vier E-Mails an Honda Deutschland. Mittags kommt die Antwort: Wir finden ihre Story gut und haben sie weitergeleitet. Bitte warten Sie ab. Okay! Das tue ich. Ich freue mich, dass sie so positiv reagieren und meine Anfrage gleich beantworten. Heute ist Freitag, also muss ich damit rechnen, dass ich erst nach dem Wochenende wieder etwas höre. Einer der Marina-Manager bringt mich zusätzlich zu einem Motorhändler hier in Porto. Der macht einen Alternativvorschlag: »Wenn die nicht schnell antworten, bekommst du Montag einen neuen Suzuki! Ich besorge ihn dir! Ich hole den Suzuki-Chef und das Fernsehen für dich!« Im Ernst?

Immer wieder erfahre ich Überraschungen und Freundlichkeiten. Wenn ich in der nahen Kaffeebar mit zwei Euro meinen Kaffee bezahle, liegen unter der nächsten Tasse, die gebracht wird, drei Euro. Der Bäckereibesitzer, der diese Kaffeebar betreibt, ist bekannt dafür, dass er täglich 200 oder auch 300 Brötchen an Bedürftige verteilt, an Menschen ohne Geld in der Tasche. Und so einer wie ich wird da gleich mal mit versorgt. In kaum einem anderen Ort haben sich Menschen mir so durchweg hilfsbereit und umsorgend zugewandt wie hier in Porto.

Am Montag ist Honda Deutschland nicht mehr für mich zuständig, dafür sagt mir Honda Portugal zu, dass sie mir sehr kurzfristig einen neuen Motor bringen werden. Sie seien quasi schon unterwegs! Mal abwarten, denke ich bei mir. Aber tatsächlich kommen noch am selben Nachmittag ein Honda-Vertreter und ein Fotograf, der die Übergabe dokumentiert. Komischerweise fällt es mir schwer, meinen alten Motor herzugeben. Die Dinge bleiben auf so einer Tour nicht einfach nur Dinge. Ein wenig wie bei Tom Hanks und seinem Football Wilson in *Cast away*.

Insgesamt bleibe ich eine Woche in Porto. Der Abschied von diesem freundlichen Ort fällt mir außerordentlich schwer. Die

See ist heute ruhig, überhaupt nicht zu vergleichen mit der See von letzter Woche, die mich zur Umkehr gezwungen hat. Es ist immer wieder erstaunlich, wie schnell Wasser sich wandelt. So ruhig und sanft wie heute erscheint es mir fast wie ein anderes Element. Der neue Motor läuft ohne alle Mucken und Macken. *Muito obrigado, Porto!*

Viana do Castelo heißt meine letzte portugiesische Station. »Wir haben dich schon erwartet!« ruft ein Mann zu mir herüber, kaum dass ich angelegt habe. Aus Gaia hat jemand angerufen, vielleicht der Bäckereibesitzer, vielleicht Lino. Jedenfalls ist alles schon vorbereitet: Duschen, Kaffee, ein kühles Bier. Das muss man sich mal vorstellen!

≈

Hinter Bayona, meinem ersten spanischen Hafen, lege ich noch einen Zwischenstopp ein, ehe ich die Überfahrt Richtung Kap Finisterre wage. Sie verläuft genauso, wie es mir die Menschen vorher in leuchtenden Farben ausgemalt hatten. Ich merke schnell, in diesem Gebiet habe ich eigentlich nichts verloren. Die Gegend ist ein kalter Hexentopf, in dem es überall schäumt und brodelt. Felsen liegen nur knapp unter der Wasseroberfläche, sie halten sich verborgen und doch verrät sie ein schäumender Wellenschlag. Das Wetter ist mir aber noch gnädig, ich will gar nicht wissen, was Herbststürme in dieser See anrichten können. Selbst in ruhigerer Stimmung, wie heute, vermittelt sich mir etwas, das ich mit Worten kaum beschreiben kann. Eine dunkle Macht scheint hier zu ruhen, und ich muss leise sein, sie nicht zu wecken. Am Kap endet der berühmte Jakobsweg. Nach dem Besuch von Santiago de Compostela verbrennen die Pilger hier oben ihre Kleidung, die sie den langen Weg über getragen haben. Finis terrae, das Ende der Welt. O ja.

Der Abend im Hafen ist einsam. Viele Menschen sind hier,

doch ein Restaurantbesitzer verweist mich seines Lokals, wo ich das Internet nutzen möchte, weil ich leider zu wenig Geld für einen Kaffee habe. Meine Geldreserven sind am Ende, und Benzin ist momentan wichtiger als alles andere. In diesen Momenten fühle ich mich elend und mutterseelenallein. Fast wie ein räudiger Hund, für den man nur Tritte übrig hat. Es ist erstaunlich, wie schnell sich das Gefühl von Geborgenheit und Angekommensein mit diesem Katzenjammer abwechseln kann. Ein Aspekt der Reise, der mich mehr fordert, als ich geahnt hätte: das Auf und Ab in meinem Innern. Aber Jammern will ich nicht. Ich bin hier, weil ich es so gewollt habe und ich betrachte diese Beobachtung an mir als einen Schritt auf dem Weg zu mir selbst. Trotzdem – manchmal bin ich hundemüde von diesen Begegnungen mit Andreas Gabriels Innenleben und wäre gerne einfach nur zu Hause. Einfach nur zu Hause auf dem Sofa. Vielleicht mit einem Tee oder in einem Gespräch mit meinen Kindern, das wäre gut, ja.

≈

Die Anfahrt auf Muxía und Camariñas ist höllisch und unvergleichlich zäh. Ich fühle mich wie ein Boxer, der Schlag um Schlag schwere Treffer kassiert, und immer noch nicht fällt. Überall scheinen weiße Handtücher zu flattern, die mir nahelegen, mich zu ergeben. Eine innere Stimme rät mir ausdrücklich dazu. Eine andere aber denkt einfach nicht daran. Wo, verdammt, soll ich denn auch hin? Die zerklüftete, hohe Felsenküste bietet keinen Schutz. Ein Abbruch ist einfach unmöglich. Da kannst du mich prügeln, so viel du willst, Meer.

Heute ist ein Tag, an dem ich das Meer anschreie. Mir vorstelle, dass das Kräftemessen zu gewinnen ist, wenn ich ihm zeige, wer ich wirklich bin. Ein Wikinger, der durch nichts und niemanden klein zu kriegen ist. Komme, was wolle. Als Antwort kriege ich weiterhin permanent auf die Mütze.

Es sind nur noch die kleinen Treffen in den Häfen, aus denen ich ein wenig Energie ziehen kann. Und manchmal wird so ein kleines Treffen doch größer als gedacht.

An diesem Abend komme ich mit einem italienischen Skipper ins Gespräch. Michele ist wie ich alleine unterwegs und lädt mich ein auf sein Schiff. So wie fast immer, weiß ich nicht, um welchen Schiffstypen es sich dabei handelt. Ich bin wirklich ein Kulturbanause des Meeres und verstehe selbst nicht, warum das so ist. Es hat mich einfach noch nie interessiert, ob ich vor einer Bavaria, einer Sun Odyssee 54 oder einem Fischkutter stehe. Das hindert mich allerdings nicht daran, zu erkennen – und anzuerkennen –, dass dieses kleine Stahlschiff aufs Feinste restauriert ist und wie viel Schweiß, vor allem aber Liebe dieser Mann in seinen Kahn investiert haben muss, um ihn derart auf Vordermann zu bringen. Ein 9-Meter-Stahlboot mit altertümlicher Ausstrahlung und runden Formen, mit Bullaugen im Deckshaus. Rumpf, Reling und Deck sind weiß wie der weißeste Schnee. Nur ein hölzerner Mast und ein Retrosegel unterbrechen die arielweiße Reinheit dieser kleinen Schönheit. Der Stolz quillt dem großen Mann mit Glatze förmlich aus seinem Gesicht, als ich die Plicht seines segelnden Heiligtums betrete. »Wow, Michele. Das ist ein wunderhübsches Boot«, ist das Einzige, was ich in diesem Moment herausbringe.

Michele und ich, wir fühlen beide die Ruhe des Meeres und müssen nicht viel reden. Er setzt einen Tee auf und erklärt nebenbei, wie zufrieden er sei mit dem Ergebnis seiner jahrelangen mühevollen Arbeit und wie sehr er das Leben an Bord liebe. Recht hat er, stolz kann er sein auf seine kleine Schönheit. Und froh kann er außerdem sein, denn 200 Jahre früher, und ich hätte ihn nach dem Tee einfach über Bord geschmissen und wäre mit seinem Schiff weitergefahren. Kapern nannte man damals dieses mittlerweile unübliche Verhalten. Heutzutage ist jedes Boot registriert, alles ist vernetzt und im nächsten Augenblick hast du die Küstenwache am Hals. Man macht es unserer Zunft auch nicht leicht, verdammt.

Michele unterbricht meine Piratenfantasien, nimmt eine Lampe und beleuchtet stolz alle Ecken und Schränke des Schiffbauches. Der große Mann kann hier kaum aufrecht stehen, ist aber hellauf begeistert von der Einfachheit seines Lebens an Bord. Er freut sich über multifunktionelle Ausstattungen und erklärt, dass alles seinen Platz habe und dass er es liebe, hier auf seinem Schiff zu sein.

Doch plötzlich verändert sich Micheles Gesichtsausdruck und ich stelle erstaunt fest, dass er weint.

»Jahrelang habe ich mich auf diesen Moment vorbereitet, Andreas.« Er wischt sich über die Augen und reicht mir den Tee. »Jahrelang habe ich an diesem Boot gearbeitet, geplant und investiert. Geträumt von der Welt, neuen Menschen und vielen wunderbaren Abenteuern. Ich wollte raus, genau wie du, Andreas. Und jetzt? Jetzt sind erst drei Monate vergangen und ich bin am Ende. Meine Tochter ist 14 Jahre alt und ich vermisse sie so unglaublich, dass es mich fast zerreißt.« Ich höre die Scham in seinen Worten. Es ist ihm peinlich, dass er sein Vorhaben nicht durchziehen wird. Ich weiß, was der Mann fühlt, bin berührt: »Weißt du was, mein Lieber? Was du mir da gerade erzählst, ist eine wunderbare Geschichte. Deine Geschichte. Genieße die Zeit mit deiner Tochter, vielleicht segelt sie ja sogar mit. Aber bewahre dir deinen Traum, verschieb dein Projekt um ein paar Jahre und nimm es dann mit ganzem Herzen noch einmal in Angriff. Alles hat seine Zeit.«

Der Mann hat mich wirklich erreicht mit seiner Wärme und seiner Art, dem Schmerz nachzugeben und die einzig richtige Entscheidung zu treffen.

Wir schweifen ab, reden über die Küsten und tauschen unsere Bücher. Mein Küstenhandbuch reicht nur bis exakt hierher. Ab jetzt würde ich also etwas planloser unterwegs sein. Doch so, wie es sich immer geregelt hatte, sollte es auch an diesem Abend wieder sein. Michele drückt mir einen dicken Schinken in die Hand, der alle Hafen-und Küsteninformationen bis zu meinem Zuhause enthält.

Etwas später liege ich im Zelt und denke darüber nach, dass es so vieles gibt, was ich als Mensch einfach nicht beeinflussen oder erklären kann. Doch irgendwie passieren verdammt oft Dinge zum gefühlt genau richtigen Zeitpunkt. Heute Abend ist es dieses Buch. Und warum hat Michele nun ausgerechnet mich getroffen? Warum verwirft das Heimweh seine Pläne derart konsequent? Ja, ich glaube wirklich daran – alles hat seine Zeit. Mich tröstet der Gedanke, dass alles, was wir tun, bereits irgendwo festgeschrieben steht. Dass unserem ganzen Leben ein bestimmter Weg vorgegeben ist und wir kaum auf seinen Verlauf einwirken können, so sehr wir das oft möchten. Was ist, wenn Micheles Tochter und sein Heimweh ihm nun das Leben bewahrt haben? Was wäre, wenn eine Weiterfahrt ganz einfach nicht zu seiner bereits geschriebenen Geschichte passte? Der Untergang seines Schiffes und sein Tod irgendetwas in der universellen Chronik durcheinanderbrächte? Es klingt banal, aber es ist schön, diesen Gedanken zu vertrauen. Denn das würde bedeuten, wenn unsere Zeit gekommen ist, ist sie gekommen. Und wenn sie noch nicht da ist, brauchen wir auch keine Angst zu haben, denn irgendetwas sorgt dafür, dass immer im richtigen Moment das Richtige passieren wird. Bis es dann irgendwann doch so weit ist. Ja, das ist ein guter Gedanke.

≈

Cedeira ist wie São Martinho eine gefährliche Ansteuerung. Lange, hohe Wellen tragen mich in die Bucht. Die Bilder dieser wuchtigen See und ihrer zerklüfteten Felsen stapeln sich inzwischen schon in mir, aber plötzlich ist es damit vorbei und alles ist wieder ganz ruhig, als ich das seichte Wasser im Inneren der

Bucht erreiche. Yachten liegen vor Anker und eine von ihnen trägt eine deutsche Flagge. Vorsichtig nähere ich mich ihr und rufe: »Moin, moin!« Gerade so, wie man sich bei uns im hohen Norden begrüßt. Das Skipper-Ehepaar lädt mich ein, bei sich an Bord zu schlafen, kocht Feines für uns zu essen und schenkt mir sogar etwas Geld. Meiner klammen Reisekasse tut das gut – aber ein Gespräch zu führen und eine warme Mahlzeit zu bekommen, das ist das Beste. Solche Treffen geben mir Kraft und Zutrauen zurück.

Der Wetterbericht sagt nichts Ungewöhnliches voraus, und so starte ich am Folgetag wie gewohnt. Nach Cariño sind es nur 17 Meilen, doch diese Küste hier ist voller Urgewalt und voller Geheimnisse und tatsächlich: schon frischt der Wind auf. Noch nie zuvor habe ich das Meer so angeschrien. Der Wind hat die 25-Knoten-Marke schon lange geknackt, geht weit darüber hinaus, und mein Außenborder quält uns bei nicht einmal mehr drei Knoten Geschwindigkeit durch das wütend tobende Meer. Die Welle ist viel zu steil geworden, als dass ich den Rückzug noch wagen würde. Das Wasser und ich, wir haben jetzt wirklich ein Problem, meine Wut kocht über und meine Stimmbänder schmerzen, so brülle ich die See an: »Was willst du von mir, du verdammtes Schwein!? Nichts und niemand wird mich bezwingen! Was auch immer du hier veranstaltest, du wirst mich nicht davon abhalten, Cariño zu erreichen!«

Ich lache das Meer aus, zeige ihm den Mittelfinger, und weiß nicht, wie weit ich noch davon entfernt bin, wirklich verrückt zu werden. Fünfmal mache ich mir an diesem Tag in die Hosen, es ist unmöglich, meinen Urin anders zu entsorgen. Bei dem Versuch wäre ich entweder über Bord gegangen oder die Karre quer geschlagen und hätte sich und mich in den rollenden Wellenkämmen zerlegt.

Meine Zähne klappern ohne Unterlass, als ich am späten Nachmittag in den geschützten Hafen von Cariño einlaufe.

Kein Fischer ist heute draußen gewesen. Andreas Gabriel weiß, warum. Bei Neptun, er weiß, warum.

Die Mole steht voll mit Leuten, die den Kopf über diesen Verrückten schütteln. Ein Mann reicht mir ein Bier, während ich meine stinkige Kleidung wechsele. Es dauert nur Minuten und ich bin wieder normal, alles scheint vergessen. Ich kann mich selbst nicht mehr verstehen.

Die Temperatur liegt bei 15 Grad. Diego, ein junger Muschelfischer nimmt sich meiner an. Wir legen meine Karre an eine der Mooringtonnen, wechseln das Motoröl und essen Tintenfisch in allen Variationen. Der Mann ist ein As in seinem seltenen Beruf. Mithilfe des Google-Übersetzers erzählt er mir, wie gefährlich es ist, an eine besondere Muschelart an den Felsen zu gelangen, auf die er sich spezialisiert hat. 300 Euro pro Kilo bringen ihm die Tiere ein. Das klingt viel, ist aber wenig angesichts des hohen Risikos, in das er sich begibt.

Das Unwetter tobt sich mehrere Tage lang aus. Wir fahren währenddessen mit Diegos Wagen auf die mit 600 Metern höchste Klippe in Europa. Unter uns brodelt die schäumende See der Biskaya.

Eines Tages sitze ich in Luarca auf einer Parkbank und beobachte die Menschen. Dann blicke an mir selbst hinunter. Ich lache leise. Wie ein Landstreicher sehe ich aus, oder eher wie ein Wasserstreicher, ein Sea Pilgrim, wie man mich hier schon nennt: Meerespilger. Eine alte Frau fällt mir auf, sie wird mehr als 80 Jahre alt sein, vielleicht sogar schon 90, und geht gebückt. Es ist nicht leicht für sie, den schweren Einkauf nach Hause zu tragen. Was mag in diesem Menschen für eine Geschichte verborgen sein? Es sind nur meine Gedanken, die sie ansprechen: »Weißt du, dass ich hier sitze? Du kannst es fühlen, oder?« Mit langsamen Schritten schlurft sie auf mich zu. Dann bleibt sie stehen und greift in eine ihrer Taschen. Sie blickt zu mir auf und drückt mir 35 Cent in die Hand. Wir sagen kein Wort. Ich stehe auf, nehme ihre beiden Hände in meine und sage jetzt, wieder nur in Gedanken: »Danke.«

Nun, man wird wunderlich auf so einer langen Fahrt als Meerespilger, aber man entwickelt auch herrlich wunderliche Fähigkeiten.

≈

Es ist der 28. September 2012. Die Wolkenformationen sind tiefgrau, gewaltig und nur schwer zu verstehen. In ihnen steckt vieles, was ich nicht einzuschätzen vermag, und während ich vor meinem Zelt sitze, meinen Morgenkaffee trinke und sie misstrauisch beobachte, stelle ich fest, dass ich mich immer mehr so fühle wie letzten Herbst in Süditalien.

Ich habe den Golf von Biskaya erreicht, eines der verrufensten Seegebiete der Welt, und ich sollte nicht vergessen, dass ich nur ein kleiner Mann mit einem kleinen Boot bin. In Gijón sitze ich abends in einem Toilettengebäude, das durch seine Glasfront einen Blick auf den Hafen und den Himmel zulässt. Ich habe die Beine angewinkelt und umschlinge sie fest mit meinen Armen. Meine Gedanken sind auf der Suche nach der richtigen Entscheidung. Der Himmel spricht schon seit Tagen zu mir, es ist mir nicht entgangen. Mein Körper ist ausgelaugt. Ich fühle mich voll, gefüllt wie ein ächzender, knarrender Eichenschrank, dessen Fächer bis obenhin voll sind.

Zum zweiten Mal auf diesem Abenteuer erkenne ich, dass es dieses Maß gibt. Ein Maß, das mich müde macht, mir meine Kraft raubt und sogar dafür sorgen kann, dass mein Leben in Gefahr gerät. Seit sechs Monaten bin ich in ständiger Anspannung. Gute, kreative, erfüllende Anspannung, aber auch die, die mit der Bedrohung durch das Meer entsteht. Ich bin angereichert mit Gefühlen und Dankbarkeit für die Menschen, die mir begegnet sind. Ich bin so voll, dass mir jetzt gerade meine Beine zittern. Wenn ich nicht aufpasse, dann wird mich das Meer holen. Ich werde ihm nur noch wenig entgegenzusetzen haben. Meine Haut hat am meisten gelitten in diesem Jahr. Ein leichter Stoß reicht aus für eine blutende

Verletzung, so dünnhäutig bin ich geworden. Und das nicht nur körperlich.

Die Sommerzeit ist vorbei, das Wetter ist nicht mehr so vorhersehbar, es wechselt schneller und unberechenbarer. Es ist wieder so weit. Zeit, die Winterpause einzuläuten. Ich habe gelernt, auf mich zu hören. Mein Kopf stellt sich nicht gegen meinen Körper. Wenn ich weiterfahren würde, hätte ich nicht mehr die Kontrolle über das, was ich tue. Ich wäre eine Art Geisterfahrer zur See. Ich rufe Sabrina an: »Sabrina, ich kann nicht mehr. Ich möchte nach Hause. Ich habe Angst, ist mit uns alles so, wie es sein soll?« Tränen laufen mir über das Gesicht und für einen Moment ist es still. Dann antwortet Sabrina: »Sieh zu, dass du nach Hause kommst.«

≈

Schon 40 Meilen zuvor hat man mir von einem neuen Hafen erzählt. Einer riesigen Marina, die über ein freundliches Management verfügen und genügend Platz in ihren Hallen haben soll. Ist das das Winterquartier meiner Karre? Laredo heißt der Ort und ich bin nur noch wenige Meilen von ihm entfernt. In Laredo erwartet mich tatsächlich eine riesige Marina. Ruhig, geradezu andächtig drehe ich eine Runde.

Meine Hand legt sich auf einen der leeren Stege, fühlt ihn für eine Weile und mein Kopf sackt nach vorne. Ich bin angekommen. Es ist Mittwoch, der 3. Oktober 2012.

Nach der kleinen Andacht bin ich mit meinen Papieren schnell auf dem Weg zum Hafenbüro. Eine junge Frau, Teresa, sitzt dort vor ihrem Computer. Sie hört mir aufmerksam zu, als ich erkläre, ihre Hilfe zu benötigen. Nett, fast niedlich antwortet sie, mir kaum helfen zu können, bei dem, was sie mit ihrem Job verdient. »Nein, nein, Teresa, du verstehst mich falsch. Ich brauche einen Platz für mein Boot und habe selbst noch über 50 Euro. Das müsste genügen, um nach Bilbao zum Flughafen zu kommen.« Nachdem sich das Missverständnis geklärt hat, tippt sie eifrig in ihren Rechner. Bootslänge x 8 Monate ergibt … Doch bevor sie mir die Zahl mitteilen kann, kommt Paolo hinzu. Er ist der Chef der Marina und hört nur kurz meine Geschichte. »Du wirst hier gar nichts bezahlen. Morgen früh um 9 Uhr bekommst du von mir zwei Arbeiter gestellt. Sie helfen dir, dein Boot auseinanderzubauen, es zu säubern und in der großen Halle zu verstauen. Komm im Frühjahr einfach wieder. Es ist uns eine Ehre, das für dich zu tun.«

Paolo ist es auch, der mich für die Nacht in einer christlichen Herberge unterbringt. Die Herbergsmutter Martha ist schon weit über 80 Jahre alt und ihre Blicke bleiben auf meinen Bart hängen. Martha meint, dass sie an eine Fügung Gottes denkt, der mich in ihre Obhut gegeben hat. Energisch winkt sie ab, als ich etwas für die Nacht bezahlen will, und geleitet mich auf mein Zimmer. Währenddessen läuft zu Hause in Tönning schon eine ganz andere Maschinerie an. Zusammen mit Sabrina bucht mein Freund und Augenarzt Leif einen Flug und faxt nach wenigen Stunden eine Flugbestätigung in Teresas Büro, während ich bereits in tiefem Schlaf liege.

Noch in der Dunkelheit des Morgens beginne ich, die Karre zu demontieren. Pünktlich um 9 Uhr sind Carlo und sein Kollege bei mir. Innerhalb weniger Stunden ist alles gereinigt und sortiert, den Motor lasse ich noch einmal in klarem Wasser laufen. Dann ist die Arbeit getan: Die Rümpfe meiner Karre liegen in der Halle, die Luken sind zum Lüften geöffnet. Sämtliches Material ist mit Planen und Segeln abgedeckt. Ich lasse meine Karre nicht gerne alleine, aber sie wird es hier gut haben, sauber und trocken.

Diesmal nehme ich viel weniger mit als im letzten Jahr. Sogar die GPS-Geräte lasse ich hier und verstecke sie im Boot. Einige Klamotten sortiere ich aus, es lohnt nicht mehr, sie für nächstes Jahr aufzubewahren. Die Lebensmittel räume ich komplett aus. Heute ist Donnerstag, morgen am Freitag werde ich von Bilbao zurück nach Deutschland fliegen.

Mein Entschluss ist von einer Klarheit, die ich noch nicht kannte. Es ist die Notwendigkeit eines Moments, zu dem diese Reise mich geführt hat. Bis heute bin ich 6 500 Seemeilen übers Wasser gefahren. Der größte Teil meiner Reise liegt bereits hinter mir. Nur noch etwa 1 500 Seemeilen sind es im nächsten Jahr. Was heißt nur noch? Denn auch die werden es in sich haben. Aber ich werde sie körperlich und seelisch ausgeruht im nächsten Frühjahr in Angriff nehmen. Ich freue mich schon jetzt darauf.

TEIL 3

Hoffnung ist so ein komischer Vogel,
den ich an Bord nicht brauche

Leif, von mir Doc genannt, und ich sind in Bilbao gelandet. Es ist Freitag, der 24. Mai 2013. Seinem genauen Blick ist nicht entgangen, dass sich eine Schraube aus dem Flugzeugflügel verabschiedet hat. Diskret wies er die Stewardess auf den Vorfall hin, sie antwortete: »Vielen Dank für die Information, das betrifft ja irgendwie auch mich. Wir werden uns in Bilbao darum kümmern.« Noch im Bus nach Laredo amüsiert uns der Vorfall.

Martha, die Herbergsmutter des christlichen Hauses, hat ein Zimmer frei. Und noch am selben Abend, nachdem wir unsere Sachen bei ihr verstaut haben, machen wir uns auf den Weg zu meinem Boot. Teresa hat in einem Restaurant am Hafen einen Schlüssel für die Halle hinterlegt, am Wochenende arbeitet sie nicht in der Marina. »Wir sehen uns am Montag«, steht auf einem Zettel, der beim Schlüssel liegt.

Meine Karre liegt dort so, wie ich sie verlassen habe. Doch irgendetwas ist anders. Alle Benzinkanister sind leer, und Mäuse haben sich meiner Sachen angenommen. Alles, aber auch wirklich alles, was ich zum Trocknen unter die Plane gelegt hatte, ist entweder angefressen oder total durchlöchert. Neoprenanzug, Neoprenschuhe und meine Paddeljacke mit den Gummimanschetten an Hals und Armen sind hinüber; ohne diese wasserfeste Jacke werde ich auf dem Weg nach Hause nun um einiges nasser werden. Diese Schweinebande von Mäusen hat in meinem Boot in den letzten acht Monaten ein neues Zuhause gefunden. Sogar eine der überlebenswichtigen Spritzdecken für die Cockpits haben sie angefressen, sie hat ein faustgroßes Loch. Zum Glück sind vier von den Spritzdecken noch intakt, das muss für die letzten 1 500 Meilen bis nach Hause genügen.

Am Tag darauf beginnen Doc und ich mit der Entsorgung der kaputten Sachen. Paolo, der Hafenchef, ist gekommen und macht sich gleich auf den Weg, um zusammen mit meinem Freund eine neue 12-Volt-Batterie zu organisieren, die alte ist völlig entladen und somit unbrauchbar für mein GPS. Doc lötet die Kontakte des Solarpaneels neu, während ich mich noch mit springenden Mäusen aus meinen Bootsrümpfen herumschlage. Kaum etwas stinkt nicht nach Mäusepinkel. Auf diesen Teil der Story hätte ich getrost verzichten können. Doc kümmert sich darum weniger, ohne Unterlass räumt und organisiert er, wäscht und sortiert.

Die Temperaturen in diesen Tagen sind niedrig, und Paolo bringt mich bei unter 15 Grad Celsius nicht wirklich zum Lachen, als er lapidar feststellt: »Nordspanien ist nun einmal nicht Mallorca.« Es ist eisig kalt im Wind, im Schatten ist es fast nicht auszuhalten. Mit Paolo spreche ich über die Situation der nächsten Tage. Sobald Doc sich auf den Heimweg macht, ab morgen, werde ich wieder in meinen Armutsmodus verfallen. Ich möchte ihm ab dann nicht mehr zur Last fallen. Ein Zeltplatz in der Halle wäre für mich völlig ausreichend. Paolos Antwort ist klar und deutlich: »Du wirst nicht in irgendeiner Halle schlafen. Ich lasse mir etwas für dich einfallen. Vielleicht finde ich einen Palast oder so etwas Ähnliches.« Er grinst über beide Backen, als ich sein beeindruckendes Bürogebäude verlasse, um mit meiner Arbeit fortzufahren.

Am Montag ist es dann endlich so weit. Carlo, der mir auch letztes Jahr schon behilflich war, fährt die Rümpfe meiner Karre und ihre Masten mit einem Gabelstapler zur Slipanlage. Eine Frau fotografiert uns, während aus dem scheinbaren Durcheinander nach und nach ein Boot wird. Sie heißt Valeria, ist eine Freundin Paolos und die Besitzerin des vierstöckigen Bürogebäudes direkt vor meiner Nase. »Komm mal mit«, fordert sie mich auf. Kurzerhand entführt sie mich und fährt mit mir in den obersten Stock. Dort sind keine Büros, sondern Appartements, von hier kann man das ganze Hafengelände überblicken. Valeria drückt mir einen Schlüssel in die Hand: »Verlier ihn nicht. Dieser Schlüssel ist ebenso für die Haustür unten, und das hier ist dein neues Zuhause. Bleib so lange, wie es nötig ist.« Ich kann es kaum glauben. Es gibt ein Schlafzimmer und eine Dusche. Und das Allerschärfste: Ein kleiner Saugroboter sorgt dafür, dass keine Fussel herumliegen. Ich gebe Valeria einen Kuss.

Doc lacht, als ich ihm vom meinem neuen Domizil erzähle: »Was, um Himmels willen, stellst du bloß mit den Leuten an. Das ist einfach unglaublich!« Mein Freund und ich lassen es uns noch einmal gut gehen, wir gehen richtig groß essen, stopfen uns voll und genießen einen edlen Tropfen. Doc und ich sind uns einig, nicht immer, aber meistens, und wenn es um mein Abenteuer geht, dann zu einhundert Prozent. Es ist ein tolles Geschenk, dass es ihn gibt. Dass er ein so guter Freund ist und in diesen Tage bei mir ist. Er ist ein Rückhalt auf meiner Tour. Egal von wo in ganz Europa, ein Anruf von mir würde genügen, und dieser Mann setzte Himmel und Hölle in Bewegung, um mir zu helfen. Das ist Freundschaft!

Es freut mich, als er betont, froh zu sein. Froh darüber, durch mich wahrgenommen zu haben, was Entschleunigung bedeutet. Froh darüber, die Menschen zu treffen, die seinen verrückten Freund so unsagbar tragen und unterstützen. Eine letzte Umarmung und sein typisches »Pass auf dich auf« bringen mich leicht aus der Balance. Ich mag so etwas nicht: »Wir sehen uns in ein paar Wochen wieder, mach dir keine Sorgen.« Dann fährt sein Bus nach Bilbao ab und ich gehe zurück zu meinem Palast mit Blick auf den Hafen.

Der Himmel sieht nicht gut aus. Es stürmt und regnet, mal im Wechsel, aber meistens zusammen. Fünf Tage hält mich das Wetter noch in Laredo fest. Ich habe Zeit für weitere Vorbereitung, Ausrüstung – und für Gedanken: Die Zeit daheim war wertvoll für die Diplomatie einer zerrissenen Welt. Wir waren alle beieinander und keiner musste mehr Angst um mich haben. Es war schön, meinen Geburtstag im November in Tönning zu feiern. An Heiligabend saß ich mit meinen Jungs zusammen, der Fondue-Topf brodelte und es roch nach Glück. Die Mutter meiner Jungs saß mit uns am Tisch, so wie es früher war. Dass diese Tour nun ins dritte Jahr geht, ist wirklich eine Zumutung für meine ganze Familie, und doch hat sie sich niemals darüber beschwert.

In den Monaten der Winterpause war ich zu Hause und auch wieder nicht. Ich war in einen Stand-by-Modus geschaltet, habe mir Kraft zurückgeholt. Jetzt habe ich wieder etwas mehr Luft, mehr Energie. Ich hatte Zeit, die vielen Begegnungen zu verarbeiten, sie sacken zu lassen. Was nicht schwächer geworden ist, das sind die Eindrücke der Landschaften und der See, die beängstigenden Bilder der bedrohlichen Küsten und der gewaltigen Kraft des Atlantiks. Szenen eines Alltags, in denen ich mir in die Hosen machte, mich kniend an mein Boot klammerte und nur noch eines tun konnte: schreien und weitermachen. Bis es in einem Hafen wieder ruhig unter meinem Boot geworden war. Mich schließlich ein fremdes Gesicht anlächelte und sorgenvoll fragte: »Hast du Hunger?« Diese Eindrücke haben sich tief in mein Innerstes gegraben, und ich werde sie weiter mitnehmen.

Wartezeit. Mein Boot ist fertig gepackt und liegt, wie ich, in Lauerstellung. Valerias Freundin kauft für mich ein, Aufschnitt, Salami, Süßes und natürlich auch wieder einen ganzen Haufen meiner lieben Freunde: Thunfischdosen. Mehrfach überrascht mich Valerias Mutter mit einer warmen Mahlzeit, sie klopft dafür nur vorsichtig an die Tür meines Appartements, und wenn ich öffne, ist sie schon wieder verschwunden. Valeria ist witzig, sie zeigt mir die Stadt und stellt mich vielen Freunden vor. Alles verstehe ich nicht von dem, was sie erzählt, mein Englisch ist leider zu schlecht. Man lädt mich in das Gemeindezentrum ein, um einen Vortrag über meine Reise zu halten. Ich glaube nicht wirklich daran, dass das passieren wird, aber schon am nächsten Tag entdecke ich im Schaufenster der Bäckerei ein Plakat: Nicht irgendjemand ist darauf zu sehen, nein, das bin ich! Beim Elektrohändler hängt auch eines und auf der Innenseite eines Kneipenfensters noch eins.

Valeria hat ganze Arbeit geleistet. Rund vierzig Spanier sitzen bei der Veranstaltung vor mir und sehen mich voller Erwartung an. Es wird ein chaotischer, lustiger Abend im Sprachenmischmasch, den Valeria nach zweieinhalb Stunden unauffällig mit einer SMS auf mein Handy beschließt: »Komm zum Ende.«

Nach zehn Nächten lässt mich der Himmel über Laredo endlich weiterziehen. Paolo und Valeria begleiten mich mit einem Gummitender hinaus. Nach einer Meile und vielen geschossenen Fotos fährt Paolo dicht an mich heran, drückt mir 50 Euro in die Hand und tritt unter Vollgas den Rückzug zum Hafen an.

≈

Die Biskaya ist ruhig an diesem Tag. Doch der Himmel wirkt bedrohlich und ich durchschaue seine Pläne nicht. Ab jetzt bin ich wieder auf mich gestellt. Paolo hat mir zwei Namen genannt: die der Hafenchefs von Hondarribia und Capbreton. Es kann mir nur eine Hilfe sein, wenn ich ihnen einen Gruß ausrichte.

Am ersten Tag schiebt der Motor die Karre fast ohne Wind bis Mutriku. Es ist nicht mehr ganz so kalt, aber auf See halte ich es trotzdem nur in voller Montur aus. Erst im Hafen von Mutriku fühlt sich mein Körper auch ohne Offshore-Kleidung wohl. Ja, es wird tatsächlich etwas wärmer.

Marcos, der erste Kontakt von Paolo, empfängt mich in Hondarribia mit außerordentlicher Freundlichkeit, ein Liegeplatz ist selbstverständlich, Zelten kein Thema. Eine Freundin von ihm kocht für mich, sie räumt dafür sogar die Kühlschränke des Clubhauses leer. Tütenweise drückt sie mir Verpflegung in die Hand und greift im Vorbeirennen noch eine Flasche Rotwein. »Hier«, sagt sie, »das ist der Beste, den wir haben, der knallt ordentlich.« Sie lacht und verabschiedet sich schneller, als sie auf der Bildfläche erschienen ist. So kann es gern weitergehen.

Die See trägt mich weiter in allerhöchster Entspanntheit. Die Küste ist flach geworden, meiner Seele tut sie gut. Angenehmer als auf aggressive, schroffe und abweisende Felsen zu blicken. Hier könnte ich im Notfall immer auf den Strand fahren, weder ich noch mein Boot würden Schaden davontragen, zumindest keinen bedrohlichen.

Capbreton ist meine nächste Station, der Hafenmeister ist nicht informiert, aber bleiben darf ich trotzdem. Joel und Mathieu fischen mich vom Hafen ab, und ich erlebe einen ersten Abend in Frankreich, wie er besser und lustiger nicht sein kann. Sie fahren mit mir an einen Waldsee und servieren leckerste Spezialitäten der Provence. Als Feinschmecker bestehe er darauf, erklärt der über sechzigjährige Mathieu. Umso größer ist unser Gelächter, als ich herausbekomme, dass auch er sich seine edlen Waren beim Discounter besorgt. Auf meine Frage, ob ich ihm bei der Abwäsche behilflich sein darf, schmeißt er das Geschirr einfach in hohem Bogen in den See: »Wenn du nächstes Jahr wiederkommst, dann dürfte alles sauber sein.« Herrlich, diese französische Flitzpiepe.

Sein Kumpel Joel ist Traffic-Operator im Tower eines Flughafens. »Für mich«, so erzählt er lachend, »beginnt die Arbeit erst interessant zu werden, wenn 150 Flugzeuge gleichzeitig auf meinem Radarschirm auftauchen.«

Als ich Capbreton am frühen Morgen des 5. Juni für die längste Etappe meiner Tour verlasse, bereiten die beiden mir ein Ständchen der besonderen Art. Joel kommt mit Verspätung angehechelt, stopft ein paar Gramm Schwarzpulver in den Nachbau einer historischen Schiffskanone, salutiert, drückt meine Hand und zündet, als ich die Leinen löse. *Rumms* ist ein

Wort, das dem folgenden Geräusch nicht annähernd nahekommt, instinktiv gehe ich in Deckung und wäre nicht verwundert, wenn eines der Hafengebäude jetzt in sich zusammenfiele. Mit Videokameras bewaffnet rennen sie mir auf der Mole zur Hafenausfahrt nach, schießen noch eine zweite Salve, und wieder bekomme ich einen Schreck. Die beiden sind der Wahnsinn, definitiv verrückt, wunderbar verrückt. Ich möchte sie irgendwann in meinem Leben wiedertreffen!

≈

Vor mir liegen 65 Seemeilen bis nach Arcachon mit einer der berüchtigsten Ansteuerungen Europas. Dort treffen gewaltige Wassermassen aufeinander und entfesseln unglaubliche Energien. Die Oberfläche des Meeres ist zunächst ruhig, eine leichte Brise weht mir entgegen, und der Außenborder brummt vor sich hin. Die Küste verändert sich erneut, immer noch ist sie sandig und flach, aber mit jeder Meile, die ich hinter mir lasse, wird die Brandung gewaltiger. Selbst hier, in eineinhalb Seemeilen Entfernung vom Strand, ist sie noch so tosend laut, dass ich sie trotz des Motorgeräusches deutlich hören kann. Niemals würde ich es hier heil an Land schaffen, die Wellen würden meine Karre komplett zerlegen. Was mit mir selbst passieren würde, darüber will ich lieber nicht nachdenken. Die gesamte Küste wird immer mehr zu einem dunstigen Hexenkessel. Was für ein Gegensatz zu hier draußen, wo der Himmel in schönstem Azur erstrahlt und die Sonne das Wasser unter mir hellblau leuchten lässt.

Als ich kurz nach 19 Uhr die erste Ansteuerungstonne vor Arcachon im Fernglas habe, ist der Himmel tiefgrau. Die Einfahrt ist eine einzige Brandung, schäumende Wellen über schäumenden Wellen. Da soll ich hindurch? So schnell es geht binde ich alles an Deck fest. Die Stoffabdeckung für meinen Außenborder schiebe ich vor meine Brust in die Jacke, um ihn rasch abdecken und zubinden zu können, wenn wir eine brechende Welle hinunterfahren müssen, sonst säuft er mir ab. Jeder Handgriff muss sitzen, ich darf keine Zeit verlieren. Denn der Himmel zeigt inzwischen eine wahre Teufelsfratze. Das Fahrwasser verläuft im Zickzack durch die Sandbänke und ihre tosenden, weißen Wellenkämme. Schwarze, tief hängende Wolken versammeln sich, aus denen schon die ersten Blitze schießen. Ein Gewitter wächst heran, wie ich es nie zuvor gesehen habe. Vor mir steht eine undurchdringlich scheinende Mauer aus grässlich schwarzen Wolken – und hinter mir auch! Die Fahrwassertonnen liegen sehr weit auseinander, ich darf sie nicht aus den Augen verlieren. Von Land her kommt eine gelbe Wand auf mich zu, die Regen mit Starkwind bringt. Schon Minuten später bricht die Urgewalt über mich herein, niemals zuvor habe ich so viele Blitze am Himmel gesehen. Eine Rauschefahrt beginnt, die jeder Beschreibung spottet, ab jetzt kann ich nicht mehr aufstehen, nur noch den Kurs halten und die Tonnen nicht aus den Augen lassen. Mit über 10 Knoten schießt meine Karre zwischen tosenden Wellen hindurch in Richtung Land. Es regnet so stark, dass es im Gesicht schmerzt. Die Halterung meiner Mastverstärkung reißt einfach aus ihrer Verankerung, ich kann nichts dagegen machen. Was jetzt fliegt, das muss ich fliegen lassen.

Dann wird es auf einmal ruhiger, bin ich schon im Becken vor Arcachon? Die Sicht bleibt so schlecht, dass ich an diesem Tag keinen Hafen mehr finde. Um kurz nach 20 Uhr halte ich Kurs auf einen Sandstrand, auf den eine ruhige Welle läuft. Die Hochwassermarke an der Betonschutzwand ist deutlich zu erkennen, das Meer wird in der Nacht zurückkehren. Dann wird hier kein Strand mehr sein, und für meine Karre und mich wird es dann gefährlich. Keine Menschenseele ist zu sehen – und in mir macht sich eine zynische Feierstimmung breit. Das Salzwasser läuft aus meinen Haaren und der Wein aus Hondarribia meine Kehle hinunter.

Es ist dunkel geworden, der Regen hat sich verzogen. Da oben, irgendwo zwischen den Häusern, glimmt eine Zigarette, man weiß, dass ich hier bin. Ich liege mit dem Hintern im Cockpit, meine Beine an Deck und mein Körper ist eingehüllt in eine Plastikplane. Vielleicht gelingt es mir, eine Stunde zu schlafen. Das Wasser wird mich wecken, sobald es zurückkehrt und mein Boot aufschwimmt.

≈

Mitten in der Nacht ist es so weit, das Wasser ist wieder da. Jetzt mit hohen Wellen. Sofort bin ich wieder nass, schiebe die Karre in die Nacht hinaus und springe auf. An einer Mooringboje befestige ich das Boot und verschwinde wieder unter meiner Plastikplane. Wirklich schlafen kann ich nicht, die Plane stinkt entsetzlich und jeder Knochen in meinem Körper schmerzt.

Zwischen vier und fünf Uhr beginnt es hell zu werden. Mit langsamer Fahrt führt mich mein Weg in den Hafen von Arcachon. Mit den ersten Sonnenstrahlen belege ich den Tampen am Steg, trockne meine Kleidung und bin so erschöpft wie nie zuvor.

Arcachon nagelt mich fünf Tage lang fest. Ich bleibe nicht nur wegen des kalten und stürmischen Wetters, nein, ein wenig hält mich auch die Angst zurück, den Weg aus dem Bassin noch einmal fahren zu müssen. Mein verrückter Freund Joel liest eine Nachricht von mir, die ich zwei Tage nach der Einfahrt auf Facebook gestellt habe: »Mama, mir ist kalt und ich habe Hunger. Kannst du bitte kommen und mich hier rausholen?« Joel reagiert sofort, lädt seine Frau in das Auto, auf der Rückbank des Fahrzeugs schlafen die erst 28 Tage alten Zwillinge. Von Capbreton bis zu mir nach Arcachon sind es über 150 Kilometer Landstraße, doch das hält diesen Mann nicht ab, noch einmal für mich zu sorgen. Steak und Kartoffeln sind der Hauptgang, dann legt Joel noch mal nach: »Darf es ein wenig Nachtisch sein?« Nur wer wie ich unterwegs ist, der weiß, was eine mit

Vanilleeis überzogene Banane unter heißer Schokoladensoße auf einem entwöhnten Gaumen anrichten kann.

Dieser Tag mit Joel und seiner Familie ist für mich ein Feuerwerk der Glücksgefühle. Es gibt tolle Menschen in unserer Welt, und was für ein Glückspilz bin ich nur, so viele von ihnen kennenzulernen.

Der Hafenmeister und ich verfolgen seit Tagen aufs Genaueste den Wetterbericht, morgen früh wird es gehen, dann will ich Arcachon verlassen. Der Hafenmeister hat sämtliche Häfen an der Einfahrt nach Bordeaux informiert, sie sollen wissen, dass ich unterwegs bin. Außerdem hat er Kontakt zur hiesigen Radiostation aufgenommen, sie werden mich morgen früh von ihrem Tower aus über Sichtkontakt bei der Ausfahrt aus diesem gefährlichen Revier begleiten.

Es ist alles sehr still, als ich im letzten Dunkel der Nacht auslaufe. Mit dem ersten Licht des Tages öffne ich beide Segel, so wie mit der Radiostation besprochen. Ich soll den gefährlichen Punkt an der Ausfahrt hinter mir haben, wenn die Tide ihren Stillstand erreicht. Wenn das Wasser schon wieder abläuft, gegen den Atlantikschwell, dann kann es bereits zu spät für mich sein, die Wellen würden wieder in Brandung übergehen. Der Radio-Mann kann mich tatsächlich sehen: »Bist du das, mit den zwei Optisegeln? Es ist ruhig heute und kein Problem, jetzt zu fahren. Warte einen Moment, ich gebe dir noch die Strömungsdaten und den Wetterbericht.« Ich bin ihm dankbar für die Ruhe, die er ausstrahlt, und sehe selbst, dass dieses Meer heute Morgen völlig anders ist als noch vor ein paar Tagen. Es ist still, seicht, fast behutsam trägt es mich.

Der zweite große Abschnitt an der französischen Strand- und Sandküste wirkt nicht so bedrohlich wie der vorherige, südlichere. Die Brandung ist ab jetzt deutlich niedriger und auch weniger laut. Das Meer ist hier zahmer. Unter Motor erreiche ich nach etwas mehr als zwölf Stunden den nördlich der Mündung der Gironde in den Atlantik gelegenen Hafen Royan.

Am Steg vor mir liegt ein französisches Segelboot, eines der großen Plastikschiffe, die ich nicht sehr gerne mag. Der Skipper berichtet, dass er für die Strecke von La Rochelle hierher fünfzehn Stunden benötigte. Das bedeutet für mich, dass die Torturen noch nicht vorbei sind, denn auch ich muss nach La Rochelle. Andere Häfen sind gefährlicher anzufahren oder bedeuten einen Umweg. Nach einem Bier mit dem Mann kann ich mich vor Erschöpfung kaum noch auf den Beinen halten. Unter einer Dachauskragung des Hafenbüros ist Platz für mein Zelt. Für heute ist es genug, und unter diesem Vorsprung wird der Regen mich nicht aus dem Schlaf holen.

≈

Unter Segeln verlasse ich den Hafen. Die Strömung ist gewaltig und obwohl der Winddruck nachlässt, werden mein Boot und ich auf über 8 Knoten beschleunigt. Am Horizont wühlt sich das Meer auf, das muss die gefährliche Sandbank sein, von der mir berichtet wurde. Dort ist nirgendwo ein Durchkommen, ich muss mich südlich orientieren und den grünen Tonnen als Fahrwassermarkierung folgen. Die Tonnen liegen weit auseinander, sind kaum zu erkennen und mir persönlich viel zu dicht an der Sandbank. Große, schwabbelige Wellen bauen sich auf, erscheinen wie aus dem Nichts und werden immer größer, die Zwei-Meter-Marke haben sie längst überschritten. Ich fülle noch einmal den Tank meines Außenborders und binde fest, was es an Deck zu sichern gilt. An Steuerbord ziehen hohe Brandungswellen den Strand hinauf. Die Show kann beginnen. Die Wellen werden höher und höher, etwa jede fünfte erreicht jetzt mehr als vier Meter. Immer steiler ragen sie vor mir auf, kurz vor dem Brechen. In leicht schrägem Winkel halte ich direkt auf sie zu und steige fast senkrecht in die Höhe. Ich schreie laut auf, als ich meine Karre über ihren Kamm setze. Im nächsten Moment sind wir fast komplett in der Luft, so schnell rollt sie unter uns hindurch. Jetzt schlagen beide Rümpfe mit voller Wucht in das Wellental hinein. Salzwasser läuft mir aus Ohren, Augen und Nase. Unweit von mir entfernt liegt ein großer Hochseeschlepper auf Reede. Ich weiß, dass man mich von dort beobachtet. Ich knie mittschiffs, halte mich an dem Schwertgestänge fest, und dieser kleine 2,3-PS-Motor bringt uns tatsächlich durch. Nach etwas mehr als 30 Minuten ist es vorbei, die Oberfläche des Meeres glättet sich.

Dieser Tag ist wieder ein einziger Kampf. Je mehr ich mich dem westlichen Kap der Île d'Oléron nähere, desto stärker wird der Wind. Aber er kommt zu hoch rein, so dass die Segel keinen Druck kriegen. Wehmütig denke ich an meinen großen Ententeich, das Mittelmeer, zurück. Den Leuchtturm auf dem Kap sehe ich über Stunden, wir nähern uns kaum merklich. Hohe Wellenberge ziehen auch hier gen Land, immer wieder muss ich meinen Kurs an den Wind anpassen. Zwei Seemeilen nördlich des Leuchtturms ist die Schlacht dann endlich geschlagen, der Wind kommt nun von achtern, das Wasser läuft mit uns auf und drückt uns zusätzlich in die tiefe Bucht hinein.

Mit einigen Tagesseglern gehe ich in den Hafen von La Rochelle, sie applaudieren, als sie mich erblicken, schießen Fotos und lachen. Neun Stunden sind vergangen, als ich ankomme. Dieses Boot hat nur neun Stunden gebraucht, keine fünfzehn, wie die kopfschüttelnden Skipper in Royan. Die Karre ist doch wirklich ein prachtvolles Boot!

Ein langhaariger Segler nimmt mich zu sich an Bord. Das Innenleben seiner Yacht ist komplett zerlegt, er plant eine Weltumsegelung, sobald er mit den Arbeiten fertig ist. Wir sitzen auf Holzkisten und warten darauf, dass der Teekessel pfeift. »Du bist Arcachon und die Sandbank vor Royan gefahren?«, fragt er und lacht ungläubig, »es gibt exakt zwei Gefahren, um die man als Segler in Europa einen großen Bogen machen sollte. Arcachon und die Sandbank vor Royan. Du hast mit deinem Boot beides gemacht, das ist verrückt. Das ist wirklich verrückt.«

Am nächsten Tag schlägt das Wetter wieder um, es wird kalt und der Wind kommt genau aus der Richtung, in die ich will. Wie sollte es auch anders sein? Auf Google Earth überprüfe ich, was mir in den Sinn gekommen ist: Irgendwo in der Nähe beginnt ein Kanal, der durch das Landesinnere bis nach Saint-Malo führt und die Bretagne schneidet. Wenn ich den nutze, schaffe ich wieder etwas Platz in meinem Inneren, denn die Anstrengungen der letzten Tage waren genug, Körper und Seele schreien nach etwas Ruhe.

Ich telefoniere mit Sabrina: »Sab, ich kürze ab, ich kann nicht mehr. Das Wetter soll umschlagen, und Brest wird mich mindestens eine Woche lang nicht um sich herum fahren lassen. Über Saint-Nazaire oder Arzal habe ich zwei Möglichkeiten, auf einen Kanal zu gelangen, der bis nach Saint-Malo führt. Meine Entscheidung steht, denn mein Mut hat hier und jetzt seine Grenze erreicht. Das Meer wird mich nicht kriegen. Möge der Clevere gewinnen.« »Damit sparst du mindestens vier Tage, eher mehr.« Ich kann Sabrinas Freudensprünge geradezu hören, und wenn ich ehrlich sein soll: Auch ich bin froh. 50 Schleusungen stehen mir damit bevor, aber was bedeutet das schon gegen die Biskaya? Es ist ein Nichts dagegen. Und auf dieser Reise will ich wachsen, ja, ich will an meine Grenzen kommen. Aber ich will nicht draufgehen, verdammt.

Nach zwei Nächten verlasse ich La Rochelle mit Kurs auf Les Sables-d'Olonne.

Die Fahrt dahin ist eine Fahrt tiefster Entspannung. Keine bedrohlichen Felsen lauern im Wasser, keine Brandungen toben neben mir. Nur ruhiges, freundliches grünes Wasser, das eine lange, hohe Atlantikdünung unter mir durchlaufen lässt. Ich spüre sofort, das war die richtige Entscheidung.

Wie gewohnt packe ich vor der Hafeneinfahrt meine Segel zusammen. Die Mole der langen Einfahrt ruht auf hohen Dalben, die bei niedrigem Tidenstand gen Himmel ragen, wie Soldaten stehen sie nebeneinander. Spaziergänger halten für einen

Moment inne, als dieser komische Rauschebart auf zwei Kajaks unter ihnen vorbeizieht. Rechts nach Steuerbord in den Yachthafen, danach liegt meine Karre fest am Steg.

Zwei alte Meerhasen springen von ihren Yachten und begrüßen mich: »Was, wo kommst du her? Das ist ja verrückt. Ohne Geld? Wir gehen eben mit dir zum Büro. Wenn du etwas bezahlen musst, dann übernehmen wir das.« Die beiden glauben aber nicht, dass das hier der Fall sein wird. Mir fällt ein Stein vom Herzen, als sich das schließlich bewahrheitet: »Du kannst auf jeden Fall hier sein und brauchst nichts zu bezahlen.« Den Rest des Tages lasse ich mal so richtig schön die Seele baumeln, genieße einfach den Frieden und fühle mich unglaublich wohl. Auf dem örtlichen Fischmarkt esse ich die erste Auster meines Lebens. »Du musst sie tot kauen«, erklärt mir grinsend die Marktfrau. Die Auster schmeckt salzig, aber gar nicht so eklig, wie ich es mir vorgestellt hatte. »Na, willst du noch eine zweite?«, lacht sie. Ich winke ab: »Das ist ja kaltblütiger Mord. Nein danke, dafür bin ich nicht Gourmet genug, Madame.«

≈

Ich will nur noch runter von der Biskaya. Die Strecke von über vierzig Meilen nach Saint-Nazaire ist mit Rückenwind schnell zu fahren. Der Hafen begrüßt mich mit einem schaurigen Bild: Dicht an dicht liegen U-Boot-Bunker aus grauem Stahlbeton, Hinterlassenschaften der deutschen Kriegsmarine während der Besatzung. Durch eine Schleuse führt der Weg in ein großes Bassin, das nicht gerade als Hafen für Sportboote zu bezeichnen ist. Dort wohnt der 71-jährige Heinz auf seinem alten 25-Tonnen-Motorschiff, das in einem dieser U-Boot-Bunker unter Dach liegt. Ich gehe längsseits bei ihm und mache fest, es ist eng, für mein Boot passt es aber gerade noch.

In Heinz' Schiff stinkt es grauenhaft. Holz, Sitzpolster, Gardinen und Kleidung haben die Gerüche von Generationen gespeichert, meine Nase ist alles andere als begeistert. Während Heinz von traurigen Momenten erzählt, sich eine Zigarette dreht, qualmt heißer Kaffee vor unseren Köpfen. Vor Jahren schubsten Betrunkene seine Frau in dieses Hafenbecken. Sie ertrank erbärmlich und man fand sie erst zwei Tage später. Der dünne, kurzatmige Mann spricht über seine Pläne: Auf den Cook Islands habe er Geld, und ein angenehmer Lebensabend warte auf ihn. Er ist ein netter Kerl und ich wünschte ihm, dass all seine Träume in Erfüllung gingen. Seine Einladung in eine Koje im Achterschiff seines Bootes nehme ich an, aber trotz meiner ungeheuren Erschöpfung holt mich der Gestank mehrfach aus dem Schlaf. Ich werde hier nicht länger als eine Nacht bleiben.

Das Wetter am nächsten Morgen sieht gut aus und ich breche auf. Heute ist ein großer Tag für meine Seele, denn endlich könnte sie zur Ruhe kommen. Noch ein Kap muss ich auf See umfahren, dann biege ich bei Arzal auf den Kanal nach Saint-Malo ein und gehe auf geschützten Nordkurs durch die Bretagne. Bei Käse und Wein, im Schutz des Binnenlandes. So stelle ich es mir zumindest vor. Doch vor der Schleuse geht mein Motor aus und lässt sich auch nicht mehr in Gang bringen. Nur mit dem Paddel befördere ich mein Boot zurück an Heinz' Schiff. Bis zur nächsten Schleusung habe ich zwei Stunden Zeit, um den Vergaser zu reinigen. Wenn es mir nicht gelingt, muss ich noch eine Nacht länger bleiben.

Heinz hilft mir, und in der Werkstatt der Wasserschutzpolizei kann ich mit Druckluft den Vergaser anständig ausblasen. Die Reparatur gelingt. Zwei Stunden später habe ich geschleust und bin sozusagen auf dem Weg in den Urlaub. Es geht kein Wind, die Biskaya zeigt mir aber auch heute einige ihrer Felsen und Brandungen, schäumenden Wellen und dunstigen Geheimnisse.

Der Motor setzt immer wieder kurz aus, fast schon im Minutentakt. Ich rede mit ihm, klopfe mit meiner Hand auf seinen

Haube: »Halt durch, es ist nicht mehr weit. Wenn du uns hier rausbringst, dann werde ich mich in Ruhe um dich kümmern. Das verspreche ich dir.« Wir schaffen es um das Kap bei Le Croisic herum, und fahren mit direktem Kurs auf Piriac-sur-Mer in eine große Bucht hinein. An ihrem Ende wird es endlich vorbei sein. Nach bleierner See und dunstigem Horizont auf dem offenen Meer kommt jetzt Wind auf. Je mehr ich mich meiner Abzweigung in das Glück nähere, desto stärker wird er.

Auf beiden Seiten meines Bootes ist Land greifbar nahe, und ich merke deutlich, wie sämtlicher Druck langsam von mir abfällt. Mit offenen Segeln fahre ich in die totale Entspannung. Der Motor darf Pause machen. Ein unglaublich geborgenes Gefühl entsteht in mir, wie ich es lange nicht empfunden habe. Hier gibt es keine Atlantikwellen mehr, keine Brandungen. Ich muss keine Angst mehr um mein Leben haben. Arcachon und Royan sind weit weg, auf einmal kann ich wieder singen und lachen. Das Wasser ist braun, sogar darüber freue ich mich, ich stehe auf dem Mittelsteg der Karre und klatsche vor Freude in die Hände. Fallwinde drücken mein Boot nieder, aber Wellen gibt es hier nicht mehr, ich bleibe ruhig.

Der Tag endet spät, erst um 20 Uhr, als eine Schleuse bei Marzan meinen Weg versperrt, am nächsten Morgen wird sie wieder offen sein.

Käse und Wein hatte ich mir vorgestellt, und Käse und Wein bekomme ich. Ich habe am Wartesteg vor der Schleuse festgemacht, und nach nur zehn Minuten nimmt mich der Skipper eines Zweimasters zu sich mit nach Hause – zu Käse und Wein.

Jean-Claude ist ein großgewachsener Mann mit einem beeindruckenden Rauschebart. Er segelt Chartergäste, wohin auch immer sie wollen. Oft, so erzählt er in gutem Englisch, sei er mit behinderten Menschen auf Tour, um ihnen eine schöne Zeit zu bescheren. Ich höre ihm gerne zu, es ist ein angenehmer Abend, der krönende Abschluss meiner Atlantikfahrt.

Geduscht und angenehm satt von den aufgetischten feinen Speisen schlafe ich glücklich und zufrieden wie ein Baby in der Koje von Jean-Claudes Schiff ein.

≈

Die Crew um Jean-Claude ist früh wach und hat den Kaffee längst zubereitet, als ich am Tisch in der Pantry Platz nehme. Auch sie wollen um 8 Uhr mit ihrem 50-Fuß-Schiff durch die Schleuse. Kurz danach trennen sich unsere Wege, sie bleiben im ersten Hafen nach der Schleuse liegen und ich ziehe weiter nach Norden.

Nach wenigen Kilometern geht mein Motor wieder aus, im Grün der waldigen Ufer ist es plötzlich mucksmäuschenstill. »Hilfe …« rufe ich leise und muss im nächsten Moment lachen. Der Motor hat mich bis hierher gebracht, er darf das, er hat einiges gut. Das Gezwitscher der Vögel ist angenehm, und ein Toilettengang nach außenbords ist erst einmal wichtiger als alles andere. Für einen Moment ist die Stille der reinste Genuss. Ich paddele langsam weiter, mit ruhigen Zügen geht es voran. Ich bin mir sicher, dass ein Ort kommen wird, vielleicht ein Dorf, vielleicht auch nur ein Boot. Heute ist es mir egal, es wird sich alles zum Guten wenden.

Schon nach wenigen Kilometern nähert sich von achtern ein kleines Segelboot. Mit einer Schleppleine nehmen Léa und Cedric mich mit zu einer Werft, sie wollen dort kranen lassen, um ihr Boot an Land zu reinigen. Dort kümmere ich mich um meinen Motor. Wieder einmal ist es nur der Vergaser. Wir essen gemeinsam, Cedric füllt mir zwei Benzinkanister, dann fahre ich weiter. 200 Kilometer werden es sein, die mich durch das Innere der Bretagne führen, bis ich Saint-Malo und mit dem Ärmelkanal ein neues Meer erreicht haben werde.

In Redon mache ich halt für die Nacht. Und schon um 6 Uhr am nächsten Morgen röhrt mein Motor, und weg sind wir, meine

Karre und ich. Ich habe den Hafenmeister gestern Abend nicht erreichen können, und heute Morgen soll er erst um 8 Uhr erscheinen. Ist das nun Zechprellerei? Ich habe kein gutes Gewissen dabei und drehe mich oft um. Erst nach mehr als 20 Kilometern löst sich dieses Gefühl langsam auf. Ich bin bloß ein Wasserstreicher, für wen lohnt es sich schon, mich zu verfolgen? Nach wenigen Kilometern glaube ich selbst schon, was ich mir da einrede.

Die Kanäle der Bretagne sind ruhig und unterscheiden sich kaum von den Kanälen in Deutschland. Es ist etwas grüner hier, und das leuchtende Blau der Eisvögel ist weithin zu erkennen. Einer von ihnen fliegt lange vor mir her, dem Kanal folgend landet er immer wieder in den Bäumen, während meine Rümpfe unaufhaltsam weiter durch brackiges Wasser schneiden.

In Bourg de Comtes fallen mir zwei Frauen auf, ihren Flower-Power-Klamotten nach zu urteilen kommen sie direkt vom Woodstock-Festival. Eine der beiden ist Lilly, mit ihren beiden Kindern wohnt sie in einem alten Haus an einer Schleuse. Lilly sagt, sie sei Pfannkuchenartistin, was immer das sein mag, und gebe beruflich auch noch das Hinterteil einer vier Meter hohen Show-Giraffe auf Stelzen. Pfannkuchenartistin, Giraffendarstellerin, ein Kajakmaranmann – Verrückte ziehen Verrückte an. Wen wundert es da noch, dass ich die Nacht bei Lilly im Wohnzimmer verbringe.

Am Morgen telefoniert Lilly mit einem Freund, Henri, der im Norden der Bretagne wohnt. Sie fragt ihn, ob er sich vorstellen könne, bald für eine Nacht einen Wikinger zu beherbergen. Henri gibt grünes Licht und wird mich in Montreuil-sur-Ille herzlich willkommen heißen. Zwei Tage Fahrt sind es bis dorthin.

Eine SMS erreicht mich, die Nummer kommt mir bekannt vor, das muss Mireille aus dem Hafenbüro in Les Sables d'Olonne sein. Sie will hierherkommen? Das ist ja toll! Ich erinnere mich daran, wie sie von Freunden in der Bretagne erzählte. Der Besuch eines bekannten Menschen verheißt nette Gespräche und Spaß, Essen und Trinken … Fast euphorisch antworte ich mehrfach und erzähle von meiner großen Freude auf unser Wiedersehen. Sieben oder acht SMS schicke ich innerhalb von eineinhalb Tagen an sie. Mal etwas Witziges vom finsteren Wikinger, ein anderes Mal mit vielen Fragen, was sie so treibe und warum sie sich nicht schon früher gemeldet habe. Ich äußere meinen Wunsch nach leckerem Essen, schlage Getränkesorten und einen Kinobesuch vor. Ihre Antworten sind knapp und ich kann sie nicht recht deuten. »Ja«, schreibt sie. »Ich komme nach Montreuil-sur-Ille.«

Nach zwei Tagen lege ich schließlich am Treffpunkt an, Levanger ist der Name der Schleuse und das nächste Örtchen in Sichtweite müsste Montreuil-sur-Ille sein. An der dichtbewachsenen Wartepier befestige ich mein Boot und halte Ausschau nach Mireille. Noch ist sie nicht zu sehen. Nein, nur ein Mann. Er kommt schnurstracks auf mich zu, begrüßt mich, und bietet mir an, in seinem Haus zu schlafen und mit der Familie gemeinsam zu Abend zu essen. Wie bitte? Wer ist das? Ich bin überrascht und lehne dankend ab: »Nein, vielen Dank, mein Herr, ich treffe mich gleich mit einer jungen Dame, sie wird sich meiner annehmen und mein Boot wird an diesem Platz für die Nacht gut liegen können.« Der Mann fängt an zu grinsen. Er sagt keinen Ton, guckt mich nur spitzbübisch an. Ich stutze und dann fällt es mir wie Schuppen von den Augen, meine eigene Blödheit trifft mich wie ein Schlag und ich gehe lachend in die Knie, lege beide Hände vors Gesicht: »Henri! Das bist du, oder? Lilly hatte dich informiert. Du bist es, der meine ganzen SMS erhalten hat, stimmt's?« Er lacht und nickt und zückt sein Handy, um es mir zu zeigen. Neun Kurznachrichten an Mireille hat er von mir erhalten. Wir lachen uns halbtot. Er entschuldigt sich, ein Mann zu sein und mich nicht in Gestalt einer jungen Frau empfangen zu können. Dieser Abend ist an Spaß nicht mehr zu toppen, Henri und ich haben fortwährend Tränen in den Augen. Schon nach der dritten SMS hat er zu seiner Frau gesagt: »Was meinst du, der Typ hat doch nicht alle Tassen im Schrank, oder?«

Auch Henris Frau Beatrice juchzt in den höchsten Tönen, als wir bei ihnen ankommen. Ich habe diese beiden Menschen nie zuvor gesehen, doch nach wenigen Momenten sind wir wie eine kleine gut gelaunte, schadenfrohe Familie. Es ist unglaublich. Noah, der 12-jährige Sohn, gibt eigens für mich eine Breakdance-Einlage zum Besten, und die 9-jährige Emma küsst mich zur Nacht.

≈

Nach Montreuil-sur-Ille habe ich den höchsten Punkt der Bretagne hinter mir und es geht wieder bergab. Der schlanke Canal d'Ille-et-Rance ist in ein breites Becken aufgegangen und mein Platz an der Leiter der Betonwand vor der Schleuse in Saint-Samson-sur-Rance ist gut für die Nacht. Niemand schert sich um mich. Der Schleusenwärter ist ein junger Mann, ich habe ihn vor Tagen schon an einer der alten Schleusen getroffen. Er erkennt mich wieder und verspricht, dass er am nächsten Morgen um 9 Uhr bereit ist zum Schleusen. Der Abend wird also entspannt. Mein Geld neigt sich langsam dem Ende zu, aber trotzdem gönne ich mir ein Bier in der Gemeinde.

Als ich zurückkehre, fahren doch noch drei Boote in die Schleuse ein und wollen in meine Richtung geschleust werden. Ein Gummiboot mit 100-PS-Außenborder hat ein anderes, kleines Segelboot an der Schleppleine, es sieht etwas unbeholfen aus, wie sie in die Schleuse manövrieren. Aber sie fahren nicht weiter, auch als die Schleusentore schon lange offen stehen. So sehr der Mann mit seinen 100 PS es auch wünscht, sein Motor springt nicht an. Benzinmangel? Mein mageres Budget kommt mir in den Sinn und die Tatsache, dass auch mein Benzinvorrat nicht mehr allzu üppig ist. Wenn ich diesem Mann da unten nun einen halbvollen Kanister meines wertvollen Benzins anbiete, würde er mir wahrscheinlichen einen vollen Kanister zurückgeben, so ist es zumindest üblich zwischen uns netten Menschen. Es ist ein kleiner, fieser und guter Schlachtplan.

»Monsieur?« Der Mann blickt zu mir hoch. »Ich habe etwas Benzin bei mir an Bord. Darf ich Ihnen damit behilflich sein?« Meine außerordentlich nette Geste wird mit einem freudigen Nicken beantwortet. Schnell bin ich bei mir an Bord, schüttele die Kanister und entscheide mich für den halbvollen 10-Liter-Kanister, nicht etwa für einen der kleinen 5-Liter-Kanister. Nennen wir es ruhig Größenwahn des kleinen Mannes: Wer nicht pokert, hat auch keine Chance auf Gewinn. Eigentlich ist es nicht meine Art, aber irgendwie habe ich Spaß an dieser Sache. Als mein neuer Bekannter den Sprit in seinen Tank gefüllt hat, springt sein Motor trotzdem nicht an. Nichts tut sich. Es wird geruckelt und gezuckelt, Luken werden auf und wieder zugeklappt, doch auch nach 30 Minuten ist alles unverändert, und mein junger Schleusenmeister hätte gerne Feierabend. Die Männer in der Schleusenkammer gehen in die Offensive und fragen mich, ob ich sie nicht hinausschleppen könnte. »Pas de probleme«, rufe ich hinunter und im selben Moment kommen mir die Preise einiger Abschleppfirmen meiner Heimat in den Sinn. »Aber ich kann euch nicht beide ziehen. Einer nach dem anderen!« Die Männer sind einverstanden, und schon starte ich die 2,3-PS-Turbine meines Kajakmaranschleppers. Sie haben die Karre vorher nicht sehen können, und ich schmunzele etwas, als ich um die Ecke in die Schleuse einbiege und in ihre erstaunten Gesichter blicke. Gut 20 Minuten dauert es, dann sind beide Boote zu ihrem Heimathafen geschleppt, der sich in Sichtweite zur Schleuse befindet. Ich habe kein Geld von Ihnen gefordert, aber als ich für die Nacht in meinem Zelt verschwinde, bin ich um 30 Euro reicher. Noch vor dem Einschlafen stelle ich mir selbst die Frage, ob ich ihnen mein Benzin auch geschenkt hätte. Die Antwort ist klar: Wenn ich aufhöre zu geben, wird das Bekommen sein Ende finden.

≈

Die Tour hat mich nachdenklich gemacht, meine Empfindungen tiefer werden lassen, manche überhaupt erst geformt. Sie hat mir Zusammenhänge aufgezeigt, komplexe Verbindungen zwischen den Dingen klargemacht Meine Wahrnehmung hat sich geschärft – im normalen Leben hätte sie sich, mit etwas Glück, vielleicht in 40 Jahren so entwickelt. Viele Abende, an denen ich in meinem Schlafsack die letzten Minuten des Tages genoss, habe ich darüber nachgedacht: Wie habe ich es bis hierher geschafft? Warum bin ich genau hierhergekommen? Was ist daran noch Zufall? Letztlich gab es immer eine Lösung, so gefahrvoll die Situation auch war. Warum gelingt es mir überhaupt, in dieser unwahrscheinlichen Geschwindigkeit um Europa herumfahren? Noch dazu ohne eigenes Geld zu besitzen? Unaufhaltsam bestreite ich einen Weg, der andere Zehntausende Euro kostet und mit einer großen, PS-starken Yacht kaum schneller zu bewältigen ist. Warum gelingt das alles? Warum gelingt *mir* das alles? Warum kommt das Essen zu mir, das Bargeld und das Benzin, ohne, dass ich danach frage? Ich denke nach über den Himmel, der sich über mir verdunkelte, während ich mich mit meiner Freundin stritt, die Tausende von Kilometern entfernt und über die monatelange Trennung ernsthaft unglücklich und wütend war. Ich denke an den Wind, der immer nervtötender in mein Gesicht blies, wenn ich ungeduldig mit den Meilen des Tages kämpfte. Ich denke an Schäden an meiner Karre und an kaputtgegangene Dinge.

Ganz von selbst hat sich im Laufe der Tour eine lange Liste von Beobachtungen, Zusammenhängen und Erklärungsversuchen in mir erstellt. Sie umfasst das, was »heimlich«, tief in meinem Inneren, vorhanden ist, weil ich als Mensch es nicht sehen oder zulassen will. Für alles, was passiert ist, gibt es Erklärungen. Nach ihnen frage ich. So sehr ich nach äußeren Gründen für bestimmte Vorkommnisse suche, so klarer ist meine Erkenntnis, dass alles, was passiert, auf mich selbst zurückgeht. Meine heimliche Liste nenne ich meinen Magnet der inneren Reinheit. Je reiner meine Gedanken sind, je kraftvoller mein Vertrauen in das ist, was kommen wird, desto gefahrloser zeigen sich die Wogen des Meeres und des Lebens, die ich durchfahre. Das ist fantastisch. Diese Reise hat mich von der Überzeugung der Wichtigkeit ständiger Erklärungen befreit. Kaum mehr als Beobachtung und Bewegung werde ich in Zukunft noch benötigen. Denn was ich gewonnen habe, ist eine Blume. Blüht sie, bin ich auf dem richtigen Pfad. Ist sie braun und vertrocknet, schlage ich einen neuen ein. Ein aufmerksamer Blick auf die Blume in mir ist genug. Einzig ihr Zustand soll mir Erklärung und Wegweiser sein.

≈

Als ich am Morgen meine Sachen packe, ist der Tag einfach ein weiterer Tag. Mein Zelt verschwindet in der blauen Tasche, die Isomatte und der Schlafsack folgen ihm. Ich drehe den Verschluss der Tasche sorgsam ein, putze meine Zähne und spüle mir den Mund mit Wasser aus. Letztlich ist ein Morgen aber nur an der Oberfläche den vergangenen ähnlich. Irgendetwas ist immer neu, und heute Morgen macht mein junger Schleusenwärter den feinen Unterschied: Er bringt mir heißes Wasser, erhitzt in der Mikrowelle im Schleusenhaus. Sogar etwas Milch für meinen Kaffee hat er dabei. Was soll an diesem Tag also noch schiefgehen?

Auf meiner Karre sind die Sachen verstaut, sämtliche Utensilien sind hinter den Schotten der Rümpfe verschwunden, und alles an Deck ist wasserfest verpackt. Heute kann es Überraschungen geben, denn ich fahre wieder in tidenabhängiges Gebiet hinein. Mein seelischer Kurzurlaub auf den beschaulichen

Kanälen findet sein Ende, aber er hat mir Freude und Neugier zurückgebracht, wichtige Antriebe auf dieser Reise. Es geht hinaus auf ein vollkommen neues Seegebiet, und ich bin gespannt wie ein Flitzebogen.

Wie angekündigt, lässt mich der Schleusenwärter um 9 Uhr in die Schleuse mit der Nummer 48 einfahren. Sie ist groß und modern, ganz anders als die kleinen Schleusen an den vergangenen Tagen. Ich bin der Einzige im Becken, mehrere Leute stehen oben auf der Kante und beobachten mich. Das Wasser senkt sich langsam. Ein Zuschauer fällt mir besonders auf, er blickt sehr intensiv zu mir herunter, grad so, als wolle er Kontakt zu mir aufnehmen. Tatsächlich fängt er an zu winken: »Kann ich kurz mit Ihnen sprechen?« Mit wenigen Handzeichen vereinbaren wir einen Treffpunkt außerhalb der Schleusenkammer. Mit seinem gepflegten Drei-Tage-Bart, der stylischen hellbraunen Lederjacke und seiner teuren Fotokamera sieht der Mann nicht wie einer der typischen frühmorgendlichen Spaziergänger aus, deren Weg zufällig an der Schleuse vorbeiführt. Er schüttelt meine Hand: »Hallo, ich bin Reporter beim Fernsehen und recherchiere für eine Story auf den französischen Kanälen. Dein Boot und du, ihr seht sehr besonders aus. Was macht ihr hier?« Ich erzähle von meinem Weg, meiner fantastischen Karre, der Biskaya und dass mein Zuhause nun nicht mehr weit sei. Von den tollen Menschen, und dass ich es mit ihnen zusammen bis hierher ohne eigenes Geld geschafft habe. »Schade«, sagt der Fernsehmann nachdenklich, »mein Kamerateam steht mir erst in einer Woche zur Verfügung, dann bist du wohl bereits über alle Berge.« Dann zückt er sein Portemonnaie und drückt mir einen Fünfziger in die Hand. »Ich kann dich nicht gehen lassen, ohne dir vielleicht ein bisschen zu helfen. Ich wünsche dir viel Glück.«

Ich winke ihm lange nach, vielleicht ist das meine Möglichkeit, ihm noch einmal meinen Dank zu zeigen. Gestern war ich fast arm, und heute bin ich ein reicher Mann. Am Abend bin ich mit meinen letzten 11 Euro einfach Bier trinken gegangen, obwohl mir doch klar sein musste, dass Benzin für mich wichtiger ist, nämlich um voranzukommen. Aber es ist eben nicht nur das Benzin, das mich weiterbringt, sondern die Qualität meines Inneren verschafft mir letztlich das Benzin, das mich weiterbringt. Ein Bier oder ein Stück Schokolade schaffen ein gutes Gefühl, das nur derjenige so extrem empfinden kann, der wie ich in Geschmacksdingen auf Entzug ist. Dieses gute Gefühl ist wie ein Zündfunke, er bringt neue Energie und damit neuen Mut, der am Ende ein besserer Antrieb ist als Vernunft und Furcht.

Und: Es gibt immer einen Weg. Diese Erkenntnis hat mir meine Erfahrung am stinkenden Strand in Serbien gebracht. Mein Benzin, mein Geld, mein Tabak waren alle, mein Essen verdorben. Darko, dieser eine Mann, der mich nur 30 Minuten später von der Donau holte, um mir all das zu geben, was ich so verzweifelt entbehrte, hat meinen Umgang mit den Dingen radikal verändert. Ab jenem Zeitpunkt wusste ich, dass mir nie wieder etwas passieren konnte. Ab diesem Moment war das Vertrauen zu einem Teil meines Körpers geworden, in jeder Zelle meines Ichs ist es seitdem vorhanden, wenn ich auch manchmal aus der Fassung gerate, im Kern ist es da. Fortan war mir klar: Es geht immer weiter.

In den Zeltnächten und in vielen einsamen Stunden auf dem Meer zerlegte ich die Wörter in ihre Einzelteile: Vertrauen und Glück, Motivation und Zufall, Wunsch und Hoffnung. Ich versuchte, ihre Bedeutung zu begreifen. Ich versuchte, für ihre Zweideutigkeit den richtigen Erklärungsschlüssel zu finden. Die Bausteine setzte ich so wieder zusammen, wie es mir am besten gefiel. In harter See vor bedrohlicher Küste habe ich nicht ein einziges Mal »gehofft«, die Situation zu überstehen. Hoffnung ist so ein komischer Vogel, den ich an Bord nicht brauche. Hoffnung enthält für mich zu 50 Prozent schon das Scheitern. Mein Vertrauen braucht keine Hoffnung, es ist größer. Der Weg des Scheiterns darf mich gerne überraschen, aber ich will ihn mir nicht vor Augen führen, bevor meine Kraft nicht wirklich am Ende ist. Irgendwann auf der Reise habe ich die Hoffnung aus meinem Wortschatz verbannt und das Wort nicht mehr benutzt.

≈

Mein Motor arbeitet eifrig für das Weiterkommen, schiebt uns an verschlickten Niedrigwasserufern vorbei durch das Fahrwasser. Die Gegend vor Saint-Malo ist hübsch, das Wasser grün und aus dem schlanken Kanal wieder ein breites Gewässer geworden. Es ist so kalt, dass ich meine Neoprenkappe bis weit über meine Ohren ziehe. Mit dem Fernglas sehe ich das große Kraftwerk, das sich über Hunderte von Metern über die Meerenge hinweg erstreckt. Ebbe und Flut erzeugen hier Strom. Der Bereich vor dem Kraftwerk ist mit Warnbojen versehen, die dicht an dicht mit einem Seil verbunden sind. Links sehe ich Segelboote vor Anker liegen, dort wartet die letzte Schleusenkammer, die uns hinaus auf das Meer vor Saint-Malo entlässt.

Hier draußen bläst der Wind stärker, als ich gedacht habe. Das Wasser ist herrlich grün, doch die Wellen toben mit weißen Schaumkronen. Nur etwas über eine Meile, dann biege ich nach rechts in den Hafen ein. Der Chef des Hafenbüros benimmt sich, als hieße er Muffelkopf. Sein Angestellter redet mit ihm über meine Situation, aber blicken lässt er sich nicht. 30 Euro kosten mich zwei Nächte in Saint-Malo, bezahlt von dem freundlichen Fernsehreporter.

Die alte Stadt Saint-Malo ist wie eine Festung, rundherum ist ein begehbares hohes Gemäuer, das einen wundervollen zweifachen Blick bietet, auf das Meer und in die Hinterhöfe seiner geschichtsträchtigen Häuser. Das Meer sieht so aus, wie ich es mir vorgestellt hatte; der Atlantikschwell ist im Schutz von England tatsächlich verschwunden. Ich bin so entspannt, dass ich mir sogar Zeit für Sightseeing nehme.

Ein Brötchen mit Schokolade versüßt mir meinen Gang über

die Mauern der Stadt. Einmal habe ich schon abgebissen, doch zu einem zweiten Mal kommt es nicht mehr – ich spüre die räuberische Möwe nicht einmal, als sie sich das Brötchen schnappt, während ich es direkt vor meinen Mund halte. Als mein Brötchen eine Runde direkt vor meinen Augen unterhalb der Stadtmauer fliegt, applaudiere ich der Möwe für diese wahrhaft gigantische Leistung!

Es wird Zeit, dass ich Richtung Heimat verschwinde. Endspurt, Andreas. Carteret ist mein heutiges Ziel, etwa 40 Meilen entfernt. Ich hätte mir gerne den Mont Saint-Michel von der Wasserseite angesehen, aber die Einheimischen raten vor dieser Bucht ab. Die Wellen dort nennt man auch »die rennenden Pferde«, das kann nicht gut sein für mich.

Der Tag beginnt diesig, und er endet mit Starkwind, als ich Carteret erreiche. Schon wenige Meter nach der Einfahrt muss ich vom Boot springen, es ist fast Niedrigwasser und nicht einmal mehr tief genug für die flach gehende Karre. Mit schweren Schritten ziehe ich sie gegen die reißende Strömung über das nur knietiefe Nass. Kurz vor dem Yachthafen ist das Wasser plötzlich ganz weg, und mein Boot fällt trocken. Im Hafenbüro hat man mich schon gesehen, ist trotz meiner dreckigen Füße erfreut und bittet mich sogar um eine Eintragung ins Goldene Buch. Ich fühle mich geehrt. Nach dem Duschen, auf dem Rückweg zum Boot, muss ich durch das Klubrestaurant gehen, um zum Ausgang zu gelangen. Ein paar Leute sitzen am Tresen, ich hocke mich dazu und investiere ein paar Kröten in ein Bier. Diesmal ein großes, was soll der Geiz. Matthias, ein Optiker, sitzt neben mir, die Barfrau gehört zu ihm. Er bestellt ein zweites für mich, und das erste darf ich auch nicht bezahlen. Himmel, Arsch und Zwirn, ich kriege mein Geld nicht ausgegeben!

Das Wasser kehrt um 20 Uhr zurück, rauschend und schnell. Die Karre liegt jetzt gut vertäut am Steg, und nach einer weiteren Stunde sitzen wir zu dritt in einem Restaurant der Stadt. Wieder gibt es Bier, dann Wein und ein Kurzer ist auch dabei.

Ein Steak, Bratkartoffeln und vieles mehr stehen vor mir auf dem Tisch. Als der Ober die Teller schließlich abräumt, sind sie so sauber, wie eine Geschirrspülmaschine es kaum besser schaffen könnte. Matthias und ich unterhalten uns über das gefährliche Cap de la Hague, das wohl gefährlichste Kap des Ärmelkanals mit Strömungsgeschwindigkeiten bis zu 10 Knoten, und über die vorgelagerten Inseln Alderney und Guernsey. Ich erzähle Matthias die Geschichte von Bob Jones aus Guernsey, dem jungen englischen Einhandsegler, den ich letztes Jahr in Cádiz getroffen habe, als ich auf die Ankunft von Sabrina wartete. So viele Meilen sind es nicht, wenn das Wetter mich lässt, vielleicht sollte ich den Schlag nach Guernsey wagen und sehen, ob ich ihn da finde. »Jemand mit dem Namen Bob Jones wird auf der Insel ja nicht so schwer zu finden sein!« Daraufhin springt ein Mann von einem der Restauranttische hinter mir auf: »Bob Jones, that's me!« Ich drehe mich um und kann nicht glauben, wen ich da sehe. Bob Jones! Mein Bob aus Cádiz, sitzt seit mehr als einer Stunde hinter mir – und wir bemerken uns erst jetzt! Die Chance, dass man sich so wiedertrifft, liegt bei der eines Lottogewinns! Es ist unglaublich. Bob ist mit seinem Vater da, ein Urgestein der Insel. Sein Haar ist rot und lockig, sein Händedruck wie ein Schraubstock, und sein Gesicht könnte ein Stück Küstenfelsen sein. Der Felsen lacht und trinkt Whisky.

Ich weiß nicht, wie spät es ist, als ich nach einem langen und wunderbaren Abend endlich einschlafe.

≈

Schon vor sieben Uhr früh habe ich mein Zelt zusammengepackt, und als das Hochwasser über das Hafenmauerwerk läuft, bin ich bereit. Heute werde ich mich an das gefährliche Cap de la Hague heranwagen. Mein Motor läuft nur auf Halbgas, 3 Windstärken wehen mir gegenan, aber die Strömung reißt uns mit sich und wir haben ganze 7 Knoten Geschwindigkeit auf der Uhr.

Drei Nächte halten mich Regen und Starkwind im Hafen von Diélette fest, dann beruhigt sich das Wetter allmählich. Ich will weiter, aber der Hafen liegt in dichtem Nebel. Die Fischer raten mir ab, die Kap-Umrundung zu wagen, keiner weiß, wie lange der Nebel bleibt oder ob er nicht sogar wiederkommt, nachdem er sich aufgelöst hat. Ich bin sehr verunsichert.

Die Crew eines Segelbootes legt gerade ihre Seekleidung an, nach einem kurzen Gespräch ist klar, dass auch sie nach Cherbourg fahren wollen. Wir vereinbaren, dass sie mich auf dem Weg beobachten und in der Nähe bleiben, um mir eventuell helfen zu können. Großes Gelächter, als sie die Karre sehen: »Damit willst du ums Cap de la Hague? Ich gebe dir lieber meine Telefonnummer, dann kannst du dich melden, wenn was ist. Irgendwann werden wir dich aus den Augen verlieren, denn wir versuchen schnell zu sein. Ruf an, wenn du uns brauchst, ja?«

Etwas Wind kommt auf, der Nebel verzieht sich leicht, ich verlasse den Hafen. Bei 10 Knoten Strömung wird das Meer am Kap kochen und die Wellen werden wild durcheinanderschlagen, hat man mich gewarnt. Meine Karre schafft das, ich bin mir sicher. Ein paar Meilen vor dem Kap verschwindet das Segelboot plötzlich im Dunst, sie fahren weiter draußen als ich. Und genauso plötzlich ergreift mich der Strom härter, die Geschwindigkeit geht hoch und ich knacke die 10-Knoten-Marke. Und dann kocht das Meer, bildet Strudel, gluckst und tobt in atemberaubender Art und Weise. Die Wellen werden immer höher und steiler. Aber es ist nicht ganz so schlimm wie an der Sandbank vor Royan, so leicht sind mein Boot und ich nicht mehr zu erschüttern, und nach etwa 20 Minuten ist alles geschafft.

Unter Segeln geht es weiter bis nach Cherbourg, wo ich eine Nacht bleibe.

Am nächsten Tag geht es schnell voran, denn der Wind pustet

ordentlich und die Strömung trägt mich zusätzlich. Ab Courseulles-sur-Mer beruhigt sich das Meer. »Nordsee ist Mordsee«, heißt es, aber das Wasser, das ich hier unter mir habe, ist das reinste Planschbecken gegen das, was mich in der Biskaya fast auf die Hörner genommen hat. Die Wellen sind hier im Schnitt nicht größer als eineinhalb Meter, man weiß, was man hat, das mögen wir Friesen. Die Küste wird überschaubarer, und immer wieder bieten sich Möglichkeiten, vom Wasser zu verschwinden, sollte es einmal eng werden. Brandungen gibt es hier auch, aber sie haben nicht mehr dieselbe Kraft. Aus ausgewachsenen Mammuts sind Elefantenbabys geworden. Schon jetzt bemerke ich deutlich, dass mein Körper sich mit allem, was ich wahrnehme, entspannt.

≈

Le Havre, Saint-Valery-en-Caux und Le Hourdel heißen meine nächsten Stationen. So wie mich das Meer zunehmend in Ruhe lässt, so beobachte ich, dass ich kaum noch Kontakt zu den Menschen habe. Die Einsamkeit macht mir immer stärker zu schaffen, nicht wegen Essen oder Geld. Vor allem ist es die Nähe, die mir fehlt und die mir neue Energie zuführt. Ich weiß nicht, ob ich jemals anders reisen, eine Reise beispielsweise wie Wilfried Erdmann machen könnte, der ein Jahr lang allein um die Welt segelte, ganz ohne Kontakte. Ich glaube, das wäre für jemanden wie mich der absolute Horror und verschenkte Lebenszeit. Ohne menschliche Kontakte werde ich anfällig, fühle mich wie in einem Wellental und muss aufpassen, nicht darin zu bleiben.

Als ich Boulogne-sur-Mer anlaufe, bin ich kraftlos, fühle mich ausgelaugt, auch seelisch. Das Geld ist fast alle, ebenso meine Verpflegung, und es nervt mich, dass ich immer wieder derart intensiven Gefühlstiefs ausgesetzt bin. In meinem Kopf ist es nebelig wie im Herbst an der portugiesischen Küste. Fast wie in Zeitlupe lege ich den Kajakmaran an den erstbesten Platz im Yachthafen. Empfinde keine Freude oder Elan, als ich meine Festmacherleinen langsam um die Klampen auf dem Steg lege.

François und Arthur verändern schlagartig meine Situation. Die beiden Belgier, die ihr Segelboot aus Südamerika geholt haben, befördern mich fast katapultartig aus dem stinkigen Sumpf meiner Einsamkeit. Sie lachen mit mir, laden mich zum Essen ein, räumen schließlich ihre gesamte Kombüse für mich aus: Gemüse und Fleisch in Dosen, Schokolade und Konfitüre. »Wir brauchen es nicht mehr, wir sind bald zu Hause«, erstickt François meinen Protest im Keim.

Auch oben im Büro läuft es glatt, obwohl der Mann am Bürotisch überhaupt nicht zugänglich ist. Achtlos wirft er meine Fotos zurück auf den Tisch. »Für uns kein Problem«, und fertig ist er mit mir. Naja, für den Moment ist das genug. Einen Duschcode habe ich nicht bekommen, aber was soll's, meistens kann ich mich nach wenigen Stunden kaum noch retten vor Duschkarten. Segler halten sie immer parat, sind hilfreich untereinander. So kommt es auch hier, und am späten Abend rieche ich auch ohne offizielle Erlaubnis nach Seife. Mein Schlafsack freut sich schon.

Das Wetter soll umschlagen, der Hafen von Boulogne füllt sich. Viele Boote suchen Schutz, denn die Meerenge zwischen Dover und Calais hat mächtig Feuer unterm Hintern, wenn der Starkwind auf ihr und womöglich noch gegen den Strom steht. Keiner verlässt in diesen Tagen den Hafen. Nur der mürrische Hafenmeister kommt mir quer. »Sir«, sagt er – und blickt mir immerhin dabei in die Augen, das tun nicht viele, wenn sie unangenehme Dinge zu regeln haben –, »eine Nacht haben wir ausgemacht. Du bist aber schon die dritte Nacht hier und hast nichts bezahlt.« Ich räuspere mich, der Ernst der Lage ist mir durchaus bewusst: »Was soll ich machen? Ich wäre gerne schon weitergefahren, aber das Wetter lässt mich nicht.« Ich halte ihm meinen durchsichtigen Geldsack mit meinen letzten Euros unter die Nase: »Das ist alles, was ich besitze. Davon soll ich dir jetzt was abgeben, und was esse ich dann die nächsten Tage?« In seinem Inneren findet jetzt ein Boxkampf statt, doch dann fliegt das weiße Handtuch in meine Ecke: »Gut, du gibst mir jetzt 5 Euro von dem Geld und kannst bis Freitag bleiben. Ist das in Ordnung?« Das ist ein monströs reicher Hafen, in dem die Boote in Massen kommen und gehen, was will dieser Mann mit 5 Euro aus meiner Armutskasse? Das ist, als würde der Daimler-Chef seiner Putzfrau das Auto klauen. Der Hafenmeister spürt, dass mir die Zustimmung schwerfällt. Aber ich mache gute Miene zum blöden Spiel, welche Chance habe ich auch sonst: »Ja, das ist ein guter Preis für 5 Tage und du bist ein guter Kerl.« Mein Kopf aber denkt: »Faltenarsch und Knausersack.« Doch was steht auf den Rümpfen meines Bootes: Segeln für gute Gedanken! Er hätte gut und gerne auf meine 5 Euro verzichten können, das ist der eine Gedanke. Der andere aber ist: Er hat mit nur 5 Euro für 5 Tage abgenommen, unter normalen Bedingungen und gut rasiert hätte ich leicht das 15-fache hinlegen müssen. Der zweite Gedanke ist gut, er ist besser, und ich weiß, was er nach sich zieht: Neues Gutes! Ich reiche dem Mann die Hand und bedanke mich. Es ist ein ehrlicher Händedruck.

Zurück beim Boot sehe ich erst nach Minuten, dass ein Briefumschlag mit einer Wäscheklammer an der blauen Tasche befestigt ist, die an Deck liegt: 10 Euro sind darin und Grüße, unterschrieben mit den Namen zweier Segelyachten. Habe ich nicht gesagt, dass Gutes Gutem folgt? So ist es.

≈

Es ist Freitag, der 12. Juli 2013. Eigentlich müsste ich noch bis morgen warten, der Wetterbericht sagt erst dann Ruhe voraus. Aber ich empfinde die Situation mit dem Hafenmeister als ausgereizt. Ich werde verschwinden, und zwar jetzt. In der Nacht war es ruhig und der Wind scheint tatsächlich etwas gedreht zu haben. Das Kap an der engsten Stelle des englischen Kanals wird wieder nicht ganz ohne sein, auch dort erwartet mich noch einmal extrem kabbeliges Wasser, so erzählt man mir. Relativ schnell habe ich es jetzt erreicht, und das Wasser ums Kap herum brodelt tatsächlich, selbst jetzt noch, bei wenig Wind. Es geht mit kaum mehr als 3 Knoten voran, habe ich hier Neerströmung so dicht unter Land?

Es ist eine nasse, zermürbende Wasserschlacht, bis ich endlich das Hafengelände von Calais erreiche. Die Angestellten des Hafens sind komisch drauf. Ich bin durchgefroren und nass, müde und hungrig, und die faseln irgendwas, noch bevor ich richtig festgemacht habe, von Büro, Liegeplatznummer und so Zeugs. Nichts, was mich gerade erreichen könnte. Sehen sie nicht, wie ich aussehe und womit ich unterwegs bin? Könnte man nicht aus reiner Menschlichkeit zuerst mal sagen: »Mach fest, ziehe dir etwas Trockenes an, gehe duschen und trinke erst einmal etwas Warmes?« Ich bin angefressen. »Sir!«, unterbreche ich den Standardtext des Mannes vor mir. Nicht mehr, mein Ton ist eindeutig. Ich klappere vor Kälte mit den Zähnen und weise barsch mit beiden Händen auf die geschätzt 47 Liter Wasser hin, die gerade aus meinen Hosenbeinen laufen. Er blickt mich an. Ja, jetzt hat er mich gesehen. Versteht plötzlich, dass sein Verhalten nicht zur Situation passt.

Ein Segelboot hat kochendes Wasser für mich. Für einen Moment ruhe ich aus und genieße den Kaffee. Ich lasse die Sonne auf mich scheinen, genieße es, einfach nur warm und trocken zu sein. Oben im Büro erwartet mich der Verweis: Ich muss den Hafen verlassen. Ohne Bezahlung könne man mir nicht helfen, auch nicht für eine Nacht. Aber man kann mir auch nicht sagen, wo ich mit meinem Boot liegen darf. Gegenüber dem Yachthafen gibt es einen langen Steg an der Pier, dort sind noch Plätze zwischen den Fischerbooten frei. Wohnmobile parken dort nebeneinander wie die Hennen einer Legebatterie. Niemand beschwert sich, im Schutz der Wohnmobile bin ich sicher für die Nacht. Dank der beiden Belgier in Boulogne bin ich mit Essen gut versorgt und kann aus dem Vollen schöpfen.

Der Wind hat gedreht, um 6 Uhr in der Früh bin ich mit anderen Segelbooten bereits durch die Schleuse gefahren. Um Calais ist es mir nicht schade, aber heute verlasse ich Frankreich, und Frankreich ist in diesen Wochen ein Land geworden, in dem ich mich wohlfühlte, und mit seinen Menschen beste Stunden erlebt habe. Ein weinendes Auge ist also bei dieser Ausfahrt dabei.

Heute geht mein stolzes Boot den ganzen Tag unter Segeln. Kein Motor brummt, keine Bedrohungen stören, es ist einfach nur ein schöner Segeltag. Mein Zuhause kommt mir jetzt schnell näher, ich muss dafür in keine Karte gucken. Ich weiß, dass ich es bald geschafft haben werde. Ich weiß aber auch, dass schon sehr bald etwas ganz Besonderes in meinem Leben sein Ende finden wird. Unvergleichliche Erfahrungen und Geschichten, die es weder mit Geld zu kaufen gibt, noch an irgendeiner Ecke sonst auf mich gewartet hätten.

Ich bin schnell unterwegs und meine Karre scheint die Meilen entlang der französisch-belgischen Küste nur so zu fressen. Immer und immer wieder versinke ich in meinen Gedanken. Ob ich so etwas wie diese Tour wohl noch einmal machen würde? Nein, höchstwahrscheinlich nicht. Dafür ist sie zu schwer, zu gefährlich und zu zehrend. Ich weiß aber, dass diesem rationalen Gedanken etwas Wichtiges entgegensteht. Und wahrscheinlich würde ich sie wieder und immer wieder in Angriff nehmen, sollte das, was ich heute so viel mehr für die Menschen und das Leben empfinde, noch nicht ein Teil von mir sein.

≈

Ich erreiche Oostende. Wie jeden Tag meiner Tour bereite ich mein Boot noch draußen für eine geordnete Einfahrt in den Hafen vor. Ich räume auf, so wie ich es daheim in meinem

Wohnzimmer nie getan habe. Ich werde mir angewöhnen, auch an Land etwas sorgfältiger mit meinem Dingen umzugehen. Und mit meinen Lieben. Stärker achtzugeben auf ein Miteinander, das Zufriedenheit unterstützt und nicht ständig an ihr kratzt. Ich lache, während ich die Gummistrops um die eingeklappten Segel wickele und das kabbelige Meer mich vom Boot schmeißen will: »So, nun lass mal gut sein, wildes Wasser. Es reicht für heute. Feierabend!«

Rechts im Hafen müsste gleich ein Wartesteg kommen, vor dem eigentlichen Yachthafen, in den man dann links einbiegt. Meine Informationen beziehe ich aus dem Reeds-Buch, das mir Michele gegeben hat, im Gegenzug hat er mein Pilot-Book für die spanische Küste erhalten. Der Reeds führt alles auf: Hafenpositionen, die Draufsicht auf alle wichtigen Häfen, Erklärungen zu den Schwierigkeiten einer Hafenanfahrt, sogar Strömungs- und Tidentabellen sind in ihm zu finden.

Im Hafen von Oostende finde ich nicht ganz den Steg, wie er in meinem Buch steht. Was ich vorfinde, ist der belgische Ballermann mit einer Vielzahl von Stegen. Es geht zu wie auf einem Bazar, laute Musik dröhnt, und Menschen laufen auf den Stegen durcheinander wie aufgescheuchte Hühner, denen der Spieß droht. Der Hafen ist gerammelt voll, und die Boote liegen in Paketen. Ich finde noch einen Anlegeplatz und habe Glück damit. Der Hafenmeister ist sichtlich und ausreichend beschäftigt. Für mich gibt es nur einen lauwarmen Händedruck, und weg ist er. Mit etwas Glück gehe ich kleiner Mann hier heute unter.

In der Nacht um 3 Uhr werde ich wach, höre Stimmen und stehe auf, ein Boot will den Hafen verlassen und meine Karre liegt etwas im Weg. Flüsternd verständigen wir uns, um niemanden zu wecken, trinken einen Kaffee gemeinsam und dann ist es wieder still im Hafen. Jetzt noch schlafen zu gehen, lohnt sich nicht mehr, auch ich packe und haue ab, es ist noch nicht hell, als ich ablege. Langsam und mit Kopflampe an der Stirn lasse ich mein Boot im Dunkeln aus dem Hafen gleiten. Doch schon bald geht die Sonne auf, ihre ersten Strahlen erreichen mein Gesicht. Kaum etwas ist wohltuender als dieser Moment, wenn Nässe und Kälte schwinden und es ganz langsam immer wärmer wird.

Tageszeiten und Tidenzeit passen nicht immer zusammen, sechs Stunden läuft das Wasser auf, sechs Stunden läuft es wieder ab. Da ich teilweise Tage habe, in denen ich bis zu zehn Stunden und mehr unterwegs bin, lässt es sich kaum vermeiden, hier und da gegen den Strom zu fahren. Ein großer Vorteil aber ist jetzt, dass ich keine Monsteretappen mehr fahren muss, wie von Capbreton nach Arcachon oder auch nach La Rochelle. Die Häfen liegen jetzt dichter beieinander, sind leichter zu erreichen.

In Belgien hatte ich tatsächlich nur einen einzigen Halt. Schon heute werde ich die 30 Meilen nach Roompotsluis fahren und damit die Niederlande erreicht haben. Roompotsluis ist eine Durchfahrt des Oosterscheldekerings. Es schützt die innen liegenden Provinzen vor Sturmfluten. Die See ist spiegelglatt, mehrfach gerate ich mit großen Frachtschiffen auf Kollisionskurs und warte, bis mich die Riesen des Ozeans passiert haben. Kurz verliere ich die Landsicht, denn nur wenige Meilen Abstand reichen aus, damit das flache Land der Küste aus dem Blickfeld verschwindet. Sandbänke und Flachwassergebiete sind dann umso schwerer auszumachen.

Ein guter Tag geht zu Ende, die Oosterschelde erwartet mich wie der warme, schützende Schoß einer Mutter. Der Hafen ist an Steuerbord schon zu sehen. Wieder ist es der erste Platz, an dem ich liegen bleibe, auch wenn die Wege zum Hafenbüro von hier aus lang sind. Der junge Mann hinter seinem Tresen ist mir zugetan, er lässt mich bleiben und tankt mir sogar einen meiner Benzinkanister voll.

Es wird heißer und heißer in diesen Tagen, solche Temperaturen hatte ich seit dem Mittelmeer nicht mehr. Es tut mir gut, denn das Leben ist einfacher, Sachen trocknen schneller, und die Fröhlichkeit der Menschen steigt fühlbar.

Am Abend sitze ich mit einer holländischen Segelfamilie im Cockpit ihres Schiffes zusammen und darf mit ihnen essen. Wir unterhalten uns über meinen weiteren Weg und darüber, dass der Nordwind gerade so penetrant weht, wie man es auch hier nicht kennt. Ich erzähle dem Skipper von Hans, dem Holländer, wie und wo ich ihn traf, von den bunten holländischen Streuseln, die ich so gern esse und die er mir noch besorgen wollte, und dass ich unmöglich an Amsterdam vorbeifahren kann, ohne ihn dort getroffen zu haben. Der Mann steht auf, holt ein Heft und sagt: »Hier sind alle Kanäle bis nach Amsterdam verzeichnet, sogar bis auf das Ijsselmeer kannst du damit fahren. Was willst du draußen auf der Nordsee immerzu gegen den Wind kämpfen? Nimm die Kanäle, dort gibt es viel zu sehen, und du hast deine Ruhe.« Der Mann hat recht. Ich freue mich sehr über dieses Geschenk, blättere die ersten Seiten durch und entdecke etwas: Dordrecht heißt eine der Städte, die ich am Kanal sehe. Dordrecht kenne ich. Eine Seite weiter kommt Papendrecht! Meine Stimmung steigt, denn in Papendrecht wohnt meine Tante Agnes. Sie scheint ein unausweichlicher Teil meiner Reisen zu sein, 2008 bin ich mit meinem Segelfahrrad bei ihr eingekehrt, sie hatte lecker Erdnusssoße gekocht. Mein Plan steht fest: Auf zu Tante Agnes!

≈

Tante Agnes in Papendrecht und Hans in Amsterdam sind zwei Ziele der Superlative für mich. Nicht nur wegen des Essens, das mich an der ersten Station erwarten wird. Nein, mehr noch freue ich mich auf das vertraute Gefühl. Das ist ein Glück, das mich an diesem Abend im Zelt wieder einmal weinen lässt. Vor dieser Tour habe ich selten geweint, doch die Härte dieser Fahrt hat mich verändert. Kleinste Dinge sind wichtig geworden, so wichtig, dass ich mich der Tränen oft nicht erwehren kann – und will. Ich muss niemandem mehr zeigen, dass ich ein harter

Typ bin. Diese Zeiten sind vorbei. Gefühle – und sie anzunehmen – sind mir wichtiger denn je.

Keine Ebbe und keine Flut mehr, kein Gegenwind, ab jetzt werde ich mir Hollands Kanäle angucken. Bisher kenne ich sie nur von Fotos und den begeisterten Erzählungen von Menschen, die von ihrer Schönheit schwärmten.

Boote kommen mir entgegen und man sieht wahrscheinlich schon von weitem: Auf meinem Schiff herrscht gute Stimmung. Dank des geschenkten Heftes finde ich mich leicht auf den Kanälen zurecht. An den Ufern informieren Schilder über die Kilometer und jeder Fluss oder Kanal hat einen eigenen Namen.

Die Kanäle werden jetzt enger, und man nimmt es etwas genauer mit der Fahrweise der Sportboote. Am Abend besucht mich die Wasserschutzpolizei in einem der Schutzhäfen kurz vor Dordrecht. Hier habe ich Feierabend gemacht und einen Anlegeplatz an einem Steg gefunden. Noch eine Nacht bis zum Familienbesuch. »Immer in Fahrtrichtung rechts bleiben«, betonen die Beamten. Sie klären mich auf über die Gefahren, die die Berufsschifffahrt mit sich bringt und nennen mir einen Hafen, wo Tante Agnes es leichter habe, mich aufzulesen. Jetzt weiß die Wasserwacht in Holland, dass ich Erdnusssoße liebe. Ob das in ihrem Bericht stehen wird? Die Männer sind irgendwie putzig, behutsam kommen sie in Rückwärtsfahrt zurück in den Hafen, stoppen ihr großes Schiff erneut neben mir. »Ich habe vergessen, ein Foto von deinem Boot zu machen«, ruft der Offizier im weißen Hemd und wünscht mir Glück für meinen Weg bis nach Hause.

Tante Agnes habe ich mittlerweile erreicht. Sie beschwert sich darüber, dass ihr Telefon schon um kurz nach 6 Uhr klingelt. Ihr Humor ist trocken, manchmal geradezu finster, aber ich weiß, dass sie sich freut, mich zu sehen.

Vor meinem eigentlichen Weg nach Amsterdam geht es am Eingang von Papendrecht an einer Kanalkreuzung rechts ab, und an einer Brücke mit einem runden Bogen soll ich linksseitig einen kleinen Hafen finden. Und so ist es auch. Eine Familie, deren Haus direkt am Wasser steht, duldet mein Boot an ihrem eigenen Anleger, und Tante Agnes ist um 10 Uhr zur Stelle.

»Was willst du essen?«, fragt sie. »Egal«, antworte ich, »Hauptsache Erdnusssoße.« Wir verbringen einen schönen, viel zu kurzen Tag, und schon um 6 Uhr morgens klingelt wieder der Wecker. Kaffee und Katzenwäsche, und dann heißt es für uns beide Abschied nehmen. Ein Kuss und eine Umarmung: »Tschüss, Tante Agnes, vielleicht bis zum nächsten Abenteuer.«

Eine Stunde später verlasse ich den Hafen und habe nun nur noch eines im Kopf: Hans, den Holländer! Von Papendrecht bis Amsterdam ist es ein weiter Weg, ich bin mir nicht sicher, ob ich es an einem Tag schaffen kann, aber ich werde alles dafür tun. Brücke um Brücke öffnet sich vor mir, Schleuse um Schleuse wird durchfahren und nach zwölf Stunden habe ich den Eingang von Amsterdam erreicht.

Aus einem schwarzen offenen Holzboot mit Außenborder, das wie ich durch eine Schleuse hindurchfahren will, dröhnt laute Musik. Seine Mannschaft ist außergewöhnlich: zwei Frauen als Matrosen und ein Skipper. Meine Müdigkeit ist wie weggeblasen. Der zweite Matrose trägt Minirock und läuft barfuß, liegt allerdings gerade rücklings in lila Plüschkissen. Im Kontrast dazu erweist sich der Skipper als Rauhbein, inklusive kratziger, dunkler Stimme. Die drei hören sich meine Geschichte an, reichen mir Wein und Früchte. Fast kommt es mir vor, als ob sich griechische Sirenen etwas weit von ihrem Zuhause entfernt haben. Schade, das schwere Schleusentor öffnet sich, es geht weiter. Noch während ich ablege, wird mein Weinglas ein letztes Mal gefüllt. Dann bin ich wieder unterwegs.

Fünfzehn Brücken trennen mich jetzt noch von Hans. Ist das an diesem Tag noch machbar? Der erste Brückenwärter ist eine Frau, sie strahlt mich an, fragt mich aus und erzählt von ihren eigenen Abenteuern. »Ich werde alle Kollegen anrufen und ihnen von einem außergewöhnlichen Mann berichten«, verspricht sie, »du brauchst nur noch zu fahren. Wir bringen dich noch heute zu deinem Freund!« Wie von Geisterhand heben sich, eine nach der anderen, Amsterdams Brücken für mich. Schleusenwärter winken mal kurz oder hocherfreut und über beide Wangen lachend. Wow! Das ist toll. Ich muss kaum Geschwindigkeit herausnehmen, fahre an einem Stück durch.

Das Licht des Tages schwindet, meine Augen brennen schon vor Müdigkeit, als ich um 20 Uhr endlich den Nordseekanal erreiche. Auf ihm muss ich ein paar Kilometer Richtung Westen fahren. Mit dem allerletzten Licht gelange ich an die Einfahrt von Zaandam, dort vermute ich Hans und sein »Marlien«. Nach einbrechender Dunkelheit und mehr als 14 Stunden auf dem Wasser bin ich da. Bloß kann ich die »Marlien« nirgends entdecken. Es ist still hier, niemand ist zu sehen. Als ich an einem der Stege anlege, schallt es plötzlich laut durch die Abendruhe: »Andreas! Aaandreeeas ist hier!« Hans' Freundin Joke steht direkt neben mir an Deck ihres Motorbootes. Volltreffer! Nur Minuten später schlendert auch Hans über den Steg. Wir freuen uns unglaublich über unser Wiedersehen und sitzen bis spät in die Nacht über unseren Geschichten. Dieser Mann ist ein wahrer Freund geworden. Einer, der es in mein Herz geschafft hat.

Eine Nacht ist für ein Treffen wie dieses zu wenig, also bleibe ich eine zweite bei Hans und Joke. Wir werden uns wiedersehen. Wann, das wissen wir nicht, aber es wird so überraschend wie immer sein.

≈

Das Ijsselmeer ist groß und die Wellen stehen mir wieder gegenan. Am Leuchtturm von Marken mache ich Schluss, Badegäste warnen mich vor dem knurrigen Leuchtturmwärter. Der angebliche Griesgram kocht mir Kaffee, mein Boot liegt an seinem Strand vor Tau und Anker. Freundlich führt er mich durch das Innenleben seines Leuchtturms und ist mit mir einer Meinung: Über das Ijsselmeer auf die Nordsee zu gehen ist in diesen

Tagen nicht klug, der Wind zu stark und wird erst in ein paar Tagen seine Richtung ändern. Über die Kanäle bis nach Delfzijl wird es machbar sein. Von dort ist es nur noch ein Katzensprung nach Deutschland. Mein Weg wird mich dann weiter über die Nordsee und seine vorgelagerten ostfriesischen Inseln führen. Der Leuchtturmwärter ist ein erfahrener Bootsmann, und ich folge seinem Gefühl.

Zeewolde, Genemuiden, Smilde und Appingedam sind meine nächsten Stationen für die Nacht. In jedem Hafen erlebe ich eine kleine Geschichte: Arbeiter des niederländischen Wasser- und Schifffahrtsamtes, die mich eine Zigarette drehen lassen und mir zwei meiner Benzinkanister volltanken. Skipper anderer Boote, die mir Geld und etwas zu essen reichen. Eine alte Dame, die ich um heißes Wasser bitte und die mir stolz ihre Hühnerzucht im Hinterhof zeigt. Kein Tag ist wie der andere. Das werde ich zu Hause vermissen, diese Abwechslung, all das Neue jeden Tag.

Delfzijl ist mein letzter Hafen im Ausland. Was soll eigentlich dieses Wort »Ausland«? Es ist ein merkwürdiges Wort und mir völlig fremd geworden. Ich habe jetzt ein Ziel im Kopf, aber noch nicht wirklich einen Plan. Kurs: Norderney.

Ich bin viel zu früh dran, der Motor schiebt uns gegen das noch auflaufende Wasser der Nordsee. Nach vier Meilen mit einer Geschwindigkeit, die selbst einer Schildkröte noch zu langsam wäre, entscheide ich mich, an einem Strand zu warten, bis die Strömung kippt und mich das Wasser mitnimmt. Ich weiß es leider nicht besser – das Wasser nimmt mich nur für exakt 45 Minuten mit sich Richtung Norderney, danach macht es plötzlich, was es will, fließt von allen Seiten zwischen den Inseln hindurch und steht mir wieder gegenan. Eine Wildwesttide nenne ich es und klopfe mir auf die Schulter für meine planlose Vorbereitung: Sauber, Andreas, gut gemacht! Irgendwann habe ich dann doch noch Greetsiel 90 Grad an Steuerbord, aber die Wasseroberfläche sieht nicht gut aus. Im Laufe der Meilen um

Europa habe ich gelernt, ihre Beschaffenheit lesen und deuten zu können. Ab 200 Metern und tiefer verschätze ich mich gerne einmal, aber zwei Meter Wassertiefe und weniger sind deutlich zu erkennen. Sieben Meilen vor meinem Ziel gibt es kein Vertun mehr, ich sehe Muscheln, und Muscheln schwimmen nicht. Dafür brauche ich kein elektronisches Gerät: In ein paar Metern werden wir null Meter Wassertiefe haben, und zwar so weit das Auge reicht. Jetzt muss ich schnell sein, die Segel aufmachen und den Außenborder hochklappen, wenn ich nicht für Stunden im Watt gefangen sein will. Das Wasser und der leichte Westwind werden mich mit zurücknehmen. Ich habe drei grüne Tonnen gesehen, die zur Küste führen, da muss ich hin, da muss ein Fahrwasser sein!

Ich erreiche es, aber zweieinhalb Meilen vor dem Hafen Norddeich falle ich dann doch trocken und stehe mit meinem Fernglas stundenlang im Wattenmeer herum. Das ist an sich was Wundervolles, wenn mein Magen nur nicht vor Hunger knurren würde. Wie zum Hohn werden Geräusche einer Strandparty bis zu mir getragen.

Es wird dunkel und ich präge mir fünf Lichter ein, die von dem Dach eines Hotels scheinen. Auf sie kann ich zusteuern, wenn das Wasser der Nordsee in der Dunkelheit zurückkehrt. Plötzlich wird es kühler und es beginnt, in Strömen zu regnen, Starkwind kommt auf, am Horizont blitzt und donnert es. Warten im Watt.

Um Mitternacht kehrt das Wasser langsam zurück, es bringt aber noch keine rechte Wassertiefe. Meine Karre schleift noch über Grund, ich komme kaum voran. Zwischen Mittelsteg und Backbordboot springe ich ins Wasser, dann laufe ich los. Knietief watend, stapfend und singend schiebe ich die Karre zweieinhalb Meilen durch die stockfinstere Nacht. Kurs: die fünf Lichter.

Erst kurz vor dem Strand wird das Wasser tiefer, und ich werfe den Motor an. Eine Taschenlampe leuchtet am Strand, und ich ahne, dass es ein Sicherheitsdienst ist, der nach menschlichen Partywracks sucht. Die Taschenlampe, die ich funzeln sehe, ändert jetzt ihren Kurs, sie sucht das Wasser ab. Der Mann muss das Geräusch meines Motors vernommen haben, aber er kann mich nicht sehen. Kurz vor dem Strandsaum nehme ich Kontakt auf und rufe laut: »Ist noch Bier übrig?« Jetzt erfasst mich der Strahl seiner Taschenlampe, und kurze Zeit später stehe ich mit einem jungen Nachtwächter lachend am Strand. Fassungslos steht er vor mir und beichtet: »Weißt du was? Ganz oft schon habe ich auf meinen Nachtwachen in das Dunkel da draußen geblickt und darüber nachgedacht, was ich machen würde, wenn auf einmal etwas vor mir aus dem Nichts da draußen auftaucht.« Wir trinken Kaffee, er lässt mich duschen, obwohl sein Dienst so etwas nicht erlaubt, seine Überstunden sind ihm in dieser Nacht egal. Ich gehe nicht mehr schlafen, bleibe bei meinem Boot, lasse das erste Licht kommen und entere um 5 Uhr in dichtem Nebel den Hafen von Norddeich.

Ein Plastikteil in meiner Ruderanlage ist gebrochen, als ich kurz hinter Delfzijl auf einen Strand fuhr, um zu warten. Seit 27 Stunden bin ich nun auf den Beinen, dennoch mache ich mich mit dem ausgebauten Ruderblatt sofort auf den Weg zu einer Autowerkstatt.

Der Meister der Werkstatt blickt mich etwas ungläubig an, als ich ihn anspreche: »Hallo, mein Name ist Andreas Gabriel, und ich bin kurz vor dem Ende einer Europa-Umrundung mit diesem Boot.« Ich drücke ihm die eingeschweißten Fotos meiner Tour und der Karre in die Hand und fahre fort: »Ich habe kein Geld für eine Reparatur, kann es aber selbst machen. Kannst du mir helfen mit einem Schraubstock, einer Flex, 6er-, 8er-, 12er-Bohrern, einer Standbohrmaschine …?« Der Mechaniker unterbricht meinen Redefluss und zeigt mir einen kleinen Raum: »Hier kannst du arbeiten. Frag meine Angestellten, wenn du Werkzeuge benötigst.« Aus fremden Gesichtern werden vertrautere Gesichter. Die Männer können sehen, dass ich nicht zum ersten Mal am Schraubstock stehe, und schmunzeln über meinen Ideenreichtum. Nach nur anderthalb Stunden ist es vollbracht, und ich bin mehr als zufrieden mit dem Ergebnis. Es wird funktionieren, bis ich zu Hause bin.

Der Hafenmeister ist ein Kumpeltyp, wie er besser kaum sein könnte. Am Abend räuchert er für Klubmitglieder und Gäste, lädt mich ein zu Bier und Räucherlachs-Brötchen. Er ahnt nicht annähernd, was er mir damit beschert. Es ist so lecker! Und es schmeckt so nach zu Hause! Die eigene Sprache in so freundlicher Umgebung benutzen und hören zu können, genieße ich mehr, als ich es mir hätte vorstellen können. Meine Lenkzeiten sind schon lange deutlich überschritten, und ich bin froh, als ich nach 39 Stunden ohne Schlaf in meinem Zelt liege. Es steht oben vor dem Klubhaus geschützt unter einem Dach, direkt neben der Sitzgruppe, an der ich eben noch den Abend mit einfachen, unkomplizierten und wirklich netten Menschen verbracht habe.

Die Besatzung eines Vermessungsschiffes erklärte mir, wie und wo ich am besten zwischen den ostfriesischen Inseln hindurchkomme, wann ich loszufahren habe, um die Strömungen der Nordsee voll ausnutzen zu können, und dass ich es bis Wangerooge mit einer Tide schaffen könnte.

Mein Körper wird am Morgen früh wach, er hat genug Schlaf gehabt, bleibt in seinem Rhythmus und zeigt mir, dass auch er nach Hause möchte. Es ist warm, als ich starte und um die Ecke des Hafens nach Westen abbiege. Ich erinnere mich an die Worte der Männer vom Vermessungsschiff: »Einfach rüber über das Flach, bis vor die Inseln auf der anderen Seite und dann kommst du automatisch auf das Fahrwasser nach Norden zu.« Es ist ein merkwürdiges Gefühl zu sehen, dass die anderen Boote, die unterwegs sind, einen anderen Kurs einschlagen. Allerdings haben sie alle mehr als einen Meter Tiefgang. Nur ein so flaches Boot wie meine Karre kann das machen, was ich gerade tue.

Das Fahrwasser ist tatsächlich schnell erreicht, mein Kurs ändert sich jetzt auf Nord und ich werde versuchen, heute noch Wangerooge zu erreichen. Der Wind kommt nun von vorn, meine Segel fangen an zu schlagen und schließlich packe ich sie ein. Mit jeder Meile wird der Wind etwas schärfer, die Wellen schwappen über das Boot, es ist kalt und es ist nass. Das Meer will mich prüfen bis zum letzten Tag, der Nordwind weht nur wegen mir, da bin ich mir sicher. Ich versuche, es auszuhalten, ruhig zu bleiben. Mein Inneres will kochen, und doch beherrsche ich mich – es ist ja bald geschafft …

Auf Höhe Langeoog legt der Wind noch einmal zu, drückt von vorn gegen meine Masten und macht mich langsamer. Die Rümpfe der Karre schlagen in die Wellen, es ist wirklich nervtötend, und auf einmal ist es vorbei mit meiner Selbstbeherrschung. An Backbord sehe ich Segelmasten, dort ist ein Hafen. In diesem Moment platze ich und schreie das Meer an: »Ich hasse dich für das, was du mir antust! Weißt du was? Du kannst mich mal am Arsch lecken. Ich biege jetzt einfach ab, ziehe trockene Kleidung an und lasse es mir gut gehen! Hörst du?« Klare Sätze. Wir duzen uns. So habe ich es auf der ganzen Tour gehalten, und das Meer war niemals nachtragend, so wie ich es auch nicht war. Ein trotziges »Ha!«, mit Blick auf sein weiß schäumendes Antlitz, und ein wirklich ernst gemeinter Stinkefinger sind meine letzten Botschaften des Tages an meinem Freund.

≈

Nach einer lustigen, geselligen Nacht auf Langeoog und einer weiteren auf Wangerooge entscheide ich mich für Cuxhaven. Das Meer trägt mich hinaus, und als der Strom kippt, nehme ich Kurs auf die Elbemündung. Das Fernsehen hat mich angerufen, sie wollen dabei sein, wenn ich das Eidersperrwerk passiere und nach Tönning einfahre. Samstag, den 3. August 2013, haben wir gemeinsam dafür angesetzt. Ein guter Termin für alle Menschen, die dabei sein wollen, am Samstag müssen die meisten nicht arbeiten, denke ich. Und doch habe ich damit einen Fehler gemacht, denn ich habe einen der wichtigsten Menschen dabei außer Acht gelassen: meine Mutter. Seit 30 Jahren arbeitet sie samstags bis 12 Uhr. Ich weiß das, habe mich aber bei dieser Entscheidung von den Tidenzeiten leiten lassen. Ihre Stimme klingt enttäuscht, als wir telefonieren. Drei Jahre lang haben wir unerschütterlich und gemeinsam gekämpft – und nun passiert mir dieser Fehler. Ich ärgere mich tagelang darüber, aber es ist nicht mehr zu ändern, die Zeitungen haben Tag und Uhrzeit bereits angekündigt. Ich hab es einfach vermasselt!

Cuxhaven nimmt mich auf, der Hafenmeister ist aber nicht mehr der, den ich kenne. Nur zu gerne hätte ich den Mann getroffen, der mich 2008 mit meinem Segelfahrrad für eine Nacht in seine Obhut nahm, nur weil mein Fahrzeug ein Segel hatte. Gewitter liegen in der Luft, aus einer Nacht werden zwei. Skipper geben mir zu essen, ein holländischer Maler schenkt mir ein Bild, die Stunden in Cuxhaven sind brüderlich unkompliziert. Es ist ein Leben zwischen Fremden, die, ohne sich zu kennen, eine familiäre Gemeinschaft bilden. So ist das Leben in den Häfen, und so ist das Leben mit dem Meer. Die unplanbare Macht des Meeres schweißt seine Befahrer zusammen.

Die vorletzte Etappe meiner Tour um Europa steht an. Quer über die Elbmündung, quer über die Watten und Sände geht es heute nach Büsum. Das Wetter ist sonnig, der Wind weht richtig. Mein Pa ist mit seinem selbstkonstruierten Fischkutter noch bei Föhr in der nordfriesischen Halligwelt unterwegs. Er würde mich so gerne begleiten, wenn ich auf das Eidersperrwerk und Tönning zusteuere, doch die Natur spielt nicht mit. Seit 3 Uhr in der Nacht sitzt er draußen an Deck und starrt in den Himmel. 25 Seemeilen trennen ihn von dem Punkt, an dem wir beide uns vor Sankt Peter-Ording treffen könnten. Er käme von Norden und ich von Süden. Was wäre das nur für ein wundervoller Moment gewesen! Doch er entscheidet sich gegen eine

Fahrt und trifft damit die seemännisch einzig richtige Entscheidung. 5 bis 6 Windstärken können im Heverstrom und draußen vor Sankt Peter-Ording gefährlich werden. Wir wissen es beide. Alles ist gut, wie es ist.

Mit dem ersten Licht verlasse ich Büsum um kurz nach 5 Uhr. Wind aus Südsüdwest füllt meine Segel, und es geht rasant los auf meinem Kurs nach Westen. Ich muss zehn Seemeilen in diese verflixte Richtung fahren, bis ich um die hohen Sandbänke und Schlickkanten herumkomme. Dann geht es für ein paar Meilen nach Norden auf Sankt Peter-Ording zu und schließlich in meinem vertrauten Fahrwasser auf Ostkurs meinem Ziel entgegen, mit auflaufenden Wasser und einer scharfen Brise im Nacken. Ab 7 Uhr beschleunigt der Wind auf über 20 Knoten, geht auf West und der Strom kommt mir noch einmal voll entgegen. So sehr ich auch mit meinem Fernglas suche, die Sandbänke sind so hoch, dass ich nicht abkürzen kann. Ich versuche, so ruhig wie möglich zu bleiben, schreie nur kurz: »Das ist doch Scheiße, warum tust du das? Das ist mein letzter Tag! Das ist mein letzter Tag!« Diese verfluchte Sandbank und ihre kabbelige Brandung wollen einfach kein Ende nehmen. Ob ich gut in der Zeit bin? Ich habe vorher nicht exakt berechnet, wie lange ich für diese letzte Etappe wohl benötige. Es könnte knapp werden, verdammt noch mal. Irgendwann wird die Brandung auf meiner Steuerbordseite ruhiger, die weißen Kappen überschaubarer. Jetzt gehe ich auf Nordkurs. Ich habe die Segel zu sehr im Wind flattern und schlagen lassen, am Schothorn ist ein Bändsel gerissen, vorne hat es den Schotblock zerlegt. Doch mit meinem veränderten Kurs kommen die Wellen jetzt achterlicher, und ich repariere in tosenden Wellen, was zu reparieren möglich ist. 5 Knoten, 6 Knoten, 7 Knoten, meine Geschwindigkeit steigt, zieht an. Ja, jetzt müsste es passen mit der Zeit, vielleicht bin ich jetzt sogar etwas zu schnell. Ich lasse mich im etwas ruhigeren Fahrwasser 5 Meilen vor dem Sperrwerk für einen Moment quer treiben, um zu überlegen. Ich kenne das

Fahrwasser zu meinem Ziel, es verläuft in Schlangenlinien und benötigt mehr Zeit als eine gerade Linie: »Geh auf Kurs, Andreas, es wird passen wie die Faust aufs Auge!«

Als sich alle Schleusen in mir öffnen, will ich keine einzige Träne zurückhalten: »Du hast es geschafft, mein Lieber. Du hast es tatsächlich geschafft!« Meine Hand gleitet durchs Wasser, ich bin der See unendlich dankbar, für alles, was sie mich auf dieser langen Reise gelehrt hat.

Am Sperrwerk stehen einige Menschen, ob die wegen mir da sind? Bernd, das alte Raubein, ist mit seinem ehemaligen Fischkutter Aegir da. Er hat Kumpel und Freunde an Bord und auch das Fernsehteam. Meine Tränen laufen weiter, ich kann den Fluss einfach nicht stoppen. Meine Schwester mitsamt Familie ist da, Sabrina mit einem großen Willkommens-Transparent, meine Söhne. Es ist ein irres Gehupe und Getöse. Ich bin überwältigt. Mit einem müden Außenborder fahre ich in das Sperrwerk ein, an dem sich in beide Richtungen eine riesige Autoschlange gebildet hat.

Auf der Eider hält Bernd etwas Abstand mit dem Fernsehteam und seinem riesigen Kutter. Bis nach Tönning habe ich jetzt, auf den letzten Meilen, noch einmal etwas Zeit für mich. Mit einigen schnellen Griffen repariere ich mein hinteres Segel, damit ich unter Vollzeug einlaufen kann, und bin einfach nur glücklich, unbeschreiblich glücklich darüber, dass sich die Vision meiner Ankunft in Wirklichkeit verwandelt. Es ist jetzt fast zu Ende. An der Einfahrt zum Hafen meiner Heimatstadt überwältigen mich die Emotionen erneut. Gefühlte 200 000 Menschen stehen dort, sie hupen und klatschen. Und das Schönste: Meine Mutter, ich sehe meine Mutter! Sie hat mir Tage zuvor telefonisch noch einmal abgesagt, weil sie ihren Friseursalon an diesem Tag nicht verlassen könne. Doch ab 10 Uhr hat es angefangen in ihr zu brodeln, sie hat ihren letzten Kunden einfach abgesagt, alles stehen und liegen lassen, den Laden abgeschlossen und mächtig Gas gegeben, um hier und jetzt dabei zu sein. Das ist so toll!

Der Wind bringt mich bis an die Pier, den Motor brauche ich nicht mehr. Nils, meinen großen Sohn, schnappe ich mir als Ersten, dann Torge. Ich weiß nicht, wie lange ich meine beiden Jungs in den Armen halte, es muss eine Ewigkeit sein. Ich habe mir diesen Moment so oft vorgestellt. Doch so toll, so überwältigend? Nein, ganz bestimmt nicht.

Meine Fahrt rund Europa ist zu Ende und meine Familie hat zu mir gehalten, an jedem einzelnen Tag. Danke für alles. Ohne euch alle hätte ich dieses Abenteuer nicht durchgestanden. Ich liebe euch sehr.

Ich bin in Tönning, es ist der 3. August 2013. Andreas Gabriel sagt: »Over and out.«

EPILOG: UND DAS WICHTIGSTE ZUM SCHLUSS

Ein Abenteuer wie das hier beschriebene birgt große Gefahren. Ihr benötigt ein ganz besonderes Gefühl für das Meer und das Wetter. Ich bin auf dem Meer unterwegs, seitdem ich sechs Jahre alt bin. Ich kenne seine Gefahren und verliere niemals meinen Respekt vor ihm. Auf See sind die Regeln anders als auf dem Land. Ein Fehler ist meistens schon zu viel.

Vergesst auf eurem zukünftigen Weg niemals, wer ihr seid und was ihr euch für euer Leben wünscht. Beobachtet den Grad eurer Zufriedenheit an jedem Tag eures Lebens und handelt nach ihm. Die folgende Formel ist für euch. Sie wird euch auf das Tollste überraschen. Immer und immer wieder. Egal, welchen Weg ihr für euch wählt.

Selbstbewusstsein

+ Vertrauen (in sich selbst und in das, was passieren wird)
+ Begeisterung
+ Ideen und Kreativität
+ Mut
+ Bescheidenheit
+ Ehrlichkeit
+ Lachen und Blödsinn machen
+ Vorurteilslosigkeit
+ Zielstrebigkeit
+ Erwartungslosigkeit
+ Bewegung
= Erfüllung positivster Begebenheiten in Familie, Liebe, Beruf und Abenteuer für den Rest eures Lebens, der im Übrigen heute begonnen hat.

DANK

Danke an meine beiden jetzt siebzehn- und fünfzehnjährigen Jungs Nils und Torge. Ihr habt mich nie verurteilt für das, was ich mache. Nein, ihr habt mich motiviert, durchzuhalten.

Danke an Sabrina. Drei Jahre auf eine Beziehung zu verzichten, ist hart. Dein Job war nicht weniger anstrengend als meiner, doch du bist bei mir. Auch heute noch.

Danke an Pa. Du hast den Kopf über mich geschüttelt, aber immer zu mir gehalten. Vielleicht bist du jetzt etwas stolz auf mich.

Danke an Ma. Danke für deine fast täglichen Anrufe in diesen drei Jahren. Kaum etwas anderes hat mir unterwegs so viel Kraft und Stärke gegeben.

Danke an Urte, die Mutter meiner Kinder. Du hast es alleine durchgezogen, ohne dich zu beschweren. Ohne deine Freundlichkeit wäre dieses Abenteuer nicht machbar gewesen.

Danke an Doc Leif. Du hast mir immer ein sicheres Gefühl vermittelt. Ich wusste, dass du mich holen kommen würdest, wenn ich es nicht schaffen sollte.

Danke an meine Familie und meine Freunde. Ich habe eure Freude an meinem Abenteuer immer vor mir gesehen, das hat mich sehr motiviert, weiterzumachen.

Danke an die Leser meiner Blogs. Eure Kommentare haben mir jeden Tag das Gefühl gegeben, dass ich nicht alleine bin. Dass man an mich denkt, egal wo ich bin.

Danke für die vielen E-Mails. Im Speziellen die der jungen Menschen aus ganz Europa, die mir schrieben: »Vielen Dank, Andreas Gabriel, für das, was du uns zeigst.«

Danke an all die Menschen, die ich traf. Danke an die Menschen in Europa. Danke an Europa. Ich bete dafür, dass wir alle zusammenbleiben können. Dass der europäische Gedanke bestehen bleibt und dass unsere Herzen mehr und mehr zusammenwachsen. Ich weiß, dass dieses Abenteuer einen kleinen Teil dazu beigetragen hat. Darauf bin ich sehr stolz. Ihr alle habt dieselben Sorgen wie ich und ihr lacht über dieselben Witze. Ihr sprecht manchmal etwas unverständlich, aber ich habe euch unglaublich gern.

Andreas Gabriel
Herbst 2013

ANHANG

Übers Wasser – Tag für Tag

Tönning
3.5.2011 Süderstapel
4.5.2011 Hohner Fähre
5.5.2011 Brunsbüttel
6.5.2011 Nubhusen
7.5.2011 Kührstedt
8.5.2011 Bremerhaven
9.5.2011 Elsfleth
10.5.2011 Oldenburg
11.5.2011 Walchum
12.5.2011 Varloh
13.5.2011 Venhaus
14.5.2011 Dörenthe
15.5.2011 Hiltrup
16.–17.5.2011 Olfen
18.5.2011 Oberhausen
19.5.2011 Krefeld
20.5.2011 Stürzelberg
21.5.2011 Köln
22.5.2011 Üdorf
23.5.2011 Brohl
24.–25.5.2011 Osterspai
26.–27.5.2011 Oberwesel
28.5.2011 Budenheim
29.–30.5.2011 Frankfurt
31.5.–2.6.2011 Mühlheim
3.6.2011 Nähe Aschaffenburg
4.6.2011 Erlenbach
5.6.2011 Miltenberg
6.6.2011 Kreuzwertheim
7.6.2011 Schleuse, 20 km hinter Kreuzwertheim
8.6.2011 Karlstadt
9.–12.6.2011 Würzburg
13.6.2011 Ochsenfurt
14.6.2011 Nähe Volkach
15.6.2011 Untertheres
16.6.2011 Trosdorf
17.6.2011 Schleuse vor Bamberg
18.–19.6.2011 Nürnberg
20.6.2011 Schleuse Hilpolstein
21.6.2011 Schleuse zwischen Hilpolstein und Kelheim
22.6.2011 Kelheim
23.–24.6.2011 Regensburg
25.6.2011 Straubing
26.6.2011 Deggendorf
27.–29.6.2011 Passau
30.6.2011 Grieskirchen
1.7.2011 Unterlandshaag

2.7.2011 Au
3.7.2011 Marbach
4.7.2011 Wachau
5.–6.7.2011 Wien
7.7.2011 Bratislava
8.7.2011 Gönyü
9.7.2011 Neszmély
10.7.2011 Kisoroszi
11.7.2011 Budapest
12.7.2011 Ercsi
13.7.2011 Paks
14.7.2011 Baja
15.7.2011 Strand vor Bezdan
16.7.2011 Strand hinter Apatin
17.7.2011 Beočin
18.7.2011 Belgrad
19.7.2011 Insel in der Donau
20.7.2011 Veliko Gradište
21.7.2011 Donauufer bei Kilometer 1 000
22.7.2011 Tekija
23.7.2011 Donauufer bei Kilometer 913,5
24.7.2011 Mihajlovac
25.7.2011 Novoselo
26.7.2011 Simeonovo
27.7.2011 Lom
28.7.2011 Waldufer
29.7.2011 Donauufer bei Kilometer 617
30.7.2011 Stolpiste
31.7.2011 Donauufer bei Kilometer 438
1.8.2011 Silistra
2.8.2011 Cernavodă
3.8.2011 Capidava
4.8.2011 Donauufer bei Kilometer 215
5.8.2011 Brăila
6.8.2011 Donauufer bei Kilometer 134
7.8.2011 Isaccea
8.8.2011 Bălteni
9.–12.8.2011 Sfântu Gheorghe
13.8.2011 Ufer 18 Meilen vor Constanta
14.8.2011 Mangalia
15.8.2011 Ufer Schwarzmeerküste
16.8.2011 Balchik
17.8.2011 Varna
18.8.2011 Byala
19.8.2011 Neesebar
20.8.2011 Burgas
21.8.2011 Sozopol
22.8.2011 Zarewo
23.8.2011 Längseits an Trimaran, Ankerbucht
24.8.2011 Längseits an Trimaran, 25 Meilen vor Bosporus
25.–30.8.2011 Istanbul
31.8.2011 Yeşilköy
1.9.2011 Selimpaşa
2.9.2011 Marmara Ereğlisi
3.9.2011 Barbaros

4.–5.9.2011 Şarköy
6.9.2011 Gelibolu
7.9.2011 Çanakkale
8.9.2011 Sokakağzı
9.9.2011 Altınova
10.9.2011 Izmir Denizköy
11.–12.9.2011 Yenifoça
13.9.2011 Kallarada, einsame Insel
14.–15.9.2011 Alaçatı
16.9.2011 Ürkmez
17.9.2011 Kuşadası
18.9.2011 Samos
19.9.2011 Karlovasi, Samos
20.–24.9.2011 Evdilos, Ikaria
25.–27.9.2011 Mykonos, 1. Bucht Südseite
28.9.–2.10.2011 Mykonos, Kalafati-Bucht
3.10.2011 Syros, Grammata-Bucht
4.–12.10.2011 Lavrio
13.10.2011 Ägina
14.10.2011 Straße von Korinth, Südhafen
15.–17.10.2011 Korinth
18.–20.10.2011 Trizonia
21.10.2011 Nafpaktos
22.10.2011 Mesolongi
23.10.2011 Astakos
24.10.2011 Lefkada
25.10.2011 Paxos
26.10.2011 Korfu, Westseite
27.10.2011 Othoni
28.–30.10.2011 Santa Maria di Leuca
31.10.2011 Gallipoli
1.11.2011 Sant'Isidoro
2.11.2011 Pulsano
3.–8.11.2011 Massafra
9.11.2011 Rom

22.4.2012 Rom
23.–27.4.2012 Massafra
28.4.2012 Porto degli Argonauti
29.4.–2.5.2012 Policoro
3.5.2012 Sibari
4.–7.5.2012 Schiavonea
8.5.2012 Ciro Marina
9.5.2012 Le Castella
10.5.2012 Roccella Ionica
11.5.2012 Reggio Calabria
12.5.2012 Pellaro
13.–15.5.2012 Gioia Tauro
16.–17.5.2012 Tropea
18.5.2012 Cetraro
19.–20.5.2012 Camerota
21.–23.5.2012 Acciaroli
24.5.2012 Massa Lubrense
25.5.2012 Sorrent
26.5.2012 Castel Volturno
27.–28.5.2012 Terracina
29.5.2012 Marina di Nettuno
30.5.2012 Fiumicino
31.5.2012 Flusshafen, Club Nautico Flora

1.6.2012 Cala di Forno, Bucht
2.6.2012 Salivoli
3.6.2012 Strand
4.–5.6.2012 Flusshafen, 5 Kilometer vor Pisa
6.6.2012 Porto Venere
7.6.2012 Camogli
8.6.2012 Finale Ligure
9.–13.6.2012 San Remo
14.6.2012 Sainte-Marguerite vor Cannes
15.6.2012 Cabasson bei Le Lavandou
16.6.2012 La Ciotat
17.–18.6.2012 Marseille
19.6.2012 Saintes-Maries-de-la-Mer
20.6.2012 Marseillan Plage
21.6.2012 Sainte-Marie-la-Mer
22.6.2012 Bucht vor Roses
23.6.2012 Blanes
24.6.2012 Barcelona
25.6.2012 Vilanova
26.6.2012 Salou
27.6.2012 Les Cases d'Alcanar
28.6.2012 Benicarló
29.6.2012 Oropesa
30.6.–1.7.2012 Canet de Berenguer
2.7.2012 Pobla
3.–4.7.2012 El Perellonet
5.7.2012 Moreira
6.7.2012 Villajoyosa
7.7.2012 Torrevieja
8.7.2012 Cabo de Palos
9.7.2012 Mazarrón
10.7.2012 Garrucha
11.7.2012 San José
12.7.2012 Almerimar
13.7.2012 Motril
14.7.2012 Marina del Este
15.7.2012 Benalmadena
16.–17.7.2012 Estepona
18.–19.7.2012 Tarifa
20.7.2012 Barbate
21.–22.7.2012 Sancti Petri
23.7.2012 Rota
24.7.2012 Mazagón
25.7.2012 Isla del Moral
26.7.2012 Real de Santo Antonio
27.7.2012 Faro
28.7.2012 Vilamoura
29.7.2012 Portimão
30.7.2012 Alvor
31.7.–13.8.2012 Sagres
14.8.2012 Arrifana
15.8.2012 Sines
16.–17.8.2012 Sesimbra
18.8.2012 Cascais
19.8.2012 Peniche
20.8.2012 São Martinho do Porto
21.8.2012 Nazaré
22.–25.8.2012 Figueira da Foz

26.–28.8.2012 Aveiro
29.8.–6.9.2012 Porto
7.–8.9.2012 Viana do Castelo
9.9.2012 Bayona
10.9.2012 Vicente
11.9.2012 Fisterra
12.–13.9.2012 Muxía
14.9.2012 Camariñas
15.9.2012 Corme
16.9.2012 A Coruña
17.9.2012 Cedeira
18.–20.9.2012 Cariño
21.9.2012 Ribadeo
22.–27.9.2012 Luarca
28.9.2012 Cudillero
29.9.2012 Gijón
30.9.2012 Lastres
1.10.2012 San Vicente de la Barquera
2.10.2012 Santander
3.–4.10.2012 Laredo

24.5.–2.6.2013 Laredo
3.6.2013 Mutriku
4.6.2013 Hondarribia
5.6.2013 Capbreton
6.–10.6.2013 Arcachon
11.6.2013 Royan
12.–13.6.2013 La Rochelle
14.–15.6.2013 Les Sables-d'Olonne
16.6.2013 Saint-Nazaire
17.6.2013 Marzan
18.6.2013 Redon
19.6.2013 Bourg-des-Comptes
20.6.2013 Chevaigné
21.6.2013 Montreuile-sur-Ille
22.6.2013 La Chapelle-aux-Filtzméens
23.6.2013 Saint-Samson-sur-Rance
24.–25.6.2013 Saint-Malo
26.6.2013 Carteret
27.–29.6.2013 Diélette
30.6.2013 Cherbourg
1.7.2013 Courseulles-sur-Mer
2.–3.7.2013 Le Havre
4.7.2013 Saint-Valery-en-Caux
5.–6.7.2013 Le Hourdel
7.–11.7.2013 Boulogne-sur-Mer
12.7.2013 Calais
13.7.2013 Oostende
14.7.2013 Roompotsluis
15.7.2013 Schutzhafen Kilt
16.7.2013 Papendrecht
17.7.2013 Zaandam
18.7.2013 Zaandam
19.7.2013 Leuchtturm Marken
20.7.2013 Strand unterhalb von Zeewolde
21.7.2013 Schutzhafen unter Genemuiden

22.7.2013 Smilde
23.7.2013 Schleuse Appingedam
24.7.2013 Delfzijl
25.7.2013 Freibadgelände vor Norddeich
26.7.2013 Norddeich
27.7.2013 Langeoog
28.7.2013 Wangerooge
29.–30.7.2013 Cuxhaven
31.7.–2.8.2013 Büsum
3.8.2013 Tönning

Ausrüstung

Verpflegung

10 Päckchen Tabak plus Blättchen und Filter
2 Sixpack Bier in Kunstoffflaschen
10 Pakete Mirácoli
10 Dosensuppen (Gulasch-, Nudelsuppen etc.)
30 Tütensuppen (Tomaten-, Gemüsesuppen etc.)
1 großes Glas Nutella
20 Tüten eingeschweißte Salami-Snacks
4 Kilo Buchweizenhirsebrei als absolute Notration (wird in Heißwasser im richtigen Verhältnis 10 Minuten zu Brei gekocht und enthält alles, was der Körper zum Überleben benötigt)
2 Sack Zwiebeln
2 Pfund Kaffee, 2 Dosen Trockensahne
40 Müsliriegel
4 Liter Orangen-und Apfelsaft
1 Kilo Äpfel
2 Pfund Butter
2 Pakete Toastbrot, 2 Pakete Pumpernickel, ein paar Brötchen für die Startphase, 10 Pakete Aufschnitt, 2 Pack Kekse, Salz und Pfeffer

Hygiene

2 Pack Zahnpasta
2 Zahnbürsten
2 Pack Schuppenshampoo
3 Liter konzentrierte Seife (das Zeug schäumt sogar mit Salzwasser und eignet sich auch hervorragend für die Klamottenwäsche)
1 Pack normale Seife
1 Kamm
1 professionellen Langhaarschneider (ja, lacht nur …)
1 Tüte Einwegrasierer
1 Nagelschere
1 kleiner Spiegel
6 Rollen Toilettenpapier
2 Pack Feuchttücher
Körperlotion

Medizinische Ausrüstung

Augen-und Nasensalbe
Sonnenschutzsalbe
Zinksalbe
Maaloxantabletten
Schmerztabletten
Antibiotika
Pflaster-und Verbandsmaterial
Augenversorgung (Augentropfen, Antibiotika und einfache Salzlösung)
Skalpelle, Nähzeug und Wunddesinfektionslösungen

Kleidung

3 Hosen (angedacht als Landgangmaterial, aber tatsächlich in den seltensten Fällen genutzt)
1 kurze Stoffhose als Landganghose

1 Badehose
2 Fleecejacken mit Kapuze (als warme Arbeitsjacke für tagsüber)
1 Softshelljacke (eher als abendliche Ausgehjacke genutzt)
1 Paddelhose mit gepolsterten Knien (als Arbeitshose für tagsüber)
1 Paddeljacke mit Kapuze, wasserundurchlässig und komplett geschlossen durch Hals-und Armmanschetten mit Gummidichtung
1 Offshore-Segeljacke
2 Offshore-Segellatzhosen
2 leichte Regenhosen
Segelstiefel (in Leder, ich Dussel: Die halten das Wasser nur 10 Minuten ab, benötigen aber 14 Tage, um zu trocknen!!)
1 Paar Winterstiefel (Schuhe knöchelhoch)
1 Satz Plastik-Badelatschen (im Zehenbereich geschlossen für eine sichere Anlandung an Stränden)
1 Satz normale Ledersandalen
1 Neopren-Shorty
1 Neopren 5mm in lang
Neopren-Haube (Kopf)
Neopren-Handschuhe
Wasserdichte Stoffhandschuhe
Neopren-Schuhe
1 Sonnenschutzmütze mit Großkragen, um Nacken zu schützen
20 Paar Socken (auf 6 500 Meilen nur an 3 Tagen und 2 Nächten genutzt)
6 T-Shirts, davon eins als kühlendes UV-Schutz-T-Shirt für den täglichen Einsatz bei akuter Sonnenbestrahlung
2 lange Fleece-Unterhosen
1 Aquashell-Latzhose
2 langarmige Fleece-Shirts
10 Unterhosen (auf 6 500 Meilen an 3 Tagen getragen)

Gebrauchsgegenstände

1 Glücksbringerbärchen
1 platzsparender Grill
1 Pack Grillanzünder
10 Feuerzeuge
1 Taucherbrille
3 Sonnenbrillen
1 Angelset
Werkzeug (sämtliche Schraubendreher als Bits für eine Halterung, Wasserpumpenzange, Spitzzange, Seitenschneider, Ring-und Maulschlüssel von Größe 6 bis 17)
Flickzeug (Niroschrauben, Bolzen, Schäkel, Sicherungsringe, Isolierband, Schmierfett, Kraftstofffilter, Motoröl)
Küchenmaterial (Töpfe, Pfanne, Teller, Teekessel, Kunstofftassen, Thermobecher, Kaffeefilter, Löffel, Gabel, Messer, Pfannenwender, Suppenkelle, Kartoffelschälmesser, Brotmesser)
Benzinkocher
Arbeitsmesser groß (auch als Hammer verwendbar)
2 Taschenmesser klein
1 Rettungsweste Fluss als Feststoffweste
1 Rettungsweste Offshore
Bootseimer 7 Liter (Pütz)
4 Festmachertampen
2 lange Tampen als Bootsicherung bei Strandanlandung oder für sonstige Zwecke
Bändselmaterial und diverse Kurztampen
30 Gummistrops
1 Ballonfender
2 Fenderkissen
Kabelbinder
5 Schwimmnudeln
1 Karbondoppelpaddel
1 Holzpaddel einfach

1 Ersatzsegel
1 Ersatzspritzdecke geschlossen
2 halboffene Spritzdecken
2 Spritzdecken zum Einsitzen
2 Einmannzelte plus 1 handgenähter Überwurf
aus Persenning-Stoff als Wetterschutz
2 Schaumstoffmatten als Liegeunterlage
1 selbstaufblasbare Thermarestmatte
1 Schlafsack
Plane 4 x 4 Meter
2 wasserfeste Deckstaschen
2 Stück 100-Liter-Klamottenfässer
diverse Kleindosen als Wasserschutzverpackung
für elektronische Teile, Adapter, Stecker und Kabel
diverse Aquapac-Taschen für empfindliches Material
durchgepauste Fluss- und Kanalpläne bis Donau
1 Europa-Straßenkarte
3 Tagebücher
3 Benzinkanister (1 x 10 Liter und 2 x 5 Liter)
Schwämme und Lappen
2 feste Wasserflaschen als Trinkflasche
5 Liter Trinkwasserkanister
1 Klappstuhl
1 Bootshaken ausziehbar
3 Handtücher
6 Liege- und Zusatzdecken

Dokumente

Personalausweis
Reisepass
Auslandskrankenversicherung
Bootshaftpflicht
Sportbootführerschein See

Bootsregistrierungsnachweis
Funkschein SRC
1 eingeschweißte Europakarte mit eingezeichneter Tour
1 eingeschweißtes Foto des Bootes im Heimathafen
(mit mir ohne Bart)
3 große Fotos von Sabrina, Nils und Torge

Technik

2 Kopfleuchten
2 Rundumleuchten
2 Zeltleuchten
20 AA- und AAA-Batterien als Akkubatterien plus Ladegerät
1 EPIRB
1 Notsignal (5 Schuss)
10 Knicklichter
2 Hand-GPS
1 externe GPS-Antenne
1 Laptop mit weltweitem Kartenprogramm
1 Laptopkamera
diverse Speicherkarten (SD-Karten plus 1 Großspeicher
mit 1,3 Terrabyte)
2 Handy-Telefone
1 elektronisches Baroskop
1 Internetstick
1 Solarpaneel
1 12-Volt-Batterie
1 Fotokamera
1 Videokamera in wasserdichtem Gehäuse
1 Außenborder 2 Takt, 3,3 PS, wassergekühlt
1 Fernglas
2 Brillen

Nordsee
Atlantik
Nieder-
lande
Belgien
Deutschlar
Frankreich
Golf von
Biskaya
Schweiz
Öste
Portugal
Spanien
Italien
Korsika
Sardinien
Strasse von Gibraltar
Mittelmeer
Si